曲阜师范大学出版基金资助项目
内蒙古师范大学出版基金资助项目

康有为
儒家经典诠释研究

刘星 ◎ 著

中国社会科学出版社

图书在版编目（CIP）数据

康有为儒家经典诠释研究/刘星著.—北京：中国社会科学出版社，2021.9
ISBN 978-7-5203-9198-6

Ⅰ.①康… Ⅱ.①刘… Ⅲ.①康有为（1858-1927）—儒家—哲学思想—研究 Ⅳ.①B258.5 ②B222.05

中国版本图书馆 CIP 数据核字（2021）第 191384 号

出 版 人	赵剑英	
责任编辑	戴玉龙	
责任校对	周晓东	
责任印制	王　超	

出　　版	中国社会科学出版社	
社　　址	北京鼓楼西大街甲 158 号	
邮　　编	100720	
网　　址	http://www.csspw.cn	
发 行 部	010-84083685	
门 市 部	010-84029450	
经　　销	新华书店及其他书店	
印刷装订	三河弘翰印务有限公司	
版　　次	2021 年 9 月第 1 版	
印　　次	2021 年 9 月第 1 次印刷	

开　　本	710×1000　1/16
印　　张	18
插　　页	2
字　　数	295 千字
定　　价	89.00 元

凡购买中国社会科学出版社图书，如有质量问题请与本社营销中心联系调换
电话：010-84083683
版权所有　侵权必究

前　言

清末民初是一个大动荡、大变革的时代。古老中国经历着"数千年未有之变局",资本-帝国主义利用军事侵略、政治控制、经济掠夺以及文化渗透的方式动摇了腐朽的清帝国根基,中华民族面临着亡国灭种的危险。自幼就胸怀经营天下、救国救民之志的康有为应时而生,在内忧外患的时局下踽踽前行,为寻找救国良方进行着不懈的努力,对儒家经典的创造性诠释以寻求救国救民的理论依据成为其矢志不渝的追求。康有为在两年的时间里,完成了《中庸注》（1901）、《礼运注》（1901—1902）、《论语注》（1902）以及《孟子微》（1902）等儒家经典的诠释工作,而对《春秋》《易》《书》的诠释也包含其不同时期的著作之中。应该说,中国哲学史的发展史就是一部经典诠释的历史。经典要想永续流传、永葆青春,必须经得起时间的考验,应时代之需、不断推陈出新以反本开新,守住传统文化的基本精神与基本精髓,在继承的基础上开拓创新,只有这样才能永葆其活力,深度融入现代社会,彰显其旺盛的生命力。

本书旨在对康有为儒家经典诠释文本进行深度解读,着重考察康有为儒学思想的逻辑线索,立足于康有为儒家经典的代表性著作,探究西方科学视域下康有为所建构的儒学思想体系的嬗变与重建。此研究的具体内容延续至变法的具体措施、大同的理想设计以及物质救国的工业化道路等方面。康有为对儒家经典的创造性诠释具有极强的"通经致用"特征:侧重"经世"、重视《周礼》的"民功",关注的焦点从"民功""物用"层面提到经学理论、政治制度层面的高度。他以学术为契机,后逐步落实到制度层面,积极参加政治和社会活动以期推动政治和社会的变革与进步。康有为从早年崇尚古文经学的治学理路到今文经学立场的转向,从"托古改制"到维新变法,从"三世"进化到"大同"理想的建构,从"物质"与"道德"并重到以"儒学"为宗并将其奉为圭臬的"普遍价值",其学术思想随着时代形势和社会环境的变化而逐渐推进、转移和深化。概言之,康有为一以贯之的立场在于:"通经致用"的入世精神,"尊儒""尊孔"及"尊中"的坚定立场,整合东传之西方科学与今文经学以求中西会通的学术方向等,而所有这些都和西方科学、西方社会政治学说密切相关。

儒家经典具有现代性、与时俱进的特质,本书重在对康有为儒家经典诠释文本进行系统研究,康有为儒家经典诠释涵括了其所建构的进化思想、科学思想、民主思想、自由平等思想以及近代经济思想等方面。康有为对儒家经典的诠释方式也较为大胆,运用诸多西方文化与佛教语汇,为达到自己的政治目的,对儒家经典文本进行创造性阐释。康有为利用儒家经典为媒介,以今文经学为基本框架,把个人的西学知识、政治理论与思想主张融入儒家经典的诠释过程之中。但其"六经注我"的解经模式导致康有为对儒家经典诠释过程中诸多武断、教条、牵强、比附的弊端具有较大的局限性,致使其并不像是一个追求真理、理性思辨的哲学家。因此,康有为难以获得哲学上的创收,但这"并未阻碍康氏成为近代中国第一个试图建立哲学系统的思想家、第一个用西学来扩大与充实中国哲学的思想者"。[①]

中国人在"知人论世"方面,有"不以成败论英雄"的说法,既不溢美也不苛刻,随着时代的嬗变和社会思潮的起伏,人们又常常产生一些与此类论证相悖的议论。在认识论上引发了对戊戌维新代表人物康有为的长期争议,在21世纪初展开的关于中国向何处去的思想大论争中,康有为等因为力主走君主立宪的道路,被斥为皇权主义的拥护者。还有人从儒家的道统出发指责康有为的做法导致孔学丧失殆尽。由于论者的历史背景和文化背景不同,对康有为的评价呈现出不同的观点。但不管如何,康有为是近代史上一个极具开创性的理论家,也是一位著述宏富的学问家,其政治思想与学术理论深刻影响了中国历史的进程,不愧为思想型的"先时之人物"。

康有为的儒家经典诠释文本中有真知也有谬误,也一如中国人走过的近百年的风雨沧桑路。康有为虽非一流的哲学家,但他在重振中国哲学思想上的努力具有重要价值,我们不能"一叶障目,不见泰山"。他

[①] 萧公权:《康有为思想研究》,新星出版社2005年版,第94页。

把先进的西方文明移植到儒家经典之中的初衷是为了改变中国、适应世界，具有重要的拓荒性，客观上促进了儒学的现代转型。康有为对儒家经典的诠释秉承中西调融的特点，是对中西对话的一种有益尝试，他试图在传统儒家经典中突显西方近代科学的理性精神，使儒学与"现代性"建立一种有机的联系：中西文化不是简单的排斥关系，二者作为异质文化是可以共存发展的，它们之间有着宽广的开放性、互容性，具有相互契合的基因。通过对康有为儒家经典文本的诠释研究，以一种开放的胸怀，借鉴和汲取其他优秀文明成果，完善与发展中华民族本土化的文化传统，以一个全新的形象屹立于世界民族之林，谱写属于中国文化的新篇章。

但是我们也应该看到，康有为以西学补益儒学的努力，是中西学术冲撞后的一种本能反应，他以传统儒家文化为本位，走中西融合之路，博采众长、为我所用，创造出一个适应时代发展的新儒学。康有为儒家经典的创造性诠释产生于中西文化激烈冲撞的近代中国，是传统中国向现代中国转向的拐点，也是康有为试图处理中国文化现代化问题的一个极具价值的思考。通过此一问题的研究对我们如何面对当前的现代化和现代性问题具有重要意义，对于新儒家缘起、孔教运动的成败以及儒学是否可以成为新世纪"普遍价值"等问题的探讨都具有重要意义。

康有为是清末民初重要的政治家、思想家以及汇通中西文化的儒学大家，他对儒学的阐释与弘扬是为了挽救儒学走向式微的历史命运。为了能够适应近代社会，他"援西入儒"，给儒学注入了西学的元素，应该说，康有为是致力于儒学现代性、儒学近代化的第一人，虽然他的努力没有取得成功，但是对于儒学的近代复兴提供了又一可能的发展方向，其中的经验教训仍然值得深入探究与思考。

目 录

绪 论 1

第一章 康有为儒家经典诠释研究现状分析 16
  第一节 新时代儒家经典诠释研究的重要性 16
  第二节 康有为儒家经典诠释的局限性分析 33
  第三节 康有为儒家经典诠释的价值与意义 45

第二章 康有为儒家经典诠释研究的理论基础 59
  第一节 康有为儒家经典诠释与西方进化论思想的融合 59
  第二节 康有为经典诠释研究与"元气"论思想的发展 74
  第三节 康有为经典诠释对西方科学理性思想的应用 87
  第四节 康有为儒家经典诠释"通经致用"的思想倾向 93

第三章 康有为儒家经典诠释研究的主要内容 111
  第一节 康有为《论语》诠释研究 111
  第二节 康有为《孟子》诠释研究 129
  第三节 康有为《易》学诠释研究 146
  第四节 康有为《尚书》诠释研究 171
  第五节 康有为"大同之世"的理论建构及诠释研究 181

第四章 康有为儒家经典诠释研究的现代价值 201
  第一节 康有为儒家经典诠释研究与维新思想的形成 201
  第二节 康有为儒家经典诠释研究与西方科学思想的融合 216
  第三节 康有为儒家经典诠释研究与儒学的未来和发展 234

结　论 ………………………………………………………… 252

参考文献 ………………………………………………………… 256

后　记 ………………………………………………………… 279

绪　　论

儒家思想作为中国两千多来居主导地位的思想资源，必须沉潜其经典文本，直面各个时期庞大而芜杂的注疏系统，才能叩开儒学尤其是经学研究的大门。深入探究不同时代儒家经典诠释文本具有重要价值。面对儒学研究的百年断裂，必须重审儒家的《四书》《五经》原典，对康有为儒家经典的创造性诠释作深入剖析，以廓清康有为儒家经典诠释的研究现状及其突显的问题。康有为儒家经典诠释是以西方近代科学精神为视角，对儒学的价值、义理以及功用等方面进行重新解释，努力实现儒学传统现代性转型的一种有效尝试。深度挖掘清末民初康有为儒家经典诠释对现当代儒学的传承与发展具有重要意义。

一　康有为儒家经典诠释的研究现状

近年来，儒家经典诠释研究在儒学研究中备受国内外学术界的重视，也是出版论著较多的一个学术领域。康有为作为"面对西方的冲击最初对儒家和西方现代化的挑战做出回应的"① 现代新儒家的先驱者，作为近代重要的儒学大家，探究其儒家经典诠释文本以窥探儒学在清末民初西方文明冲击下的发展形态具有重要意义。针对康有为经典诠释研究已有诸多研究成果问世，但是系统性、专门性的研究还不够。对于康有为儒家经典诠释研究而言，其研究主题的多元性、研究内容的复杂性以及研究程度的深入性，均具有巨大的研究潜力与发展空间。儒家经典的永恒价值在于：它在不同历史时期、不同文化背景下能以更为宽广的胸怀包容不同声音。目前，有关康有为经典诠释与儒学现代转型的研究成果主要集中在以下四个方面：

（一）康有为儒家经典诠释与儒学嬗变关系的研究成果

康有为对儒家经典文本的创造性诠释具有重要价值，其着眼点更多

---

① 柴文华、冯丽华：《对康有为与儒学关系的几点思考》，《学术交流》2018 年第 1 期。

的是服务于其变法维新及其政治活动的目的，康有为是那个特殊时代思想上的巨人，对于康有为而言，其一生的政治、学术活动影响深远：政治上主张维新变法以挽救时局，学术上倡导今文经学以通经致用，文化上主张文化一元论以强化儒学价值，对于拓展近代中国本土化思想资源做出了决定性贡献。经过近几十年的考验和印证，已经足以证明康有为渐进改革的价值所在。"今日不再以革命为国策，坚持改革为国策，乃是经过检验后的必然实践。康有为的渐进改革思想也应该重新评估肯定。"① 董世伟在《康有为评传》中指出，康有为对儒家经典的诠释是以西方近代精神重新阐释传统，努力实现传统儒学的现代性转化。② 陈壁生在《经学的瓦解》中通过对康有为儒家经典的诠释作了详细甄别，提出近代经学走向问题，主要集中在经学的碎片化和经学的瓦解。③ 谭凯认为《论语注》的三世进化论体现了康有为将公羊"三世说"与西方的社会进化论的结合，对中西文化进行融合，推进了儒学的近代化。④

（二）康有为《论语注》的相关研究成果

学界对于康有为《论语注》的研究相对较为充分，学界众多学者认为康有为推崇孔子是"三统三世""大同小康""托古改制"的践行者，以《论语注》为载体援西入儒，以解决现实社会所提出的问题，重构政治社会的合法性依据，带有明显的时代特色。⑤ 唐明贵指出康有为融通古今，兼摄中外，陶铸涵咏，以今文经学为枝干，以西学为花果，建构其系统儒学体系，以解决现实社会所提出的问题，重构政治社会的合法性依据，以期收到"化古昔为今务"的政治功效，带有明显的时代特色。⑥ 而余树萍和江轶、胡悦晗等认为康有为用"时""进化""大同"等思想解释《论语》以树立孔子圣王、教主的形象具有重要意义。康有为引入西方价值观念、西方政治制度重新诠释儒家传统观念与

---

① 汪荣祖：《康章合论》，中华书局2008年版，第127页。
② 董世伟：《康有为评传》，百花洲出版社2010年版，绪言部分。
③ 陈壁生：《经学的瓦解》，华东师范大学出版社2014年版。
④ 谭凯：《儒学近代化的努力——康有为〈论语注〉思想研究》，《船山学刊》2016年第1期。
⑤ 柳宏：《康有为〈论语注〉诠释》，《广东社会科学》2008年第6期。
⑥ 唐明贵：《康有为〈论语注〉探微》，《中国哲学史》2009年第2期。

价值取向的努力,整合出一整套具有鲜明近代中国文化形态的新儒学。①另外有部分专著亦涉及康有为《论语注》的研究,站在经济学的视角认为康有为把西方的经济思想纳入儒学思想体系之中,在《论语注》中体现出康有为开放的社会分工思想与较为开明的就业观念、消费观念,以及康有为儒家经典诠释突显的科学思想及科技救国思想成果的梳理。②

(三) 康有为《孟子微》相关的研究成果

房德邻和汤志钧等学者部分地涉及《孟子微》的内容,论证了孔子是改革的神明圣王,康有为开始向西方寻求真理,为维新变法张目以及对经学进行改造以树立孔子改革者的形象。康有为甚至把西方的自由、民主思想纳入儒学思想体系之中。③朱松美指出康有为撰写的《孟子微》是以诠释《孟子》为契机,呼应时代吸纳"西学",努力尝试复归原典,引领中国哲学乃至中国文化冲出封建循环论怪圈而迈向近代,在古今递嬗的转折时期具有特殊的历史意义。④陈寒鸣认为康有为调融中西思想,真正意义上开启了中国近代思想文化的历史闸门,康有为通过重新诠释孟子,将儒家传统的"民本"论转化为近代民主政治思想,将近代西方的平等观念引入中国政治思想的范畴。⑤

(四) 康有为关于《中庸》《大学》《春秋》等儒家经典的研究成果

马永康认为康有为力图使儒学成为"四通六辟"的孔教,将儒学阐发为"人道",表明孔教优于耶、佛,增加了儒学的号召力以避免儒学跟不上社会的发展而衰微。⑥孙建伟认为《中庸注》发挥了今文经学中孔子的立教改制思想,树立了孔子无上的权威,把孔子塑造成有德、

---

① 余树萍:《救亡图存的教主——康有为论孔子的形象》,《现代哲学》2009年第5期;江轶、胡悦晗:《"我注六经"与"援西入儒"——康有为〈论语注〉思想辨析》,《长江论坛》2011年第2期。

② 柳宏:《清代〈论语〉诠释史论》,社会科学文献出版社2008年版;唐明贵:《论语学史》,中国社会科学出版社2009年版。

③ 房德邻:《儒学的危机与嬗变——康有为与近代儒学》,台湾文津出版社1992年版;汤志钧:《近代经学与政治》,中华书局2000年版。

④ 朱松美:《创新以经世:康有为对〈孟子微〉的诠释》,《山东师范大学学报》(人文社会科学版)2005年第2期。

⑤ 陈寒鸣:《〈孟子微〉与康有为对中西政治思想的调融》,《燕山大学学报》(哲学社会科学版)2006年第4期。

⑥ 马永康:《康有为的〈中庸注〉与孔教》,《中山大学学报》2014年第4期。

有位之人，阐发孔教源于天而宜于人，具有合法性与合理性，以建立孔子、孔教与变法之间的有效联系。① 谌祥勇认为"孔教"思想的核心是确立孔子的教主地位，更将公羊学的"三世说"改造成儒家式的历史进化理论，以平等、民主的太平世作为最终归趣。② 康有为没有留下关于《大学》的专门著作，马永康指出康有为在宗今文经学前就对朱子提升《大学》的地位持肯定态度，宗今文经学之后以"公羊学"来解释《大学》，以强化儒学"经世致用"的作用。③

另外，在康有为著作中关于《易》《礼》《春秋》《书》等儒家经典也有诸多阐发。施炎平认为康有为对《易》学的吸收、创造性解读，以及致力于"重释和阐发《周易》理念的双重努力"④ 具有重要价值。杨仁泽先生对康有为《礼运》篇的全新解读也有系统性的研究。杨先生指出，康有为游历欧美对其触动很大，想象和现实中的西方资本主义社会具有巨大的反差，由此带来了康有为对大同理想信念的进一步弱化，也是其"找不到通往大同道路的矛盾的变化"。⑤ 马永康则站在康有为对"大同"发明的视角，认为康有为选取《礼记》的《礼运》篇作注，"将'三世说'与大同融合，逆转了传统的历史退化观"⑥ 的局限，康有为建构了中国式的理想图景，对于处理传统儒学与现代性问题开辟了又一种可能的道路。在《春秋》诠释方面，康有为著有《春秋董氏学》《春秋笔削大义微言考》等著作，学界关于此领域的研究也取得一定的进展，宋德华和汪荣祖也对康有为关于《春秋》的阐发赋予了新的内容，康有为成熟完备的变法观均源自对孔子作为改革家的创造，康有为在中国近代思想史上不是旧学的殿军，而是新思想的先驱。⑦ 还有部分学者其研究的重点集中在康有为经学及政治思想的相关

---

① 孙建伟：《论康有为〈中庸注〉立教改制思想》，《暨南学报》（哲学社会科学版）2014年第6期。
② 谌祥勇：《康有为论中庸》，《原道》第30辑。
③ 马永康：《康有为论〈大学〉》，《现代哲学》2016年第2期。
④ 施炎平：《易学现代转化的一个重要环节——析康有为对〈周易〉理念的诠释和阐发》，《周易研究》2008年第6期。
⑤ 杨仁泽：《"大同学"和〈礼运注〉》，《史林》1997年第4期。
⑥ 马永康：《大同的"发明"——康有为〈礼运注〉析论》，《中国哲学史》2019年第4期。
⑦ 宋德华：《岭南维新思想述论》，中华书局2002年版；汪荣祖：《康有为论》，中华书局2006年版。

研究。① 而对《尚书》而言，康有为没有专门的诠释著作，目前学界研究成果不多，仍需深入挖掘。

综上所述，有关康有为儒学经典诠释研究工作已经取得阶段性成果，但是仍然有进一步拓展的空间：一是现有研究成果大多集中在对单一经典的阐发，站在整体性的角度予以研究的学术成果较少；二是康有为儒家经典诠释对政治领域的研究较多，而对经济、科学、文化领域的相关研究涉及较少，尤其是对康有为儒家经典诠释的哲学之维作深度思考的研究成果不够。对于儒学而言，特别是对于经学瓦解之后的重建、儒学创新转化及转型问题的研究也较为欠缺。在以儒学为代表的中国传统文化复兴战略升格为国家战略的关键时期，如何挖掘康有为儒家经典诠释的价值以及儒学转型与发展的内在逻辑等仍须深入探究。康有为对儒家经典的创造性诠释一定程度上"拓展了儒家的外王学，促进了儒学向近代转化"。② 因此，对康有为儒家经典诠释与儒学的现代转型问题的探究具有重要价值和更大的研究空间。

二　康有为儒家经典诠释的研究内容

清末民初，中华民族遭逢"数千年未有之变局"，康有为为救亡图存对儒家经典进行现代性阐发，是对"经世致用"传统的继承与发展，站在西学视角对其解读并结合当时中国社会的政治、经济、科技、文化及其宗教信仰等方面逐一对儒家经典文本进行剖析与诠释的努力具有重要价值，为其建构独具特色的今文经学体系提供了理论基础。"正是康有为，集中了从龚自珍、冯桂芬以来，绵延了半个多世纪的改革要求和理论，构成了一个体系。……却是那个时代的实际运动能够接受的一种思想范式。"③ 而中国经过近百年的不断革命，终归宿于改革开放，而改革开放就是康有为坚持的道路。因此，对康有为儒家经典诠释进行贯

---

① 参见李宗桂：《康有为〈春秋董氏学〉杂议》，《中山大学学报》（社会科学版）2005年第4期；孙锡芳：《云南民族大学学报》（哲学社会科学版）2009年第2期；李帆：《"夷夏之辨"之解说传统的延续与更新——以康有为、刘师培对〈春秋繁露〉两事的不同解读为例》，《近代史研究》2011年第6期；李有梁、姜广辉：《春秋公羊学"张三世"理论与康有为的渐变思想》，《社会科学战线》2014年第4期；张翔：《康有为经学思想调整刍议——以〈春秋董氏学〉与〈春秋笔削大义微言考〉的比较为例》，《中国哲学史》2014年第2期。

② 唐明贵：《康有为对〈论语〉和〈孟子〉的创造性解释》，《阴山学刊》2004年第1期。

③ 朱维铮：《经学十二讲》，复旦大学出版社2008年版，第192页。

通性研究具有重要意义，对推进儒家经典诠释的历史进程，揭示其特点和规律，探寻康有为基于当时之社会形势对儒家经典诠释的现代意义。康有为利用西学为特质的诠释方式以及通过一系列救亡图存的社会建构以求儒学的现代性转向。具体体现在以下几个方面：

（一）对康有为进行儒家经典诠释的历史背景作深度研究

康有为之所以要诠释儒家经典主要源自他变法维新的需要并建构其政治理论的努力。康有为是要通过溯其流、追其源，对儒家经典本身以及对儒家经典的全新阐发做系统梳理，要破除传统观念对康有为儒家经典诠释的误读。对于辛亥革命与新文化运动而言，对纲常名教的批判是针对当时国内的现实政治而展开的，是出于维护新生的共和政权的目的，是"旨在保卫辛亥革命刚刚建立的共和制度，不是针对中国传统文化的'反传统'。"① 如何在清末民初特定的语境中客观看待康有为的儒家经典诠释研究便有了更为现实的意义。康有为对儒家经典的创造性诠释是基于其独特的经学立场，他"试图在坚持儒家立场的前提下消化西方的政治理念，进而建构中国国家形态"②的努力都具有划时代的意义，无论是其孔教观还是其政治儒学的重构方案都构成了现代儒学的基本议题。因此，通过对康有为研究的诸多专家、学者研究成果进行总结升华，要从总体上对康有为之前儒家经典的诠释工作做简要说明，以厘清康有为儒家经典诠释中一些基本的理论问题，而所有这些都只有建立在那个特定的社会历史文化背景之中才能更好地了解康有为基于那个特殊时代对儒家经典的创造性诠释。

（二）康有为儒家经典诠释及其以儒家为本位的西学建构

康有为对儒家经典的全新解读，旨在突显其在政治、经济、文化层面，并以儒家思想为底色的理论体系进行西学建构。通过对康有为儒家经典诠释文本的解读彰显了康有为制度儒学、物质救国论、大同思想的理论建构。具体体现在以下几个方面：

在政治层面，康有为试图通过对儒家经典的创造性诠释以达到改造孔子形象的目的。"孔子藉先王之书而删定之；至《易》与《春秋》，

---

① 李维武：《〈新青年〉视野中的孔子、孔教与儒家纲常》，《社会科学战线》2015 年第 9 期。
② 干春松：《康有为与现代儒学思潮的关系辨析》，《中国人民大学学报》2015 年第 5 期。

则全出孔子之笔。"① 通过康有为对儒家经典的重新解读，我们首先要肯定"康有为不仅仅是单纯的经师，而且也是一个政治家、思想家"②，他在《新学伪经考》和《孔子改制考》两本力作以及儒家经典诠释中一再重申孔子作为政治家与改革家的形象。"孔氏之微言真传，万国之无上宝典，而天下群生之起死神方哉！"③ 他的目的是制造孔子改革者的形象重申其维新变法主张，是对"祖宗之法不可变，天不变，道亦不变"的无情挞伐。康有为认为"六经皆孔子手定。然《诗》《书》《礼》《乐》，皆因前世所有而损益之。惟《春秋》则孔子自作焉，《易》则孔子系辞焉。"④ 所有这些突出表现了康有为对孔子形象的改造，为其虚君共和、君主立宪的政治思想提供理论支撑，康有为政治思想的理论建构客观上促进了经学的现代转向。

在经济层面，康有为通过对儒家经典文本的阐释来建构其经济思想。在清末民初内忧外患的背景下，康有为对于儒家经典的全新解读透视了康有为一系列的经济主张，"康有为的'物质救国论'是以中国的富强为目标，通过强化'物质'基础，在中国树立一个强盛的集权国家"⑤。康有为对儒家经典采取"经世致用"的释读模式，暗合了康有为"物质救国论""工商救国"等思想主张以及积极推行中国工业化的治国道路，客观上促进了儒学的现代转型。

在文化层面，康有为儒家经典诠释是以西方近代精神为视角重新解释传统，努力实现儒学传统的现代性转向。面对经学研究的百年断裂，必须重审经籍，沉潜古典，"经子之奥言，探佛学之微旨，参中西之新理，穷天人之绩变，搜合诸教，披析大地，剖析今故，穷察未来。"⑥ 只有直面庞大而芜杂的注疏系统才能叩开经学的大门。康有为深知西方基督教传入中国对国人信仰的颠覆。因此，为了同基督教抗衡，出于重振儒学的考量，他极力倡导儒学，"康氏一直敬仰孔子，他深信真正儒

---

① 康有为著，姜义华等校：《长兴学记》，《康有为全集》（第1集），中国人民大学出版社2007年版，第349页。
② 汤志钧：《再论康有为与今文经学》，《历史研究》，1984年第6期，第72—79页。
③ 康有为著，姜义华等校：《礼运注》，《康有为全集》（第5集），中国人民大学出版社2007年版，第553页。
④ 梁启超：《饮冰室合集·文集之六》，中华书局1989年版，第68页。
⑤ 朱忆天：《康有为的改革思想与明治维新》，上海人民出版社2011年版，第156页。
⑥ 梁启超著：《康有为传》（附录《康南海自编年谱》），第99页。

学的道德效力并未被几百年来的伪经损坏殆尽，仍然可以恢复，不仅可为中国人，而且可为整个人类服务"①。另外，康有为建构"大同之世"的社会理想并分析其成因，我们应考辨其源流以揭示康有为儒家经典诠释的积极因素与固有之弊端。

（三）康有为儒家经典诠释与儒学现代价值的阐发

康有为的儒家经典诠释试图把儒学思想与西方科学建立一种有效的勾连。康有为深知西方科学在科学知识、科学思想、科学文化等诸领域的优越性，不断吸纳西方先进的自然科学以构建其"以儒为宗"的理论体系。一是在学术上，鄙弃所谓汉学家的繁琐考据，用西方的科学机制力图开辟新的治学道路。二是在认识论上，学习西方先进的科学知识以补益儒学的不足，达到武装自己、强大自己的目的，力主变法维新以改变清王朝的命运。三是在实践上，立志向西方学习。康有为认为"近世若哥白尼之天文学、斯密亚丹之资生学，奈端之重学，华忒之机器，皆转移世宙，利物前民，致远甚矣"②。因此，康有为遍读西籍，探求新知、苦读经世之书。康有为认为只有物质之富有才是强国之良策，而物质的发展依赖于科技的发展，"夫工艺、兵炮者物质也，即其政律之周备，及科学中之化、光、电、重、天文、地理、算数、动植、生物，亦不出于力数、形气之物质"③。康有为认为中国落后于欧美的原因皆源自科技之落后。因此，他不断涉猎自然科学中物理、化学、生物等领域的知识，特别是用西方数学、几何学以及进化论等西方科学知识来补益儒学之不足，使儒学更具包容性的特质，更彰显出儒学与科学有着相互契合的基因。康有为儒家经典诠释在特定社会历史背景中，通过以儒学为宗的本体论的西学建构（政治制度、经济设想、文化建构）以及儒家经典诠释，强化了儒学对现实社会的作用，影响了社会不同阶层，以及在社会生活不同层面发挥出重要作用，从而完成儒学的现代转型。

---

① ［美］萧公权著，汪荣祖译：《近代中国与新世界——康有为变法与大同思想研究》，凤凰出版传媒集团2007年版，第73页。
② 康有为著，姜义华等校：《康有为全集》（第6集），中国人民大学出版社2007年版，第531页。
③ 康有为著，姜义华等校：《物质救国论》，载《康有为全集》（第8集），中国人民大学出版社2007年版，第67页。

通过对康有为儒家经典诠释研究，可以深度挖掘儒家经典及现当代儒学的价值、义理，康有为通过创造性阐释以达到涵咏儒学的经世致用、古为今用的目的。儒家经典是数千年来中国及周边亚洲国家思想理论的原点，历代思想家阐释经典，继往开来，绵延不断。儒家经典的超时空性，正是建基在时空的绵延性之中。因此，以康有为儒家经典诠释为突破点，对其"儒家经典诠释研究"领域发力，深入研究康有为儒家经典诠释的相关著作具有重要的现实价值：一方面可以深化对儒家经典思想创新性、系统性等内容的创新研究，另一方面也有利于从传统文化中挖掘儒学智慧、汲取其优秀基因并整合西方先进的文化元素，对于传承儒学，对传统文化的创造性转化与创新性发展具有重要意义。

三 康有为儒家经典诠释的着力点与研究向度

学界有关康有为儒家经典的诠释研究已经取得一定成果，如何更好地探究康有为儒家经典诠释文本，应当以西学背景下儒家思想的嬗变为研究契点，构建儒家为本体的理论体系以窥探儒学的现当代价值，实现儒学的现代转型。从政治、经济、文化、科技等多重视角深入分析、挖掘康有为儒家经典诠释研究所蕴含的思想内涵与现实价值，探究康有为儒家经典诠释对现当代儒家思想的传播及其与现实社会之间的关系等都具有重要价值。作为思想家与政治家的康有为，他对于儒家经典的诠释具有"六经注我"的倾向，处在康有为同时代的学者、政治家对其褒贬不一，如章太炎、皮锡瑞等。而康有为儒家经典诠释研究应该立足于对其经典诠释所涉及的时人评价的收集、整理、甄别，对康有为儒家经典诠释进行现代意义上的梳理，客观呈现其最本原的面貌。不仅如此，还应该具体分析康有为所处的清末民初这一特殊时期的学术成就、治学特色以发掘其对当今社会现实的价值，并进一步结合当时具体的历史情境进行具体研究。此领域研究主要体现在以下几个方面：

（一）对康有为经典诠释所涉及的概念、范畴进行深度探析

从康有为儒家经典诠释著作中，可以窥探解经者对概念、范畴的辨析、探讨，不同思想理论、价值观念的传承、交锋、碰撞、融合以及不同时代思维方式的特点与理论思考重心的变化，把握不同时代理论思维的高度。因此，康有为儒家经典诠释研究是梳理、把握儒家思想观念发展演变历程的重要途径。"康有为所处之世，正值社会与政治的大变化，并迫使彻底重估儒家传统，以及极力欲使大清帝国在思想和制度上适应新的情况。他的解释群经乃是当时为适应时代而作的最严肃的努力。"① 作为清末民初儒家经典诠释研究的标志性成果构成了康有为经典诠释发展演变的重要节点。虽然学界已有研究成果突出体现在对康有为的孔教会、虚君共和等政治活动的批评与指责，但其希冀救亡图存的功绩不可抹杀，对康有为儒家经典诠释所突显的现代意义仍然存在较大的拓展空间。

（二）康有为儒家经典诠释研究的内容要有创新性

在对经典诠释的注、疏、训、解的过程中，其内容总会带上时代的烙印，总会与当时的政治等社会问题产生种种纠葛，甚至直接反映在当时社会的各个层面。康有为对儒家经典的诠释，透过其著述可以看出，他为求政治目的的需要所采用"六经注我"的解经方式，很多时候他也陷入巨大的矛盾之中，"面对基督的挑战，面对制度化儒家的解体，如何使儒家的传播体得以延续，如何解决国民信仰和个体信仰自由的矛盾，是康有为思考终生的问题"②。以康有为力主倡导的孔教会为例，他一方面"希望孔教能够不借外力而独立运行"③，但囿于当时社会现实与政治之间的纠葛，他又不得不与社会现实进行妥协。因此，康有为儒家经典诠释研究的价值在于：如何把握儒家经典阐释与政治需要与社会变迁之间的关系，进一步加深对儒家经典诠释"历史性"的理解以窥探儒学的现代转型具有重要意义。

（三）康有为儒家经典诠释在研究方法上的创新性

对康有为儒家经典诠释研究应该把研究的重点集中在《康有为全集》所涉及儒家经典诠释的文本上，不仅要进行宏观的经学史研究，还要力图对康有为儒家经典诠释做全面的挖掘工作以探讨康有为经典诠释与学术思潮、社会环境之间的内在联系以及康有为经典诠释对当代的现实意义与理论建构方面的特色与创新。对于康有为儒家经典诠释研究要采取历史与逻辑相统一的方法，它既是社会科学研究的基本原则，又

---

① ［美］萧公权：《近代中国与新世界：康有为与大同书研究》，江苏人民出版社1997年版，第81页。

② 干春松：《康有为与儒学的"新世"——从儒学分期看儒学的未来发展路径》，华东师范大学出版社2015年版，第144页。

③ 王世良：《儒学、孔教与现代社会——以康有为思想为中心》，《世界宗教文化》2016年第2期。

是其重要的研究方法。通过对康有为儒家经典诠释与清末民初儒学发展、经学发展、学术发展以及演变过程的阐述，不仅要关注康有为之前各个时代对儒家经典诠释的研究成果，同时还要探寻其内在逻辑性的统一，康有为儒家经典诠释研究在当时之中国以及当今之中国社会诸多方面的发展问题上，其阶段划分既要体现历史性，更要体现逻辑性。而思想史方法的运用尤为重要，要侧重对思想脉络的传承与转换的分析，并对文献自身进行批判反省，通过对康有为儒家经典诠释文本产生的原因和背景分析，探究其存在的内在逻辑与外缘影响等。

（四）康有为经典诠释研究在思想上的创新性

进入21世纪以来，随着人们对20世纪经学研究反思的不断深入，中国传统哲学思想"立足于经学讲哲学"的特点越来越受到学者们的重视，而从经典诠释的视角梳理、讨论中国传统的儒学思想，也已逐渐成为当代中国哲学思想研究多元格局中重要的学术发展方向。康有为经典诠释研究的重要路向之一是通过对康有为相关儒学经典诠释文本的细读、思索，结合当时康有为所处的社会政治、经济、文化背景，在时空关系上纵横比较，辨章学术，考证源流，互参比勘，深入析论，从而勾勒出康有为儒家经典诠释的历史进程，揭示儒家代表性经典研究的特点和规律，探求儒家经典与中国传统哲学发展的深层次关系。"经学所依托的六经作为中国古代文化原典，有中华文化的许多根源性的要素，这一直活在中华民族的发展长河中。"① 二是通过康有为儒家经典诠释研究，立足于传统文化，从中挖掘智慧、汲取优秀基因，整合西方先进文化元素并结合当下儒学发展的现状，创造出基于自己民族文化的儒学发展模式。

康有为经典诠释的重要学术价值在于丰富了中国哲学的学术研究，有利于社会哲学研究和伦理规范建设，为社会价值体系规范化提供参考性建议。康有为经典诠释研究力求达到以下两个方面突破：一方面，通过康有为经典诠释研究，不仅有助于深化对儒学的认识，而且有助于在当今时代更全面地思考儒学如何发展问题，从而为当代中国民族精神的弘扬与中华优秀传统文化的传承与创新提供启迪。另一方面，通过对康有为对《论语》《孟子》《中庸》《易》以及《书》等儒家经典的全新

---

① 黄开国：《康有为"两考"与经学的终结》，《哲学研究》2016年第3期。

阐释，不仅可以探究儒学新解与异质文化相容性问题，而且还可以探究儒家"内圣学"与"外王学"的拓展以及儒学现代化转型的动因与现实意义，从而为构建当代新儒学提供借鉴。

四　康有为经典诠释研究的现代价值与意义

中国哲学史就是一部经典的诠释史，不同时代有不同的经典诠释的文本，共同促进了中国哲学的发展。清末民初是一个大变动的时代，西方文明冲击下的儒学亦步亦趋，处境十分艰难，而康有为以儒为本，积极汲取西方科学知识以达到建构其今文经学体系的目的具有重要意义。康有为借今文经学的微言大义以及对孔子形象的重塑，将其打扮成"托古改制"的祖师，"康有为学习西方，想走西方宗教改革道路的结果"①。以康有为儒家经典诠释为契点，深入探究经典诠释使中国儒学呈现的基本样式，随着研究的深入，必将带来中国儒家哲学研究主题的变奏和理论格局的重组，而这种变奏和重组又会促使学界对既有的中国哲学研究范式进行更加深入地讨论，因此，康有为儒家经典诠释研究具有重要价值。儒家经典是中国哲学智慧与现实生活相结合、走向与其他学科交叉的需要。通过对康有为儒家经典诠释与西方政治思想、经济思想以及科学思想的掘发，将儒家经典所蕴含的哲学智慧与现代管理相结合，并且在实践中做出了各种形式的有益探讨。其价值与意义主要体现在以下几个方面：

（一）康有为儒家经典诠释具有重要的学术思想史的价值

李泽厚对康有为一系列的政治活动基本上持批判态度，而对"他的思想创造力和政治设计则不断正面化，且评价越来越高，常有引之以为同道之感"②。以康有为儒家经典诠释为切入点把握康有为的学术风尚及价值追求的转移。每个时代都有其独特的学术风尚，从而导致对经典注疏、训解方式以及理论思考重心的转移。康有为立足于今文经学的视角认定刘歆、曾子等"遮蔽了孔子改制的历史真相，从而湮没了孔子三世之法"③，从而致使中国社会停滞不前甚至成为近代落后挨打最根本的原因。在儒家经典诠释方式上，康有为处在清末民初这一特定时

---

①　宝成关：《西潮与回应——近四百年思想嬗替研究》，吉林人民出版社2004年版，第90页。
②　干春松：《从康有为到李泽厚》，《读书》2012年第2期。
③　曹润青：《康有为〈论语〉观析论》，《中国哲学史》2018年第4期。

期,有其独特的治学方式、学术标准与问题意识,而解经方式的转移表现得非常明显。通过对康有为儒家经典诠释研究,对诸如学术风尚等是如何形成、转移的,而这种形成与转移又在多大程度上取决于学术发展的内在理路与外缘因素等问题的探究都具有重要的学术史意义。"在近代化这样一种急剧的历史变动时代,重新评价日趋消亡的固有文明的价值,并将之确认、提升为支撑民族生存的不可缺少的文明要素,构成世界近代思想发展史上的一支重要的思想系谱,在这一思想系谱之中,康有为是一位具有代表性的存在"①。另外,对于常见的文献史料,如《康有为全集》中儒家经典诠释部分力争以现代的、全新的诠释方式发掘其新的内涵与价值。在经学史、儒学史、文化史以及政治发展史的视野中,康有为的解经方式是否能够被学界认可,又抑或成为反映一个时代整体风貌、反映儒家经典传播、流传情况的重要史料。通过研究思路、视角的转换来呈现常见资料文献的新价值便具有了重要的学术史意义。

(二)康有为儒家经典诠释具有重要的理论意义

清末民初,面对中华民族亡国灭种的时代议题,从刘逢禄开其端,各派学者纷纷通过对儒家经典诠释注疏、训解来阐发"经世致用"的思想观念以建构其理论体系。及至康有为,他吸收前人研究成果,"援西入儒",利用西方自然科学和社会科学知识对儒家经典进行现代性的阐发。中国对西方现代性的汲取将成为多样现代性的一个重要的例证,"即这些思想在与中国社会融汇的过程中所创造的新的传统"②。因此,如何依循今文经学的脉络对康有为儒家经典诠释文本予以梳理,以探讨康有为儒家经典诠释在西方科学视阈下的面貌、特征及社会功能等问题。通过此一议题的研究,可以窥探清末民初那个特殊的时代,儒学思想受到西方文明冲击所呈现的基本面貌、时代特征以及社会功能等问题。康有为儒家经典诠释研究不仅有助于揭示康有为儒家经典诠释在清末民初特定历史时期的基本形态,考察儒学传承、创新、流传之间的关系;也有助于从经典诠释的视角具体把握经学嬗变、学派分合、学术风尚以及研究旨趣的变化。经学范式与学术视域的转换以窥见儒学本身非

---

① 朱忆天:《康有为的改革思想与明治维新》,上海人民出版社2011年版,第239页。
② 干春松:《从康有为到李泽厚》,《读书》2012年第2期。

常强大的生命力及其现当代价值;还可以从经典诠释的角度,考察、探索儒家学术在不同时代得以传承与创新的内在机制。

(三) 康有为儒家经典诠释研究具有重要的实际意义

通过康有为儒家经典诠释研究,不仅有助于深化对儒家经典的认识,而且有助于在当今时代更全面地思考儒学如何发展,从而为当代中国民族精神的弘扬与中华优秀传统文化的传承与创新提供重要启迪。"欲使儒学在现代化社会发挥应有的作用、影响,首先必须对它认真作一番深入的梳理、辨析、提炼的工作,给予符合时代精神的合理的、有说服力的现代诠释。"[1] 一方面,对康有为儒家经典诠释研究可以进一步关注经典文献与学术思想的关系,并借鉴西方诠释学的方法开展中国经典诠释研究,弘扬儒家经典诠释的思想智慧,从而深化和拓展中国哲学的研究,让传统经典成为人类智慧的源头活水;另一方面,通过对康有为《论语注》《孟子微》《中庸注》等著作以及对《易》《春秋》等进行西式的、创造性的、经世致用的解读,力求达到古为今用、洋为中用的目的;力求将国家治国理政以及国家的政策、决策置于良性、持续、和谐的发展轨道。经世致用是康有为儒家经典诠释的重要特色,"百家众技,凡有立于世者,其中各有精妙,有可观览,凡人自可学之以致用,但若欲经世立教,致之远大"[2]。康有为一直强调"学以致用""经世之学"的重要性,他认为唯有如此,才能"致之远大"。"几千年来作为中华文明核心价值的儒学,是同中华民族生死与共的,它的根系永远存活在中国人的肌体中。这个星球上只要一天还有中国人,儒学就会存在一天。"[3] 因此,对康有为儒家经典诠释进行深度研究,揭示其演变与发展的基本脉络,探讨儒家经典与学术思潮发展之间的内在联系,对不同学派在儒家经典的诠释与哲学体系建构方面的学术特色与思想创新作系统阐述和比较研究,以发掘中国传统诠释学的类型和特征,寻找中国哲学的本土化特色,探究儒学新解与异质文化相容性问题。"我们期待有一个新的儒家复兴,或者儒学的第三期和第四期的发展,那么这个新儒学必然是建立在儒家经典的基础之上。现代的教育中断了

---

[1] 张锡勤:《儒学在中国近代的命运》,人民出版社2011年版,第253页。
[2] 康有为著,姜亦华等编校:《康有为全集》(第6集),中国人民大学出版社2007年版,第531页。
[3] 郭沂:《中国之路与儒学重建》,中国社会科学出版社2013年版,第100页。

经典的传承谱系，甚至怀疑经典在一个价值系统中的绝对地位，这样的新儒家是不可想象的。尽管康有为的公羊学立场和对于古文经的怀疑，是经学瓦解的一个环节，但是我们认定康有为是现代儒家的开创者，这是因为康有为是始终站在对儒家经典的重新解释的基础上展开儒家的现代性叙事。"① 因此，康有为儒家经典诠释研究具有重要意义，可以进一步探究儒家"内圣学"与"外王学"的拓展以及儒学现代化转型的动因与途径，从而为构建当代新儒学提供借鉴。

---

① 干春松：《康有为与儒学的"新世"——从儒学分期看儒学的未来发展路径》，华东师范大学出版社2015年版，第174页。

第一章　康有为儒家经典诠释研究现状分析

儒学思想作为中国两千多年来居于主导地位的思想资源，对中国文化的传承与发展具有重要意义。要想深入探析儒家思想的内涵就必须回到儒家经典文本，直面各个时期庞大而杂芜的注疏系统才具有重要意义。清末民初的康有为面对动荡的时局、面对儒学研究的百年断裂，他汲取西方文化思想资源对儒家经典创造性地诠释与解读极具代表性。因此，对儒家经典进行系统研究具有重要价值。康有为儒家经典诠释是以西方近代科学精神为视角对儒学的价值、义理以及功用等问题进行的阐释，具有拓荒性，也是实现儒学传统现代性转型的一种有效尝试。

第一节　新时代儒家经典诠释研究的重要性

对康有为儒家经典诠释文本进行深度研究具有重要价值。儒学思想重在对"德性""群体"等价值理性的追求并不是一种落后的文化现象，而是一种具有永久性、独特性时代价值的民族文化形态，在不断接受外来文化的洗礼中得以补益自身，彰显其旺盛的生命力。康有为所谓的儒家其价值在于他所倡导的大同理想、渴求人人平等、四海之内皆兄弟的臻美境界。康有为在《孟子微》中谈道：

> 孔子立三世之法：拨乱世仁不能远，故但亲亲。升平世仁及同类，故能仁民。太平世众生如一，故兼爱物。仁既有等差，亦因世为进退大小。大同之世，人人不独亲其亲、子其子。禹、稷当平世，视人溺犹己溺，人饥犹己饥，人人平等，爱人若己，故平世之仁广远，不独亲亲矣。颜子当乱世，乡邻有斗亦闭户，惟被发而救同室，故知乱世但亲亲。其时不同，故其理亦不同也。然天地者，

生之本也。祖宗者，类之本也。知尊祖者，则爱同类，四海之内皆兄弟也。①

儒学思想作为中国传统文化的重要组成部分，在中国政治思想发展史上发挥着重要作用。儒学思想已经成为中华优秀传统文化同新时代治国理政思想的重要理论资源，其核心价值与新时代治国理政思想的契合，对中华民族的伟大复兴具有重要的现实意义。近年来，儒学思想的核心要义与新时代治国理政思想关系问题备受关注，在以儒学为主的优秀传统文化复兴成为国家战略的重要时期，儒学创新性发展和创造性转化的研究无疑具有重要意义。儒学思想在中国崛起、中国道路、中国模式建构中都将发挥重要作用。儒学思想历经先秦儒学、汉唐经学、宋明理学以及近代新儒家的发展，其主要特征体现在"修身""齐家""治国""平天下"为旨归的集体主义的基本诉求。孔子创立的儒家学派是以恢复西周礼制为旨归，以德治、仁政与伦理等问题为主要内容，崇尚的是仁义、礼乐、中庸、和为贵、忠恕之道等核心要义，所有这些无疑又是中华民族伟大复兴最重要的理论支撑。在中国历史上，中华文明经久不衰的最根本的原因有其共同的文化纽带，"而中华民族长期被维系，一个非常重要的因素就在于以儒学为代表的中国文化"。② 先秦儒学的"四书"经典中蕴含了儒家"治平"思想的精髓，充分体现了儒学思想的核心要义与新时代治国理政思想的契合。也是"推进全面从严治党向基层延伸、纵深发展的必然要求。"③ "形而上者谓之道"重在阐释中国古代"把道、技分开，人们崇尚和尊重高雅的道"④，进行对器物、技术层面较少关注。

一 儒学以"大我"、群体利益为重的群己观

儒学群己观的核心思想是以"大我"、群体利益为重，对新时期培养德才兼备的干部队伍，推进我国治国理政思想建设具有重要意义。儒

---

① 康有为著，姜义华等校：《孟子微》，载《康有为全集》（第5集），中国人民大学出版社2007年版，第415页。
② 王学典：《把中国"中国化"——人文社会科学的近期走向》，上海人民出版社2017年版，第363页。
③ 刘子平：《村干部"微权力"腐败治理机制创新探究》，《中州学刊》2018年第7期。
④ 赵磊：《技术恐惧的哲学研究》，科学出版社2020年版，第142页。

家学说的"性善""仁爱"和"礼制"观念是儒家思想的核心内容。康有为在《春秋笔削大义微言考序》对儒学的"仁""公""平"等作了详细的阐发:

> 孔子之道,其本在仁,其理在公,其法在平,其制在文,其体在各明名分,其用在与时进化。夫主乎太平,则人人有自主之权;主乎文明,则事事去野蛮之陋;主乎公,则人人有大同之乐;主乎仁,则物物有得所之安;主乎各明权限,则人人不相侵;主乎与时进化,则变通尽利。故其科指所明,在张三世。其三世所立,身行乎据乱,故条理较多,而心需乎太平,乃意思所注,虽权实异法,实因时推迁,故曰孔子圣之时者也。若其广张万法,不持乎一德,不限乎一国,不成乎一世,盖浃乎天人矣!①

儒学思想从"仁"与"礼"的层面界定了人之所以为人的根本属性,康有为在这里旨在对"仁""公""平"作一界定。《荀子》中关于"群"的思想有诸多论述,比如:"物以类聚,人以群分"(《荀子·劝学》)讲的就是"群"或者"群体"的重要性。作为"个体"的"人"按照品行、爱好形成固定的"群",这里强调的是"群体"的作用。"离居不相待则穷,群而无分则"(《荀子·富国》)体现了儒家"个体"与"群体""集体"之间的关系。儒学群己观具有一种协调"个体"与"群体"之利的趋向,在价值观方面"这种努力既体现了儒家关怀群体的传统,又通过群己关系与利益关系的联结而使群己的统一获得更为具体的内容"。②

(一)"性善论"是儒学群己观的理论基础

"性善论"是《孟子》思想理论的核心,也是孟子行为哲学、教育哲学以及仁政学说的基础,同样连接着"性善论"的还有孟子所谓的"四端"说,又分别对应着仁、义、礼、智四个方面的内容。孟子的"四端"说不是高悬的价值,而是流布于人们的日用常行之中,"应该

---

① 康有为著,姜义华等校:《春秋笔削大义微言考序》,《康有为全集》(第6集),中国人民大学出版社2007年版,第3页。
② 杨国荣:《我的自觉与群体认同——明清之际儒家群己观的衍化》,《南京社会科学》1993年第4期。

将孟子学看成一门活的生命学问"。① 因此，孟子"四端"说具有应然的规定性，是孟子所谓的"若火之始然，泉之始达"。(《孟子·公孙丑上》) 孟子认为人必须要存养本心、扩充善端，才能挽救人心的荒芜以及道心的陷溺。因此，孟子强调扩充"四端"的重要性："苟能充之，足以保四海；苟不充之，不足以事父母"。(《孟子·公孙丑上》) 孟子还谈到了存养善性的至上性："故得其养，无物不长，苟失其养，无物不消"。(《孟子·告子》) 因此，"个体"的"善"只有在"群体"中才能实现。儒学群己观通过集体主义的叙事方式表现出的"内省自觉、群体本位、追求礼教和追求和谐"②的对完美人格伦理精神的追求，对中华民族文化精神的形成具有重要意义。

(二)"仁爱"思想是儒学群己观的践行

儒学思想的核心是"仁"，"仁者爱人"也突出了儒学群己观的践行，重在强调"仁是对他人的爱，突出了他者的重要性"。③ 对于"仁"的问题，不同的弟子问孔子，孔子的回答都不尽然相同。"樊迟问仁。子曰：'爱人'。"(《论语·颜渊》) 在这里孔子认为"仁"就是爱别人，这里涉及的是儒学思想中"个体"与他人，个人与"社群"的关系。不仅要对自己好，考虑到"个体"的利益，而且还要顾及别人，顾及"群体"中他人的利益。"己所不欲，勿施于人"(《论语·颜渊》) 讲的是孔子对"仁"的进一步回答。因此，"儒家实际上认为个体和群体在最终的利益和价值上应当是合一的"。④ 同时也表明先秦儒家思想对"群体"价值的重视，彰显了儒学"群己观"的现代价值。而"仁爱"思想又是儒学"群己观"的理论基础。

(三)"礼治"思想是儒学群己观的根本原则

儒家的"礼"的概念就是最应然的规定性，"礼"是规则、规定、是约定俗成的，是所有"个体"都应该遵循的制度。"克己复礼，天下归仁"(《论语·颜渊》) 的"克己复礼"凸显了孔子对"仁"的实现

---

① 张少恩：《从经学到国学：近代以来孟子学诠释的学科演进与范式转型》，《深圳大学学报》(人文社会科学版) 2019 年第 4 期。
② 文贤庆：《儒家的伦理叙事》，《伦理学研究》2018 年第 5 期。
③ 唐明贵：《试论罗汝芳对〈论语〉的易学解读》，《周易研究》2019 年第 4 期。
④ 王正：《超越社群主义的群己观——先秦儒家道德哲学中的群己之辨及其现代意义》，《道德与文明》2015 年第 6 期。

所保有的具体方法论原则，就是要克制自己欲求以达到"礼"的要求，这是儒学群己关系应该遵循的规定性。让儒学的群己观"既具有中国文化的整体性，又能体现个体独立性的'东方式现代个体的审美憧憬'"。① "仲弓问仁"篇中孔子直接点出了群己关系的症结，也是群己关系的出发点和归宿。即"非礼勿视，非礼勿听，非礼勿言，非礼勿动"。（《论语·颜渊》）"子张问仁"篇孔子对"仁"作了界定："恭、宽、信、敏、惠。"（《论语·阳货》）孔子认为只要做到这五点就达到了不受侮辱，获得众人拥护，得到领导重用，进而通达成功的目的，这就是做到了"仁"。这涉及个体与个体、个体与群体的关系问题。孔子所谓的"仁"与"礼"是为人臣、为人君的最高境界，也体现了"礼治"的现代价值，"礼治无疑是传统儒学所坚守的核心之一"②，同时也是处理个人与他人，个人与集体的关系时需要恪守的根本原则。在"群体"与"个体"关系上，儒学价值理性凸显的是一种以"大我""集体"与"国家"为本位的价值观。"在个体与群体的关系上，儒家学说总体上表现出一种群体本位的价值观"。③ 但是，儒家并不排斥"个体"价值，而是把"个体"价值实现的过程归结为群体利益实现的过程。因此，儒学价值理性凸显的是一种"群己合一""以群为重"的特征，儒学价值理性表现为"群体"价值的践行，同时强调个体价值、个体利益的考量并予以充分肯定的过程。"有恒产者有恒心，无恒产者无恒心"（《孟子·滕文公上》）旨在表明老百姓需要有"恒产"，也凸显了儒学思想对个体性的尊重。"为仁由己，而由人乎"（《论语·颜渊》）"天下有道则见，无道则隐"（《论语·泰伯》）也凸显儒学思想对个人价值以及个体人格尊严的认可。"人人有贵于己者，弗思耳矣"（《孟子·告子上》）则又是孟子对个体性价值以及独立人格的尊重和褒扬，具体分析孟子思想产生的社会根源，"用历史唯物论来解析儒家思想特质"。④ 因此，孔子强调"君子求诸己，小人求诸人"（《论语·卫灵公》），孟子对"个体"的自我完善和"个体"与"他人"之间关系

---

① 吴炫：《构建当代中国个体观的原创性路径》，《史学月刊》2012 年第 10 期。
② 马永康：《大同的"发明"康有为〈礼运注〉析论》，《中国哲学史》2019 年第 4 期。
③ 韩毅：《儒家社群主义文化与"东亚经济模式"》，《辽宁大学学报》（哲学社会科学版）2013 年第 1 期。
④ 张少恩：《郭沫若孟子学研究初探》，《中华文化论坛》2018 年第 12 期。

的充分肯定，充分阐释了儒家"群己合一""以群为重"的特点。

二 儒学以价值理性与工具理性并重的义利观

先秦儒学义利观认为义、利二者是以义取利、利不害义的辩证统一的关系，既肯定人们合理的物质欲望，又坚持"仁义"的至当性。从先秦时代的社会背景出发分析孟子思想的义利观，二者就像车之两轮，鸟之双翼，相辅相成，不可偏废。只有义利合一，社会才会和谐进步。儒学思想主张的"义以为上""舍生取义"的核心要义确立了先秦儒家义利观的思辨框架，对后世儒学发展具有重要意义。儒学价值理想所要照观的是处处为他人着想的舍己为人精神，是高尚的"仁、义、礼、智、信"，而不是"为己"的"坑、蒙、拐、骗、偷"，这里体现了儒学义利观的重要内涵，阐发"太平""公理""仁术"在义利观上的区别，强调"义"的重要性："于是三世之说不诵于人间，太平之种永绝于中国；公理不明仁术不昌，文明不进。"①

（一）《大学》《中庸》体现的义利观

"盖自天降生民，则既莫不与之以仁义礼智之性矣。然其气质之禀或不能齐，是以不能皆有以知其性之所有而全之也。"②朱熹在这里讲的就是儒学利、欲、义三者的关系问题。"所谓诚其意者，毋自欺也。如恶恶臭，如好好色，此之谓自慊。"（《礼记·中庸》）这里所要阐发的是修养身心就要做到诚实守信，这是儒学义利观的根本，不能为了满足自己的私利而为所欲为。这里的不自欺，就是即便一个人过着离群索居的生活也要守住自己内心的澄明之境，这样就在内心的源头上封死了"轻义重利"的行为。关于儒学义理观问题，《中庸》篇也多有提及。"君子之中庸也，君子而时中，小人之反中庸也，小人而无忌惮也。"③朱熹旨在论及君子应该兼顾别人的利益，时时处处坚持"中庸"原则，而小人则相反，为了自己的利益可以任性妄为，肆无忌惮。"舜好问而好察迩言，隐恶而扬善，执其两端，用其中于民。"④这里重在对大舜不为"私利"所困的阐发，才能立足于"民"的立场上，隐藏别人的

---

① 康有为著，姜义华等校：《春秋笔削大义微言考序》，《康有为全集》（第6集），中国人民大学出版社2007年版，第4页。
② [宋]朱熹：《四书章句集注》，中华书局2011年版，第2页。
③ [宋]朱熹：《四书章句集注》，中华书局2011年版，第21页。
④ [宋]朱熹：《四书章句集注》，中华书局2011年版，第22页。

坏处，宣扬人家的好处，采纳适合老百姓的"中庸"之道为普通民众谋福利。

（二）《论语》体现的儒学义利观

儒学义利观建基在以"仁"为核心的儒家核心价值之上，"提出自己的思想观念，架构自己的理论体系"。① 儒学义利观的内涵不仅体现在对"个体"利益的兼及，还要做到对"他人"利益的兼顾，这就是以"仁学"为出发点，体现在《论语》之中的儒学义利观。儒学"群体"主要体现在"爱人"的利他性上，这就是孔子所谓"仁者爱人"。诸如"己欲立而立人，己欲达而达人"（《论语·雍也》）"见利思义，见危授命，久要不忘平生之言"（《论语·宪问》）则旨在阐发在"财利"面前是否能够恪守"仁"的要求；在危难时刻，是否遵循儒学之大"义"而通达"舍身取义"之境；久处"困窘"之境能否一如颜回固守贫困而坚守自己攻读圣贤书的志向。"不义而富且贵，于我如浮云"（《论语·述而》）讲的也是这个道理。"可以托六尺之孤，可以寄百里之命，临大节而不可夺也。"（《论语·泰伯》）则强调"托六尺之孤"和"寄百里之命"的正当性，不为个人私利、"临大节"仍能坚守自己的原则。涉及儒学义利观的例子在《论语》中还有很多，诸如"君子怀德，小人怀土；君子怀刑，小人怀惠。"（《论语·里仁》）"贫与贱，是人之所恶也，不以其道得之，不去也。"（《论语·里仁》）等，都是重义轻利的典范，也是对儒学义理关系的深度阐发。如果只注重"小利"，就会失却"大事"，这就是"无欲速，无见小利。欲速则不达，见小利则大事不成"。（《论语·子路》）这些都是儒学义利观对重义轻利价值观追求的典范。因此，儒家义利观最核心的价值是"以义为上，以义制利以及注重天下公利的思想"②，而这一核心价值对后世读书人人格养成产生重要影响，也与新时代治国理政思想以及社会主义核心价值观相契合。

（三）《孟子》体现的义利观

"行一不义，杀一不辜而得天下，皆不为也。"（《孟子·公孙丑上》）旨在说明孟子反对滥杀无辜和不义的战争，从中折射出孟子对

---

① 唐明贵：《宋代〈论语〉诠释研究》，中国社会科学出版社2018年版，第4页。
② 周林霞：《儒家义利观的合理内核及其现代意义》，《河南社会科学》1998年第4期。

"义"和"利"的态度。如果做一件不义的事情而得"天下"之"大利",对孟子来说"皆不为也"。"非其有而取之,非义也"(《孟子·尽心上》)讲的是对财物取舍的态度,而"居天下之广居,立天下之正位,行天下之大道"(《孟子·滕文公下》)阐发的是儒学义利观的基本内容。趋利避害是人的本性,但涉及公私,义利不可兼得的时候,甚至可以"舍生取义",儒学义利观的践行,"有利于明白道义更珍贵"。[①] 而"老吾老以及人之老,幼吾幼以及人之幼"(《孟子·梁惠王上》)所关注的不仅仅是"个体"行为,最重要的是别人的利益、他人的感受、别人的理想,如此等等。儒学给予人类的终极关怀侧重于人文价值目标,有着价值理性明显高于工具理性的特点。随着儒学的发展,在深度挖掘儒学在服务治国理政思想中的理论资源的基础上,让儒学在不断解决实际问题中具有回应现实问题、发挥其工具理性的能力,而当代儒学的发展已经兼具价值理性与工具理性的统一。因此,儒学的发展在发挥价值理性优势的同时,积极吸收西方文化工具理性的部分,达到中西融合、中西会通的哲学境界,"或可为精准把握'中国方案'出场的历史必然性和现实性提供有价值的认知图示"。[②] 儒学义利观所倡导的义利辩证统一的关系对重塑社会主义新型"义利观",构建社会主义和谐社会以及践行新时代治国理政思想具有重要启迪和借鉴意义。

三 儒学以民为本、以仁政为本的民本观

儒学思想奉行的是以民为本,以仁政为本的民本观,这里突显的"就是以民为本,不是以君为本"。[③] 儒学民本思想在《论语》中已初现雏形,在《孟子》中则形成了"民贵君轻"的著名命题,这就是"民为贵,社稷次之,君为轻"。(《孟子·尽心下》)在这里孟子把百姓放在最重要的位置,其次是国家,最后才是君主。这就是孟子所谓"得民心者得天下"的儒学民本思想,也是孟子对孔子"仁政"为本的儒学民本观的继承与发展。康有为在《孟子微》中提到:

> 人之责任谁使之然?昔伊尹以为天使之也。以仁为任,民智未

---

① 杨浩文:《儒家伦理的公利主义及其现实意义》,《道德与文明》1997年第1期。
② 张雄、朱璐、徐德忠:《历史的积极性质:"中国方案"出场的文化基因探析》,《中国社会科学》2019年第1期。
③ 陈来:《孔子、儒学与治国理政》(上),《紫光阁》2012年第8期。

开则觉其愚,民有患难则同其凶,故一在觉民,一在救民,此乃天生人道之公理也。人人皆天生,故不曰国民而曰天民。人人既是天生,则直隶于天,人人皆独立而平等,人人皆同胞而相亲如兄弟。然但生身有先后,故知觉有先后,而其同有知觉,同宜觉其后知后觉,则一也。人不知斯民同为天生之同胞,则疏之远之,视人之肥瘠困苦患难漠不忧心。如知其同出于天,为大同胞、大同气,如幼弟然,则愚冥安得不教之?其不被己之友爱,安得不引为己过?此尧、舜之道,伊尹之任,并非过为也,乃其知觉如此尔。①

这里康有为对儒家经典《孟子》的诠释突出体现了为政者需要在施政纲领中做到重民、利民、惠民以及"觉民""救民"的重要性;在社会风气方面,要求尊五美、摒四恶,重视民众教化的作用;在治国策略上,主张治国以礼、以达到使百姓知仁、懂礼、守礼的目的,才能更好地"促进社会和谐发展,推动中华民族伟大复兴'中国梦'的实现。"②

(一)重民、爱民、惠民的儒学民本观

"道千乘之国,敬事而信,节用而爱人,使民以时。"(《论语·学而》)一个施政者如果能够做到"敬事而信""节用而爱人""使民以时"就是做到了仁德、贤能,那么就是贤德的执政者。孔子曾评论子产:"其行己也恭,其事上也敬,其养民也惠,其使民也义。"(《论语·公冶长》)能做到这些就是一个合格的施政者。因此,儒学民本观是孔子与孟子思想的重要内容,而"重民""保民"思想又是其儒学思想的核心,"孟子对于孔子和子思民本思想的继承和传扬中,相当一部分内容是重民保民思想"。③

(二)实行"仁政"的执政原则

儒家认为,为政者在行"仁政"的过程中要举贤任能。"如有博施于民而能济众,何如?可谓仁乎?"(《论语·雍也》)当鲁国国君鲁哀

---

① 康有为著,姜义华等校:《孟子微》,《康有为全集》(第5集),中国人民大学出版社2007年版,第417页。
② 刘子平:《中国共产党社会整合的百年探索与基本经验》,《探索》2021年第2期。
③ 王保国:《孟子民本思想渊源考辨》,《郑州大学学报》(哲学社会科学版)2006年第4期。

公向孔子请教为政之道何以可行的时候,孔子对为政之道作了系统阐述:"举直错诸枉,则民服;举枉错诸直,则民不服。"(《论语·为政》)孔子认为要"举直错诸枉"才能让百姓信服,否则就会得到相反的结果,这就意指要将"民意"作为选官的标准,孔子重视德化思想显然是众望所归。因此,"先秦儒家是以'民本—仁政—德治'作为治国指导思想的"。① 儒家民本观中民本、仁政、德治观念与新时代治国理政思想具有相互契合的基因。

(三)构筑德治为本的理想社会

儒家主张德治,反对刑罚,强调以己之行,感化众人既是儒家社群主义对民本思想的坚守,也是群己关系的扩展。季康子问政于孔子:"如杀无道,以就有道,何如?"(《论语·为政》)孔子的回答也表明其一以贯之的基本立场:"子为政,焉用杀?子欲善而民善矣!君子之德风;小人之德草;草上之风,必偃。"(《论语·颜渊》)在这里孔子给季康子的忠告是要提高自己的道德修为,实行仁政,用当政者的躬行践履去影响教化民众,一切都会迎刃而解。"为政以德,譬如北辰,居其所而众星共之。"(《论语·为政》)在这里如果能够做到"为政以德"就能使天下百姓心悦诚服。达到"老者安之,朋友信之,少者怀之"(《论语·公冶长》)的和谐之境,从而达到儒家思想对民本思想的肯定,只有得到民众的支持才能真正通达理性的大同社会。中国民族历经数千年的发展,作为本土文化的儒家与道家共同缔造了有别于西方的文化体系,这种文化"不仅滋养了中华民族的精神生命,也为这一文化圈中的其他民族提供了精神营养"。② 而作为入世之学的儒学以极其强烈的国家观意识、注重集体性的特征发挥着极为重要的作用。

四 儒学以群为重、以国为本的国家观

作为"四书"之首的《大学》篇将道德修养和政治议论相结合,将人生哲学和政治哲学合而为一,充分体现了儒学思想"群体"与"个体","大家"与"小家"的关系,既是儒学入世思想的全面体现,也凸显了儒学以国为本的国家观。康有为在诠释《孟子》的时候谈道:

---

① 杨鑫辉、彭彦琴:《孔子孟子的治国思想研究》,《南京师范大学学报》(社会科学版) 2004 年第 5 期。

② 王南湜:《当代中国的哲学精神构建的前提反思》,《中国社会科学》2015 年第 10 期。

故圣人之爱其国人也，尤爱其家人。公尔忘私，国尔忘家，乃后世矫激之说，反于圣人之道矣。夫尧、舜之圣至矣，孟子言尧、舜之道，以为不外孝弟，可谓直指了当。人孝不匮，永锡尔类。盖非爱同类，不为孝也。此言仁之本，当法尧、舜之孝弟。至谓人人可为尧、舜，乃孟子特义，令人人自立平等，乃太平大同之义，纳人人于太平世者也。孟子之进人道于文明，至矣！人岂可复放弃不任哉？盖任为人之要义，故孟子频频特发明之。①

因此，儒学"修齐治平"的价值更倾向于个人自我价值的实现以及对"群体"利益的服从，"儒家传统的'修齐治平'可以获得新的内涵，成为'个体'成长以及价值认同的重要载体"。② 只有在符合集体、社会、国家的价值标准前提下，个人的自我价值才有意义。"己欲立而立人，己欲达而达人"（《论语·雍也》），"君子求诸己，小人求诸人"（《论语·卫灵公》）说的都是这个道理。以儒家家国情怀开显的儒家文明是"一种优雅的王道文明，而不是蛮横的霸道文明。"③

儒家学说所提及的"群体"包括家、国、天下三大形式。"古之欲明明德于天下者，先治其国；欲治其国者，先齐其家"（《礼记·大学》），不管是从"天下"到"家"的演进，还是从"身修而后家齐"到"家齐而后国治，国治而后天下平"（《礼记·大学》）的终极目的，都试图说明从"家"到"天下"的扩展，证明"个体"对"国家"的皈依。其中，"身修"无疑具有中枢地位，但是其目的就是为"家""国""天下"三者服务，而在这三种群体形式之间，"天下"的概念无疑是最为重要的环节，在三者当中占据中心地位。值得一提的是，当时的国家都是一个个的诸侯国，很多时候一个诸侯国只相当于现在的一个县甚至一个镇，因此，这里的"天下"基本上相当于今天"世界"的概念。在涉及国家阐发上，《中庸》篇指出："今天下车同轨，书同文，行同伦"。（《礼记·中庸》）在这里"车同轨""书同文""行同伦"主要指三者是统一的基本要素。"三者皆同，言天下一统也"。

---

① 康有为著，姜义华等校：《孟子微》，《康有为全集》（第5集），中国人民大学出版社2007年版，第418页。
② 孙向晨：《现代个体权利与儒家传统中的"个体"》，《文史哲》2017年第3期。
③ 高述群：《论儒家文明的历史地位与现代意义》，《文史哲》2012年第2期。

(《礼记·中庸》)在儒家看来,家、国、天下三者不是平行的概念,它们之间有先后、主次之分,有内涵、外延之分,不能随意颠倒。家为国之本,国为家的保证,而"天下"则是"国家"概念的扩展。

儒学思想彰显的是以"群体"为本位、以"国家"为最终价值指向,突出的是群体利益、国家价值及社会价值的重要性;强调"个体"对"群体"、个人对于国家的责任意识和使命感。儒家以"群体"为特质的集体主义,成为"社会主义的道德原则和社会主义精神文明的重要标志"。① 作为"个体"的"小我"是"群体"中最重要的一员,这就要求"群体"中的"个体"都要对群体承担相应的义务和责任。这就是儒学思想一以贯之的"穷则独善其身,达则兼善天下"。(《孟子·尽心上》)这就是指一个德行完善的个体,要"笃信好学,守死善道。危邦不入,乱邦不居。天下有道则见,无道则隐"(《论语·泰伯》)。只有这样才能做到"得志,与民由之;不得志,独行其道"。(《孟子·滕文公下》)所有这些都充分体现了孟子的理想追求,体现了儒家思想鲜明的群体本位,以国家为重的价值取向。儒学思想"固有的治国理政大传统,到了现代社会仍然有其顽强的生命力,经过几番调整、充实、改造、创新,完全可以和现代民主制度融会贯通,纳入人类现代政治文明的发展轨道之中。"②

五 儒学核心价值与新时代治国理政思想的契合

通过对儒学价值指向问题的分析,可以窥见儒学"性善""仁爱""礼制"为本的群己观;价值理性高于工具理性的义利观;以民为本、以仁政为本的民本观以及以群为重、以国为本的国家观。而儒学思想的诸多核心要义又是儒家政治思想具有旺盛生命力的价值源泉。康有为在《中庸注》中把"礼"与"治国之政"的关系作了重要阐发:

> 孔子曰:天地者,生之本也。祖宗者,类之本也。故乾为吾父,坤为吾母,人身特天之分气耳。思生之本而报天,于是有郊、社之礼。则对越之时,凡众生繁殖,皆吾同气也。必思仁而爱之,

---

① 陈冬:《集体主义的中西方思想渊源》,《理论月刊》2014年第5期。
② 王钧林、武卫华:《中华民族治国理政的历史经验与传统智慧——王钧林先生访谈录》,《孔子研究》2015年第3期。

使一民一物得其所焉。祖为传种,父为传精,人身特祖、父之分类耳。思类之本而报祖父,于是有宗庙禘尝之礼。则陟降之时,凡种族庶支,皆吾同体也,必思亲而爱之,使同宗同姓有欢心焉。盖人生之魂气,祖、父传之形类。如但天生,则有魂气未必为人身。如但祖传,则为人身而未必有性。惟孝子能有享亲,自智率之则尊天,自仁率之则亲祖。故仁人享帝,孝子享亲,尊亲两尽,公私俱得。此孔子制作之大原也。一切礼义皆由此出,学者宜尽心焉。其有知祖父而不知天者,徇形体而忘知气,是谓不智。其有知尊天而弃祖父者,舍传类而忘腹育,是谓不仁。仁智并尽,益以见孔子制作之精也。自舜为大孝至此,发明孝事天祖之大德,为孔子大道之本人伦、鬼神、天祖。大本既举,于是可言治国之政矣。①

"治国理政、建立和谐的社会秩序,是中国传统思想中内容丰富、对后世影响深远的重要文化遗产。"② 儒家思想是中国传统文化思想的重要组成部分,充分发掘其儒学群己观、义利观、民本观和国家观的优势资源对当今社会的治国理政具有重要意义。

(一) 儒学思想对"现世"尊重与唯物世界观的契合

孔子对待鬼神采取回避的态度,所谓"子不语怪、力、乱、神。"(《论语·述而》)因此,孔子是不关心来世和彼岸的世界的。他认为"未知生,焉知死?""未能事人,焉能事鬼?"(《论语·先进》)因此,中国在严格意义上没有实质性的宗教。无论是本土的道教还是外来的佛教,都没有在中国人的内心当中建立起超越世俗的宗教信仰,中国没有西方基督神学那样具有唯一的、超验性的神的存在,人们内心中往往是无惧无畏的。儒家更重视"仁""智""勇"等核心价值,这就是"知者不惑,仁者不忧,勇者不惧。"(《论语·子罕》)但是这不等于说中国人就不守规矩,儒家也有"三畏"。孔子说:"君子有三畏:畏天命,畏大人,畏圣人之言。"(《论语·季氏》)中国人的秩序感来源于约定俗成的"礼"的秩序的制约,主要受制于等级秩序的他律。在儒家思

---

① 康有为著,姜义华等校:《中庸注》,载《康有为全集》(第5集),中国人民大学出版社2007年版,第378—379页。
② 李承贵:《传统治理思想及其当代价值》,《华南师范大学学报》(社会科学版)2015年第1期。

想当中，中国的传统社会主要依靠等级秩序来维持，中国原初的国家模式仍然没有改变，这在某种程度上可以说是中国人思维模式的结果。

今天看来，我们不能通过有无宗教信仰来衡量民族的优劣，中东局势和西方国家的乱象更多的是因为宗教问题引发的，我们必须正视我们主流上没有宗教信仰的现实。"在一个无彼岸、无天堂的文明头上安'彼岸''天堂'，在一个无宗教的文明头上安'宗教'"①的做法肯定是行不通的。中华儒家文明最关键的元素是"无彼岸""无天堂"，我们能做的就是如何把"此岸"建成"彼岸"，如何把"人间"变成"天堂"，未来中华民族的伟大复兴也只能沿着这条"无彼岸""无天堂"的道路，而不是照搬照抄西方的道路。儒家积极入世的态度和实事求是、立足此岸的求真、求善、求美追求，本身就是对自身文化的一种信仰，一种"止于至善"的至高追求。

（二）儒学思想与社会主义公有制、民主集中制的契合

中国历史上的公有制起源于氏族公社时期，最成熟的形式应该是西周时期的井田制，公有制更多的是以维护国家利益为出发点。没有生产资料就只能靠出卖劳动才能生存。而儒学思想则不同，儒学思想并不是不讲"个体"的私有财产，只是当个人财产和国家利益相互冲突的时候，儒学思想坚持以国家利益为中心。当今社会，我们的社会制度仍然坚持以公有制为主体，国家统一对各方利益进行必要的调配、整合，几十年经济社会的快速发展无疑显示了我们国家制度的优越性。

中国文化是一种"和"的文化，"君子和而不同，小人同而不和"（《论语·子路》）。儒学"和"的思想决定其发展的内在张力，也展示了儒学思想博大而宽广的胸怀。任何一种有价值的外来文化"一旦被选取、吸收、消化于中国文化，成为中国文化的一部分，自然不再是异质的而是同质的"。② 从古至今人们始终强调"天人合一"思想的重要性，人与人之间需要"和而不同"，讲的是在集中前提下的民主。这样的文化模式也是政治生活的延伸，政治上要求"大一统"以及思想文化上的统一性，国家机构的设置也必须符合"大一统"的要求。比如

---

① 张耀南：《中国儒学史》（近代卷），北京大学出版社2011年版，第303页。
② 王钧林：《儒学发展的五大趋势与三大愿景》，《济南大学学报》（社会科学版）2018年第4期。

思想文化上除了春秋、战国的乱世以外，几乎都是一种文化独尊的局面，秦朝尊崇韩非子倡导的法家思想进而有了"焚书坑儒"，汉武帝重用董仲舒，推行"罢黜百家，独尊儒术"致使儒家在文化领域形成了一统天下的千年盛世局面。思想的集中有利于建立具有共同意识的国家，其弊端在于导致中国文化丰富性的匮乏并影响中国文化向纵深方向发展的可能。由此而来的是为了保证一统的中国长期的专制和维护国家"大一统"式的制度。因此，这样的制度给反对派留下的空间相对比较有限，大大压缩了他们的生存空间。

（三）儒学"群己合一""以群为重"思想与国家利益至上的契合

任何时代的自由都只有相对的自由，而没有绝对的自由。个体利益服从集体利益能充分保证大多数人的利益，儒家所倡导的"群体"以"集体"为重、以"国家"为重的思想范式具有重要的现实价值。

"八佾舞于庭，是可忍也，孰不可忍也？"（《论语·八佾》）这里所讲的是儒学强调的"个体"对作为"群体"的国家的服从。国君和家臣听音乐、看舞蹈也需要讲求等级秩序，"八佾"的演奏标准也有等级秩序之别，是不能僭越的。因此，儒家思想需要通过"个人"对"集体"的服从来维持，没有集体的制约，"八佾"的等级秩序就很难保证。儒家思想作为"个体"的社会成员要有"舍生取义""杀身成仁"的集体主义观念，强调作为"个体"必须对集体利益、道义负责，这就是修身、齐家、治国、平天下的逻辑顺序，这里起到中枢地位的是"修身"，而"修身"的原则就是儒家所强调的以"平天下"为旨归。四个环节缺一不可，只强调个人的道德修养而忽视集体的价值，个人修养就失去了方向。只讲求集体利益而无视个人的道德修养就成了无源之水、无本之木。

但是也必须承认，儒家思想所谓的"群"只是存在于社会之中的世俗集体，在个人利益和集体利益发生冲突的时候，儒家要有一个取舍——那就是舍"小家"保"大家"。只有这样才能维护社群主义所谓"群"的利益以及"群"的稳定性。但是儒家的问题在于，这里所讲的"集体"需要甄别，不能被所谓的"集体"所蒙蔽。"何为其然也？君子可逝也，不可陷也；可欺也，不可罔也。"（《论语·雍也》）在这里孔子要表达的是仁者虽然可以去干任何事，但不能使自己陷于不义之地，尤其在关乎道义的大是大非问题上，君子更不可以被欺骗、愚弄。因此，在"个人"服从"集体"的过程中需要规避被利用的风险，自我意识与批判意识是避免被欺骗的重要环节。

（四）儒家思想德法兼治主张与新时代"依法治国"的契合

"人之初，性本善"是《三字经》的开篇之文，也是儒家文化对于人性的基本预设，"仁义礼智，非由外铄我也，我固有之也，弗思耳矣"（《孟子·告子上》）"性善论"造成了中国社会注重德治的传统。"仁远乎哉？我欲仁，斯仁至矣。"（《论语·述而》）也就是说"人人皆可以为尧舜"。（《孟子·告子下》）关键要看我们有没有这个诚心，这需要对内心进行修炼。孔子极力推崇"礼治""法治"的倾向显而易见，既然人的本性是善的，那么其内心也一定充满着自律，并不需要外界的强力使然，而是需要我们慎思追远，时时观照内心、时时拂去遮蔽自我心灵的尘埃以唤醒沉睡的良知。国家需要做好道德教化、知识普及的工作，让社会处在一种良序状态中。

中国两千多年的政治思想发展过程中，社会处在治乱的交替状态，每一次社会发展的全盛时期都是法治和德治的完美结合。"能大有造于国家者，非仅恃英雄贤能自身之力，更赖有法以盾其后也"。① 国家的治理仅仅依靠德治很难达到社会良治的效果，"德性"只是修身的一种方式，学习科学文化知识，学习治国理政的经验也是修身最重要的环节，否则，很难达到齐家、治国、平天下的终极目的。孔子之所以要周游列国，是为了推行其仁政主张，孔子处在一个礼崩乐坏的时代，因此，仅仅谈仁政很难达到各诸侯国所向往的富强的目的。因此，"人皆可成尧舜"只是美好的愿望而已，社会的发展更要讲求利益，这是不变的规律。《论语》有云"礼乐不兴，则刑罚不中；刑罚不中，则民无所措手足。"（《论语·子路》）这里的"礼"已经上升到法律的层面，治民需要有完善的规章制度。

儒学是人治与法治的统一，更多地会导向人治的一面，"'人治'是'人而治'，'法治'是'依法而治'"。② 梁启超认为儒家严格意义上是属于人治、法治两者兼有的调和论者。"盖儒家崇拜古圣人者，谓古圣人为能知自然法，能应用自然法以制人定法也。固儒家者非持简单

---

① 梁启超：《饮冰室合集·先秦政治思想史》，中华书局1989年版，第72页。
② 费孝通：《乡土中国》，北京出版社2005年版，第69页。

肤浅的人治思想，而实合人治法治以调和者也。"① 既然儒家是德治和人治的统一，更准确地说应该是德治服从于人治，这也是古代社会把任贤选能放在突出重要地位的原因。但德治的缺陷是没有固定的标准，这就决定了政治的权宜性、可变性的特点，必然会导向人治的一面。因为纯粹的德治有其固有的局限性，只有强化法治，依法治国，才是当务之急。

六　本节结语

康有为的一生的儒学进路经历了"援西入儒""以西化儒""儒西并尊"与"以儒化西"四个重要阶段，而康有为的可贵之处在于一直以"尊儒""尊中"为宗，致力于以儒学为本的努力。中国未来的发展需要在充分肯定本土化资源的基础上求生存，作为本土化的儒学思想对新时代治国理政思想提供了可资利用的资源，而儒学对社会的引领作用充分证明其历经劫难依然具有旺盛生命力。特别是近代以来，西方思潮与儒学的融合，"使传统儒学汲取现当代西方思想以丰富自身内涵，提高应变能力"。② 儒学只有积极吸收其他先进思想与文化以实现中西文化的沟通与融合，才能实现自身的创造性转化和创新性发展，才能更好地与现实接轨，"必须找到一个涵摄不同文化、相互通约的普遍价值，作为比较、鉴别的准则和尺度，以及融合的基础"。③ 这就是儒学思想的内在张力与根本动力。人的"自由"全面发展固然重要，但处在一个"群体"的世界之中，无限的自由必然导致大面积的灾难。而儒学思想的群己观、义利观、民本观、国家观的合力才是衡量一切的最终价值尺度，才是真、善、美的统一。儒学思想的发展只有立足于本土化资源，积极吸收西方有益的滋养来补益自身，才能有新的发展，需要"吸收包括西方哲学在内的新知识来改造传统儒学，以图重建儒家本位的文化系统"。④ 儒学思想在以舍"小家"成全"大家""国家"以及"天下"的群体性过程中，一定也会出现或多或少的问题，这就需要"大家"的国家和处于"小家"的个人齐头并进，携手前行。一方面要

---

① 梁启超：《饮冰室合集·先秦政治思想史》，中华书局1989年版，第72页。
② 徐庆文：《当代儒学发展的机遇及其限制》，《山东社会科学》2006年第2期。
③ 江畅：《价值论与伦理学论丛》，湖北人民出版社2003年版，第245页。
④ 景海峰：《儒家思想现代诠释的哲学化路径及其意义》，《中国社会科学》2005年第6期。

加强"个体"自身修养,另一方面需要国家推进制度建设、法治建设和民主建设,"需要人格完善与制度建设双向推进"。① 因此,儒学思想所彰显的旺盛生命力,一定会有更大发展以及更加美好的未来,儒学的核心价值观与新时代治国理政思想的契合具有重要现代价值。

第二节 康有为儒家经典诠释的局限性分析

康有为对儒家经典的创造性诠释客观上促进了儒学的发展,但是康有为本人武断与教条性的解经、阐经倾向难以成就其哲学上的丰收,他经常对不同的见解以及不喜欢的事实置若罔闻,其实这也是经典诠释的局限性所在。因此,他似乎像一个转变信仰的教士,而不是一个追求真理、实事求是的哲学家或科学家。② 此一解经倾向在康有为儒家经典诠释过程中屡见不鲜。"科学精神固有的内涵决定了科学精神的丰富内容之间是有轻重之分的。"③ 科学精神具有丰富的求真、求实的内涵,也突出表现在科学精神最重要的两个方面:一是理性精神,二是实证精神。现就康有为儒家经典诠释的局限性做一甄别与分析。

一 康有为儒家经典诠释"尊儒""尊中"的价值指向

康有为儒家经典诠释贯穿始终的主线是"尊孔""尊儒"和"尊中",是基于"援西方科学为我所用,以补益儒学之不足"④ 的目的。这一特征体现了康有为对于儒学信仰具有宗教般的庄严性,而这一坚守对康有为而言,他一生都不曾改变。1886 年,康有为在《康子内外篇·肇域篇》中就曾经用全球地理学的视角论证"中国"得天独厚的地理位置。他说:"中国在昆仑山为东龙,先聚气于中原,自汉以后,然后跨江以至闽粤,跨海以至日本。盖地球之远,固如是也。波斯、犹

---

① 张春林:《以"自由"为价值导向,人格完善与制度建设双向推进——西方自由主义如何与中国传统文化沟通融合》,《社会科学论坛》2009 年第 11 期。
② [美]萧公权著,汪荣祖译:《近代中国与新世界——康有为变法与大同思想研究》,凤凰出版传媒集团 2007 年版,第 106 页。
③ 马来平:《试论科学精神的核心与内容》,《文史哲》2001 年第 4 期。
④ 刘星:《浅论康有为科学思想的现代价值》,《自然辩证法研究》2019 年第 2 期。

太于昆仑为西龙,故其文物次于中国。"① 康有为的著作虽然一任主观,但是在看待地理、地球问题上,他总在突显中国在世界上的重要位置,是康有为民族自信、民族自豪感的典型案例,也就是康有为对儒家的笃定坚守。所有这些,不仅表现了他文化自信的一面,更突显了中国地理位置的重要性。1888 年,康有为在《与潘文勤书》中,他从中国地域的幅员辽阔的视角,对人口众多以及中国辉煌灿烂的五千年文化的两个优势作了更为充分的论证。

1890 年,康有为在《广艺舟双楫》中论及中国文字时指出:"中国自有文字以后,皆以行为主,即假借、行草亦形也,惟谐声略有声耳。……盖中国用目,外国贵耳,然声则地球皆同,义则风俗各异。致远之道,以声为便。然合音为字,其音不备,牵强为多,不如中国文字之美备矣"②。康有为的目的当然是为了美化中国文字,是为中国文化张目,可视为"尊中"抑或是"尊儒"的立场。康有为对儒家经典的创造性诠释是企图"立足于本土化资源,积极吸收西方有益的滋养来补益自身"③,以谋求儒学的未来与发展的需要。

1891 年,在《与洪右臣给谏论中西异学书》中论及"人种"时,康有为认为我"中人"的聪明程度为地球之冠,西人的"奇技""淫巧"皆为"中人"之发明。康有为说:"我中人聪明为地球之冠,泰西人亦亟推之。……凡西人所号奇技者,我中人千数百年皆已有之。泰西各艺皆起百余年来,其不及我中人明矣"④。

康有为显然是盛赞中国人的聪颖皆西人所无法比拟的。此种说法虽有牵强之嫌,但也不失为"尊中"的立场。1894 年康有为在《桂学答问》中论及"孔学"时指出:"孔子所以为圣人,以其改制,而曲成万物,范围万世也。其心为不忍人之仁,其制为不忍人之政。仁道本于孝

---

① 康有为著,姜义华等校:《康有为全集》(第 1 集),中国人民大学出版社 2007 年版,第 112 页。
② 康有为著,姜义华等校:《康有为全集》(第 1 集),中国人民大学出版社 2007 年版,第 254 页。
③ 刘星:《论儒学思想核心价值与新时代治国理政思想的契合》,《山东社会科学》2020 年第 9 期。
④ 康有为著,姜义华等校:《康有为全集》(第 1 集),中国人民大学出版社 2007 年版,第 337 页。

弟，则定为人伦；仁术始于井田，则推为王政"①。在这里，康有为认为"孔学"就是圣人之学，无所不窥，无所不能，是始于"井田"推为"王政"的"万世"之法。

1895年，康有为在《上清帝第四书》中论及"先圣义理"时指出祖宗留下的"先圣义理"之学根植于人们心中，是为西方诸国所没有的高深道德学问并为"泰西"诸国所"羡慕"。因此康有为指出："以先圣义理入人之深，祖宗德泽在人之后，下知忠义而无异心，上有全权而无掣肘，此地球各国之所无，而泰西诸国之所羡慕者也"②。

成书于1896—1897年的《南海师承记》一书中，康有为也曾论及孔子："天下所宗师者，孔子也。义理制度皆出于孔子，故学者学孔子而已。孔子去今三千年，其学何在？曰在六经。夫人知之，故经学尊焉。"③ 这里康有为所要表达的是他对孔子无限的敬仰之情，把孔子看作是"天下"的"宗师"，一切"义理制度"皆出于"孔子"之学。1898年康有为在《日本书目志》中论及"六经"时指出西方之所以强大的根本原因是其政治之学暗含了中国古代经义之精髓。康有为说："政治之学最美者，莫如吾《六经》也。尝考泰西所以强者，皆暗合吾经义者也"。④ 基于此，康有为在论及《春秋》经极高明之处的时候，他认为"万国之法""万身之法"以及"泰西公法"皆源于《春秋》，是推之四海而皆准的"公理"。康有为说："《春秋》者，万身之法，万国之法也。尝以泰西公法考之，同者十八九焉。盖圣人先得公理，先得我心也，推之四海而准也"。⑤

康有为在1901年撰写的《中庸注》中论及孔子之教时，他认为"孔子之教"光明"并日月"，仁德"覆后世、充全球"。康有为谈道：

---

① 康有为著，姜义华等校：《康有为全集》（第2集），中国人民大学出版社2007年版，第18页。
② 康有为著，姜义华等校：《康有为全集》（第2集），中国人民大学出版社2007年版，第83页。
③ 康有为著，姜义华等校：《康有为全集》（第2集），中国人民大学出版社2007年版，第211页。
④ 康有为著，姜义华等校：《康有为全集》（第2集），中国人民大学出版社2007年版，第328页。
⑤ 康有为著，姜义华等校：《康有为全集》（第3集），中国人民大学出版社2007年版，第357页。

"天下之为道术多矣,而折中于孔子。……因使孔子之教,广大配天地,光明并日月,仁育覆后世、充全球"。① 在论及"中庸"之道的时候,康有为认为《中庸》之道看似平常无奇,但"实诣其至极"②。康有为甚至还很牵强地认为西方之宗教皆"得于孟子单义如此",不管这些国家如何,都是孟子之道深入人心的结果。康有为在《孟子微》中指出:"耶苏专以救民为义,摩诃末专以复仇为义,而成两大教主,民皆归之。得孟子单义如此,而诸君诸国无如何,足见孟子树义之坚,而包括之大,切于人心矣。"③ 然康有为在论及"孔子之道"的时候,论证孔子之教的伟大,"盖知孔子之道之大,乃知诸教之小也"。④

1902年,孔子作《论语注》,其中多有"尊孔"的言论:"传教救人,宜出海外,后学当以孔子、子路为法,无惮艰远矣。"⑤ 所有这些都是他对孔子之学心悦诚服的赞美。"以仁为主,当以智为役。若但仁而不学,亦不可行也。佛、耶为高而难行,孔子贵中而可行。孔子与佛、耶之异在此,学者可留心参之。"⑥ "中者,无过不及。允执厥中者,中庸之德,中和之理,用其中于民,中国政术、学术尊奉之。此为公理之极,放之四海万国而准者也。"⑦ 以上这些都是盛赞孔子、子路的言论,定然是尊孔的表现。康有为在《大同书》中说,"故文字语言之简,中国过于印度、欧美数倍。故同书一札,中国速于欧美、印度数倍;若以执事谈言算之,中国人寿亦增于印度、欧美数倍矣"。⑧ 至此,康有为得出结论:中国文字的简练程度要胜过印度和欧美数倍,盛赞中

---

① 康有为著,姜义华等校:《康有为全集》(第5集),中国人民大学出版社2007年版,第369页。
② 康有为著,姜义华等校:《康有为全集》(第5集),中国人民大学出版社2007年版,第371页。
③ 康有为著,姜义华等校:《康有为全集》(第5集),中国人民大学出版社2007年版,第460页。
④ 康有为著,姜义华等校:《康有为全集》(第5集),中国人民大学出版社2007年版,第480页。
⑤ 康有为著,姜义华等校:《康有为全集》(第6集),中国人民大学出版社2007年版,第409页。
⑥ 康有为著,姜义华等校:《康有为全集》(第6集),中国人民大学出版社2007年版,第423页。
⑦ 康有为著,姜义华等校:《康有为全集》(第6集),中国人民大学出版社2007年版,第537页。
⑧ 康有为:《大同书》,北京古籍出版社1956年版,第77页。

国之文字优于西洋之文字，中国的语言强过欧美西方国家，甚至连中国人的寿命都长于西方。这也是康有为"尊儒""尊中"的例子。康有为还建议我们中国既非耶教之国，我们的纪年方式应该以孔子纪年为准，这也是"尊儒"的明证之一。康有为盛赞"孔子纪年"的好处时，十分自信地谈道："凡人服从君主之权势，不如服从教主之道德，且以教主纪年，于义最大，于力最省，允为宜也。若中国既非耶教，自宜以孔子纪年。"①

1904年，康有为在《比利时游记》中论及中国"霸资"也表明康有为的"尊儒"。康有为认为，世界上的国家众多，人口也众多，能与欧洲全洲媲美者只有我们国家。"吾国人幸生此伟大莫比之国，横视全球，无当我者"②，这也同康有为"尊儒"的立场是一致的。1908年，康有为在《补奥游记》中，论及中国的"平等无级自由"也体现了他"尊儒"的立场。康有为认为，我们人人平等，地大物博，故"自由已甚，民气久平"，是欧洲人无可比拟的。"夫大道之行，事理之变，皆自不平而渐底于平，如水流之就下，然但需时耳。故孔子之立升平世、太平世，乃人道之必至，而无可遁者乎！中国平等无级自由之乐，诚为大地之最先进者哉！"③ 其时，辛亥革命正处在酝酿期，清末民初中国最黑暗的时期，腐朽的清王朝行将就木，贪权霸道的慈禧太后还在执掌奄奄一息的清廷大权，苟延残喘。即便如此，康有为盛赞中国，实为"尊儒"的坚定支持者。

1912年，康有为著成《中华救国论》，论及中国教化的时候，他指出中国历经五千年文明、礼仪之教化一定要有自己的信仰。康有为有云曰："逸居无教则近禽兽，今是野蛮之国，犹有教以训其俗，岂可以五千年文明之中国，经无量数先圣哲之化导，而等于无教乎？"④ 同样是盛赞中国的"教化"之道，1917年康有为在《丁巳代拟诏书》中指出凡事都应遵循着相成相因的道理，今中国之立国非采取东传科学之法不

---

① 康有为：《大同书》，北京古籍出版社1956年版，第88—89页。
② 康有为著，姜义华等校：《康有为全集》（第7集），中国人民大学出版社2007年版，第491页。
③ 康有为著，姜义华等校：《康有为全集》（第8集），中国人民大学出版社2007年版，第404页。
④ 康有为著，姜义华等校：《康有为全集》（第9集），中国人民大学出版社2007年版，第325页。

可达到富强的目的。因此,"非保中国之教化、礼俗、道揆,则不能固根本。孔子不云乎,温故而知新。调和新旧,各得其宜,勿令偏颇,以得中和"。① 即便是在康有为逝世的前一年,也就是 1926 年,他在《与刘太希函》中提到中国去掉的"大学"的优越性,仍在说"德之榍损伯大学,英之剑桥,法之维曼,皆在西历千二百年后。而白鹿洞乃创自唐代,实为环球最古之大学"。②

二 儒家经典诠释研究需要有普遍怀疑的科学精神

正是基于康有为"尊儒""尊中"的初衷,因而造成了康有为诠释儒家经典过程中不乏对科学理性精神的背离。世上没有"放之四海而皆准"的绝对真理,儒家经典的诠释也不例外。"任何理论都存在着一定的适用范围,都是在一定范围内才能保证它的正确的"。③ 默顿科学规范有组织的怀疑精神即是:科学需要有怀疑精神,哪怕是对自己潜心研究出来的最宝贵的研究成果也要进行有组织的怀疑与批判,更应允许别人提出不同的见解甚至是怀疑和批判。而康有为在诠释儒家经典的过程中以"孔子之道"为绝对真理,1902 年康有为撰写的《论语注》一书中就有很多类似于这样的解读:"中者,无过不及。允执厥中者,中庸之德,中和之理,用其中于民,中国政术、学术尊奉之。此为公理之极,放之四海万国而准者也"。④ 康有为盛赞孔子、子路的言语定然是表明其"尊孔"的主张,但是不管从何种意义上来说,以"放之四海万国而准"的说法诠释儒家经典显然有诸多不妥之处,这样的解读未免有些太过绝对,有失科学研究必须具有的普遍怀疑的基本精神。对此,康有为还有类似的阐述:"孔子西浮印度、波斯以至罗马,东渡日本一开美洲,则大教四流,大同太平之道,当有一地早行之也。传教救

---

① 康有为著,姜义华等校:《康有为全集》(第 10 集),中国人民大学出版社 2007 年版,第 399 页。
② 康有为著,姜义华等校:《康有为全集》(第 11 集),中国人民大学出版社 2007 年版,第 449 页。
③ 刘星:《清末民初东传科学影响下康有为今文经学的嬗变》,博士学位论文,山东大学,2016 年,第 212 页。
④ 康有为著,姜义华等校:《康有为全集》(第 6 集),中国人民大学出版社 2007 年版,第 537 页。

人，宜出海外，后学当以孔子、子路为法，无惮艰远矣"①。

判定一种观点或理论正确与否的基本标准应是：严格审查该观点或理论的理论与事实依据，再经过缜密思考，做出独立判断。不盲从潮流，敢于对传统、权威做出质疑，坚持真理，勇于挑战权威。② 康有为诠释儒家经典的学术科研活动在对于一种理论正确与否的判断标准上显然有。他于1901年撰写的《中庸注》一书中在论及"孔子之教"时提出："天下之为道术多矣，而折中于孔子。……因使孔子之教，广大配天地，光明并日月，仁育覆后世、充全球"③。这种"配天地""并日月""覆后世"以及"充全球"等说法的提出显然是对孔子之学的评价有过分拔高之嫌。在论及"中庸"时，康有为指出，"天下之道教多矣，然如耳目鼻口，各得一偏，寡能齐天地之容、协群生之宜者。惟孔子中庸之道，虽极平常，而实诣其至极"④。

学术研究需要具有普遍怀疑的态度。判定一个观点或理论正确与否，不能依靠个人的经验或者书本上的结论甚或是权威人物的判断，更不能仅凭作者个人好恶进而得到的一己观点来判定。而是应该严格审查其中的理论和事实根据，并根据自己的调查研究做出自己缜密的判断。⑤ 康有为在其《孟子微》一书中有云："夫人有患难，孰不欲人救之；人有仇雠，谁不欲人复之？有救难复仇者，民皆归之，人人欲戴以为主。天下归往，谓之王矣，复何畏于大国焉！"⑥ 康有为认为西方宗教皆"得于孟子单义"的说法都是孟子之道深入人心的结果，这显然过于牵强。然后在论及孔子之伟大的时候谈道，"盖知孔子之道之大，

---

① 康有为著，姜义华等校：《康有为全集》（第6集），中国人民大学出版社2007年版，第409页。
② 马来平：《试论科学精神的核心与内容》，《文史哲》2001年第4期。
③ 康有为著，姜义华等校：《康有为全集》（第5集），中国人民大学出版社2007年版，第369页。
④ 康有为著，姜义华等校：《康有为全集》（第5集），中国人民大学出版社2007年版，第371页。
⑤ 马来平：《试论科学精神的核心与内容》，《文史哲》2001年第4期。
⑥ 其中又说："耶稣专以救民为义，摩诃末专以复仇为义，而成两大教主，民皆归之。得孟子单义如此，而诸君诸国无如何，足见孟子树义之坚，而包括之大，切于人心矣。"（康有为著，姜义华等校：《康有为全集》（第5集），中国人民大学出版社2007年版，第460页。）

乃知诸教之小也"①，因此，如果为了一己的目的恣意夸大甚至神化孔子的权威一定是有违科学的求是精神的，要做到有一分证据说一分话，没有证据就不说话。不管对于孔子如何顶礼膜拜，都需要有普遍怀疑的态度。

三 儒家经典诠释研究需要以尊重客观事实为原则

科学精神的普遍必然性的标准要求科研等学术活动要源于实践且必须接受实践的检验，而对儒家经典文本的诠释也应如此，默顿规范中的普遍主义原则最重要的一项规范是：评价科学知识的唯一标准要看其与经验事实是否一致，而要摒弃其他因素诸如与发现者的个人主观因素和社会属性相关的主观因素等。因此，科学研究要严格遵守普遍主义的规范，反对游谈无根，无中生有。②康有为在逝世的前一年，他在《与刘太希函》中提到中国的"大学"的优越性时指出："德之榾损伯大学，英之剑桥，法之维曼，皆在西历千二百年后。而白鹿洞乃创自唐代，实为环球最古之大学"③。在我们今天看来，无论是英国的剑桥大学还是维曼创立的巴黎大学，就现代化的程度而言或者就其创造性或者贡献性而言，都是诸如白鹿洞书院无法比拟的。

对儒家经典的诠释研究最起码的要求是绝不能做任何外来成分的附加，要按照事物的本来面目去理解、去阐发事物的原委。1912年，康有为著成《中华救国论》，在论及中国"教化"之可尊的时候，同样是盛赞中国的"教化"之道，康有为显然有夸大中国教化之嫌。④要"自觉地把相信由一个离开直觉主体而独立的外在世界，作为一切自然科学的基础和前提"⑤，自然科学研究的前提是有一分根据讲一分话；科学需要站在公正的立场观察事物，处理问题。要统观全局，不能一叶障

---

① 康有为著，姜义华等校：《康有为全集》（第5集），中国人民大学出版社2007年版，第480页。

② 马来平：《关于默顿科学规范的几个理论问题》，《科学文化评论》2006年第3期。

③ 康有为著，姜义华等校：《康有为全集》（第11集），中国人民大学出版社2007年版，第449页。

④ 康有为有言："逸居无教则近禽兽，今是野蛮之国，犹有教以训其俗，岂可以五千年文明之中国，经无量数先圣哲之化导，而等于无教乎？今以中国之贫弱，及前清之失道，人民慕欧思美，发愤革而易其政可也，岂可并教千年之教化尽扫而弃之？"（康有为著，姜义华等校：《康有为全集》（第9集），中国人民大学出版社2007年版，第325页。）

⑤ 马来平：《试论科学精神的核心与内容》，《文史哲》2001年第4期。

目，不识泰山。1917 年康有为在《丁巳代拟诏书》中说：

> 东西相反而相成，冰炭极反而同用。惟今中国之立国，非采东西之新法、新学、新艺，则不能图富强；非保中国之教化、礼俗、道揆，则不能固根本。孔子不云乎，温故而知新。调和新旧，各得其宜，勿令偏颇，以得中和。①

中国要"立国"、保中国之"根本"虽然有一定道理，但是不能靠拍脑袋做决定，科学精神需要作深入调查，需要以可靠的数据做支撑。科学工作者最基本的要求是要勇于维护真理，要有求真、求是的科学精神做支撑。科学必须正确反映客观现实，反对个人臆断。理性客观的科研态度是一切科研活动的基础。1886 年，康有为在其《康子内外篇·肇域篇》中就曾经用全球地理的视角来纵论"中国"得天独厚的地理位置。② 康有为以"昆仑山"为"东龙"推演出"波斯"与"犹太"文化次于中国的说法显然是一种主观的臆想，这是与科学精神相悖的错误理论。1890 年康有为在《广艺舟双楫》中论及中国文字时，分析中国的文字之精美的原因，最后得出结论是西方国家的文字皆不如"中国文字之美备"。康有为说：

> 中国自有文字以后，皆以行为主，即假借、行草亦形也，惟谐声略有声耳。故中国所重在形。外国文字皆以声为主，即分篆、隶、行、草亦声也，惟字母略有形耳。中国之字，无义不备，故极繁而条理不可及；外国之字，无声不备，故极简而意义亦可得。盖中国用目，外国贵耳，然声则地球皆同，义则风俗各异。致远之道，以声为便。然合音为字，其音不备，牵强为多，不如中国文字

---

① 康有为著，姜义华等校：《康有为全集》（第 10 集），中国人民大学出版社 2007 年版，第 399 页。

② 康有为说："中国在昆仑山为东龙，先聚气于中原，自汉以后，然后跨江以至闽粤，跨海以至日本。盖地球之远，固如是也。波斯、犹太于昆仑为西龙，故其文物次于中国。欧洲最远，故最迟，至罗马而乃盛也。"（康有为著，姜义华等校：《康有为全集》（第 1 集），中国人民大学出版社 2007 年版，第 112 页。）

之美备矣。①

当然我们需要有民族自觉的自信心，但是必须要站在一种高度尊重客观事实的立场上才能找到认识客观事物的正确途径。

四 儒家经典诠释研究需要科学的理性精神

严密的逻辑思维原则在人文社科类研究中尤为重要，"以归纳和演绎作为基本的思维方法，坚信特殊蕴含普遍，普遍统辖特殊。既尊重事实，又在事实面前不放弃理论思维的权利"②。1924年，康有为在《〈江南万里楼词钞〉序》一文中论及中国"语文"时指出："大地万国语文，皆用拼音。惟中国语文，虽有谐声而用单文，故有属对。夫一阴一阳之谓道，中国文词穷奇偶妍俪之工，整齐绮丽之极，万国无比焉！"③康有为对中国文字进行论述的目的的确是"尊儒""尊中"的一种体现，但是很多措辞似乎有些过分绝对、过分武断之嫌。缺少严密的考证就妄自得出结论，显然这也是人文社科类科研工作最致命的缺陷。

科学活动需要科研工作者思路开阔，旁征博引，从经验认识层面上升到理论认识的高度，积极主动地去考虑不同的、有冲突的实证的例子，然后要予以规避。康有为还盛赞中国人聪颖皆西人所不能及，虽有牵强之嫌，但也不失为"尊儒"的立场。但是依然需要站在公正的立场来论说，不能为了达到自己目的就置客观事实而不顾。

1894年康有为在《桂学答问》中论及"孔学"时指出："孔子所以为圣人，以其改制，而曲成万物，范围万世也。其心为不忍人之仁，其制为不忍人之政。仁道本于孝弟，则定为人伦；仁术始于井田，则推为王政"④。在这里，康有为认为孔学就是圣人之学，无所不窥，无所不能，是推为"王政"的"万世"之法。这种提法本身就是根据自己的好恶进行主观界定的主观做法，因而缺乏严密的逻辑思维原则。科学研究需要以归纳和演绎作为基本的思维方法，遵循特殊蕴含普遍、普遍

---

① 康有为著，姜义华等校：《康有为全集》（第1集），中国人民大学出版社2007年版，第254页。

② 马来平：《试论科学精神的核心与内容》，《文史哲》2001年第4期。

③ 康有为著，姜义华等校：《康有为全集》（第11集），中国人民大学出版社2007年版，第330页。

④ 康有为著，姜义华等校：《康有为全集》（第2集），中国人民大学出版社2007年版，第18页。

统辖特殊的原则。既要高度尊重事实,但不局限于事实,眼见不一定为实,但又要在事实面前坚持绝不放弃理论思维的权利。①

执着的探索精神在科学研究中占有极其重要的地位,创新是科学的生命和灵魂,那么,康有为在对儒家经典诠释的过程中也不例外,也应该秉承着这一基本的原则。科研活动需要根据已有知识、经验、启示或者预见,与伪科学、与随意否定前人研究成果的做法彻底决裂,主张高度尊重他人和前人的成就,虚心接受科学遗产的精神。②康有为的《新学伪经考》和《孔子改制考》显然是经过和廖平的会晤,而且显然是参考了廖平的《知圣篇》和《辟刘篇》的研究成果,进而进行的发挥和升华。但是康有为在自己的"两考"中却对廖平其人只字未提,没有能够尊重他人和前人的劳动成果,有失继承基础上的创新改革精神。1904年,康有为在《比利时游记》中论及中国是"地球国之至大",可以理解其为"尊儒""尊中"的一种努力,但是绝不可罔顾事实,信口开河:

> 今者鲆格纳所创之霸义既盛,则有霸资者必借大国乃行之。而地球国之至大,人民至多,能比欧土全洲者,惟有我国。而以莫大之国。又复同文、同教、同俗,结力至大且厚,然则天留我国以霸资者实自二千年之统一得之。吾国人幸生此伟大莫比之国,横视全球,无当我者。③

虽然康有为这里的论述是为中国打气、建立自信心的表现,但是一定要有客观的根据,而不能否定现实问题,要求在继承基础上创新,而不是一味地主观的说教。在论及先圣义理的时候也更是盛赞中国的"孔子之义"乃西方所无④,诸如此类的论述,在康有为儒家经典诠释

---

① 马来平:《试论科学精神的核心与内容》,《文史哲》2001年第4期。
② 马来平:《试论科学精神的核心与内容》,《文史哲》2001年第4期。
③ 康有为著,姜义华等校:《康有为全集》(第7集),中国人民大学出版社2007年版,第491页。
④ 1895年康有为在《上清帝第四书》中论及"先圣义理"时指出:"况中国地方二万里之大,人民四万万之多,物产二十六万种之富,加以先圣义理入人之深,祖宗德泽在人之后,下知忠义而无异心,上有全权而无擎肘,此地球各国之所无,而泰西诸国之所羡慕者也。"(康有为著,姜义华等校:《康有为全集》(第2集),中国人民大学出版社2007年版,第83页。)

著作中比比皆是。

五 本节结论

追求精确、严谨的科研态度是学术、科研工作的生命线，反对迷信与伪科学，力求对概念、命题做到含义明晰无歧义。"重视定量研究，在有条件的地方，尽可能地把概念和命题的关系运用数学符号表达出来。"① 1898年，康有为在《日本书目志》中论及"六经"时提出："政治之学最美者，莫如吾《六经》也。尝考泰西所以强者，皆暗合吾经义者也"②。但是他在文中提到"六经"为政治之学中最美者，显然缺乏必要的说服力。康有为在《大同书》中说：

> 择大地各国名之最简者如中国，采之附以音母，以成语言文字，则人用力少而所得多矣。计语言之简，中国一物一名，一名一字，一字一音。印度、欧洲一物数名，一名数字，一字数音。故文字语言之简，中国过于印度、欧美数倍。故同书一札，中国速于欧美、印度数倍；若以执事谈言算之，中国人寿亦增于印度、欧美数倍矣。③

康有为盛赞中国之文字优于西洋之文字，是"尊儒"的最好案例，但是康有为得出的结论是：中国文字的简练程度要胜过印度和欧美数倍。但这个结论既没有数据做支撑，也没有切实的证据可以佐证，显然不是严谨、精确的学术、科学态度。

科学成果是知识的长期积累，是社会协作的产物，不急功近利、不贪图享受且淡泊名利是保持心灵自由的不二法门。无私利性是决定科学的方向性、纲领性的问题，涉及科学家从事科学活动的动机问题，即所谓科学家从事科学活动的目的是发展科学知识，服务人类，而不是为个人、他人或者集团谋利益。④ 1908年，康有为在《补奥游记》中，论及中国的"平等""自由"时，康有为说：

---

① 马来平：《试论科学精神的核心与内容》，《文史哲》2001年第4期。
② 康有为著，姜义华等校：《康有为全集》（第2集），中国人民大学出版社2007年版，第328页。
③ 康有为：《大同书》，北京古籍出版社1956年版，第77页。
④ 马来平：《试论科学精神的核心与内容》，《文史哲》2001年第4期。

吾国民无级，人人平等，以地大，故官虽少尊，而人人可得科第而为之，故自由已甚，民气久平，不可以欧人相比例矣。夫大道之行，事理之变，皆自不平而渐底于平，如水流之就下，然但需时耳。故孔子之立升平世、太平世，乃人道之必至，而无可逭者乎！中国平等无级自由之乐，诚为大地之最先进者哉！①

康有为在《南海师承记》中曾论及孔子："天下所宗师者，孔子也。义理制度皆出于孔子，故学者学孔子而已"②。可以看出康有为盛赞中国，实为"尊儒""尊中"的具体表现。但此时中国社会形势已是波云诡谲，辛亥革命的狂风暴雨即将来临，中国在清末民初这一最黑暗的时刻——腐朽的清王朝行将就木，贪权霸道的慈禧太后依然操纵着当时的政局，康有为却盛谈中国"平等自由无级"是其局限的地方。但是康有为对于儒家经典的诠释具有重要的价值，"不管是康有为'托古'以'改制'，还是'援西入儒'来诠释今文经学，其价值指向都是试图借维新变法以改变政局之流弊"③。对于找回中国人的文化自信、复兴中华民族，对于处在内外交困的中国来说显然居功至伟，但是在对儒家经典诠释过程中存在的一些问题我们也要客观地、一分为二地予以剖析。

第三节　康有为儒家经典诠释的价值与意义

康有为今文经学思想在清末民初的中国近代思想转型中发挥重要作用，引领着时代的潮流。康有为儒家经典诠释基于利用西学、西政对儒学的重构，"尊中""尊儒"与"通经致用"成为他一生中矢志不渝的追求。康有为儒家经典诠释及其今文经学嬗变成为新儒家的滥觞，客观

---

① 康有为著，姜义华等校：《康有为全集》（第8集），中国人民大学出版社2007年版，第404页。
② 康有为著，姜义华等校：《康有为全集》（第2集），中国人民大学出版社2007年版，第211页。
③ 刘星：《康有为今文经学的嬗变与维新思想的形成》，《湖南大学学报》（社会科学版）2019年第3期。

上促进了儒学的现代转型。在康有为的哲学体系中,康有为对儒家经典的诠释是其儒学思想的重要组成部分。康有为"援西(西学、西政)入儒",将"中学"和"西学"进行有机融合,用东传科学(西方传播进来的西学、西政以及西方的科学技术)来改造、解释、充实传统儒学,这无疑为儒学开显了新的方向。"他立足于现实,以西学为参照,对传统儒家思想加以改造,从传统中推补出新思想的学术路向无疑为后来儒者开出了努力的方向。"① 康有为被时人称为"孔教之路德",他的儒学改造计划虽然流于失败,但洞开了儒家现代化的潮流。"现代新儒家的思想渊源可以上溯到20世纪末康有为的儒学自我革新运动。"② 因此,康有为儒家经典诠释具有重要价值,康有为今文经学的嬗变及其儒家经典的全新解读客观上促进了儒学的现代转型。

一 "救亡图存"是康有为儒家经典诠释的出发点

清中叶以后,在社会危机与民族危机的双重困境下,一批有识之士开始重拾"通经致用"的治经方式,以西汉今文经学家"援经议政"的模式来试图从公羊学中寻找理论根据,用今文经学的微言大义医治清朝政治的弊病。"十三经"注疏中只有何休的《春秋解诂》是今文经学的经典,因此,清代庄存与的"微言大义""通三统"以及"张三世"等论点都是源自何休的经学思想。与庄存一脉相承的刘逢禄今文经学思想中,虽然提出了具体的救世方案,但其方案缺乏新式的观念,这种新观念到龚自珍这里才有了新的萌芽。龚自珍师从刘逢禄,虽然他没有公羊学的论著问世,但是他常常引用"公羊学"的微言大义,讽刺时政,抨击专制,真实地应用到现实当中,因此,梁启超对他有一个比较中肯的评价,他认为龚自珍有功于晚清思想解放之洪流。梁启超深有感触地说:"晚清思想之解放,自珍确与有功焉。光绪间所谓新学家者,大率人人皆经过崇拜龚氏之一时期。初读《定庵文集》若受电然。"③ 后来魏源又扩大了今文经学研究的范围,进而以经学议政,对现状表示不

---

① 范玉秋:《西学东渐与儒学转型》,《中国海洋大学学报》(社会科学版)2010年第1期。

② 颜炳罡:《现代新儒家研究的省察与展望——尼山圣源书院》,来源于http://www.nssysy.com/a/rxyj/xzwjwz/2014/0413/820。

③ 梁启超:《清代学术概论》,载《梁启超论清学史二种》,复旦大学出版社1981年版,第61页。

满，希望朝廷进行自上而下的改革，这对于学术界产生了深远的影响。康有为继承了常州学派的遗风，把西方资产阶级的新观念和君主立宪制统统纳入其今文经学体系之中，把西方的自然科学知识以及西方的社会学说依附在传统文化当中，赋予古老的今文经学以崭新的内容。早在刘逢禄的时候，他就开始攻击古文经学，到了康有为，更是把刘歆的古文经作为批判的靶子。可以说，"辟刘"不是廖平的发明，"知圣"更不是廖平的专利。

康有为作为一名儒者，他自幼怀有济世救民的鸿鹄之志，试图使儒家传统适应清末民初的新形势，他对儒学的看法与主张"中学为体，西学为用"的张之洞有异曲同工之妙，只是张之洞要保存的是传统儒学，以西学、西政作为儒学的点缀，认为西学、西政只不过是些技器而已。而康有为给予儒学以非传统的解释，除仰慕西方科学技术的先进之外，还极力倡导变法。同是为了绵延中国的儒家传统，康有为的思想显然更为激进，不过康有为的主要工作是致力于使儒学适应现代化的需要。

可以说康有为是儒家的修正主义者，他对儒家思想内容的修订和充实有功于儒学。儒家哲学经过两千余年的发展，经历了一个久远的发展过程：第一阶段是秦始皇统一中国建立统一的中央集权制国家之前，由孟子和荀子所建立的性善论与性恶论的两个相对立的儒学发展路向。第二阶段是汉代董仲舒为代表的公羊学家将儒学推向了"通经致用"的儒学阶段。第三阶段是宋明理学的兴起，道家和佛家给予儒学前所未有的充实，发展为博大精深的理学体系。及至康有为，他客观上开启了第四阶段的儒学发展——也就是如火如荼的新儒学的先驱。所以，可以说康有为对儒学的重建在儒学史上占有极其重要的地位。[①]

为了挽救几千年发展起来的儒学传统，康有为对儒学进行重构，无意间洞开了传统儒学的大门，同时也造成了儒学走向式微的命运。康有为不能完全解除几百年来古文经学者的片面解释，认为重估儒学的目的是想融合孟、荀两种路向的中间地带，试图借助西方的西学、西政来发展儒学，试图利用儒学来控制人们思想，故意强调有利于专制的一面，

---

① [美]萧公权著，汪荣祖译：《近代中国与新世界——康有为变法与大同思想研究》，凤凰出版传媒集团2007年版，第95页。

此乃孔门中的荀派，这与康有为源自常州学派有关，主要倾向于"通经致用"之学。梁启超在谈到他的学术渊源的时候这样说："那时候新思想的急先锋，是我亲受业的先生康南海有为。他是从'常州派经学'出身，而以'经世致用'为标帜"①。

近代中国的"近代性格"至少归因于一批有思想的有识之士，他们怀揣着对国家最深沉的爱，援西方先进的科技与思想资源重构儒学，以使经过他们改造过的中国思想和制度适应当代的世界。所以，从鸦片战争到20世纪的前二十年，西方的科技，西方的自然科学、政府结构和哲学体系成为改变中国现状的主要因素。首先是技器影响到人们的现实生活，进而影响到政府和社会的各个层面，最后触及人们思想生活的核心。清同治年间的自强运动，以及后来的戊戌维新运动和五四运动就是这三阶段的高潮。

康有为是戊戌变法的精神领袖，这是不可争辩的事实，他所提倡的一系列变法主张，经其学生的推动，致使古老的专制体制走向式微，他的这些主张有人赞赏、有人诅咒，但是不可否认的是他的思想对中国的现代转向做出了不可磨灭的贡献。康有为对中国近代化的贡献，实为民国初年接受科学与哲学者的先导。"追寻康氏将西方哲学加诸中国思想的拓荒工作，虽然比较微小，却深具兴味"。②

17、18世纪的中国，迫于清政府的高压政策，中国学者们日渐避开政治与哲学理论的探讨，进而转移到无政治主义倾向的知识追求。因此，钱穆先生对乾嘉考据学派的戴震以极高的赞誉："他是当时称得上有独立哲学思想的最后一位学者。"③ 很明显，这种学术路向不能解决实际问题。于是今文经学再次走向前台，龚自珍继承今文经学家法，重新发现通向伦理和政治问题思考的大道。

1876年，康有为投到粤南大儒朱次琦门下，这虽未给予康有为太多的哲学训练，但却引导他超越理学传统。康有为基于对世界本质的探讨和生命意义的体认，苦于找不到问题的答案，陷入思想瓶颈的康有为

---

① 梁启超：《中国近三百年学术史》，载《梁启超论清学史二种》，三联书店2006年版，第123页。
② ［美］萧公权著，汪荣祖译：《近代中国与新世界——康有为变法与大同思想研究》，凤凰出版传媒集团2007年版，第104页。
③ 钱穆：《中国近三百年学术史》（上册），商务印书馆1997年版，第306—379页。

最终选择了离开授业恩师朱次琦，转而求诸佛、道两家的智慧。在1883年左右，他从传教士编写、江南制造总局出版的西书典籍中，获得初步的西学知识，一番专研深思，他自觉对真理问题有所领悟，至此，他的哲学思想已经日臻完善。受公羊学的影响，他不断钻研公羊家们的学说以发现他所谓的真经，然后将其与印度佛学、西方的自然科学和社会科学相结合，不断充实之前建立起来的哲学体系。特别是甲午战败，他把主要精力放在拯救国家危亡的重心上，直至戊戌维新运动失败他才开始十几年海外流亡的生活。至于晚年倡导的君主立宪制以及参与张勋复辟的活动，也是形势使然，他一生都没有改变自己所谓挽救民族危亡的梦想。康有为在他生命的大部分时间里都在进行着一系列身先士卒的实践活动，很少有时间进行哲学静思。因此，康有为没有形成一种精致的哲学系统，这些都决定了他不能成为一个真正的形而上的哲学家。

二 康有为儒家经典诠释的时代定位

康有为对儒家经典的全新解读与他所倡导的今文经学的发展是一致的。清末民初的今文经学的发展和流变，除康有为之外，廖平也是一座绕不过的高峰。廖平的贡献在于以制度判分今古的优劣并对孔子少壮与晚年的主张加以区别：少壮之时的孔子"尊王命、畏大人之意"，至于晚年的孔子，苦于"哀道不行"，不得不"自行其意，以挽弊补偏"。"后来传经弟子因为孔子手订之文，专学此派，同祖《王制》。其实孔子一人之言，前后不同。予谓从周为孔子少壮之学，因革为孔子晚年之意者，此也。"① 廖平将今古文之争转移到制度层面，客观上为晚清今文经学派的政治改革作了理论上的准备。而对于孔子两个时期变化的考察也对孔子"尊周"而又"变周"给予了合理解释，使自己的学术观点成为一个独立的理论体系。

康有为深受廖平的影响，他对公羊学的"三科九旨"（通三统、张三世和异内外）的诸方面知识都进行了大胆的探索，极大地丰富了"三科九旨"的内涵。"通三统"长期以来都是今文经学最重要的准则，清中叶以后地位有所下降，主要是基于总结前代统治者"通鉴"和"资治"等统治经验，就方式而言没有多大的变化。廖平提出以制度判

---

① 廖平著：《廖平学术论著选集》卷一，巴蜀书社1989年版，第69页。

分今古,实质上认为古文经学多为琐碎的考据,于"资治"无补。而今文经学长于"微言大义",对于制度思想来说,显然带来了鲜活的生命。康有为认识到制度的重要性,赋予了"通三统"学说以"改制"的含义,使政治改革成了"通三统"的第一要义。

关于"改制"问题,康有为在"两考"里没有特别明确的陈述,一方面,他只是不厌其烦地列举孔子改制的内容,如殡葬、井田、服饰等。另一方面,他不断抬高和重塑孔子作为一个改革家的形象,把他看成是"万世之法"圣王教主。他一再试图表达孔子的伟大之处不是为后世制定详细的改制内容,而是提出了一种改制的思想,旨在说明今日之改革还有待后来的圣哲们因时改制。但是康有为的特别之处是在不同时期皆给儒家安上了教主的席位。"自武章,终后汉,四百年治术言议,皆出于董子,盖董子为教主也。……由元明以来,五百年治术言语,皆出于朱子,盖朱子为教主也。"① 通过这样的言论,康有为无非是想表达"今日之圣"的心迹,并把我们引到他所得出的结论面前:康有为本人上承孔子改制思想,是今日改制的"素王"和"教主"。孔子在中国历史上第一次总结并形成了改制的思想,并根据先秦历史的现实,相应地制定了一系列的改制措施。

康有为"两考"的内容不在于规划改制的内容,在于论述改制的必要性和合法性,也就是要和当时的"道统"相吻合。晚清之中国实施政治改制的合法性问题是康有为迫切需要解决的症结所在。康有为在著"两考"的时候,他既没有拜见过光绪皇帝,也尚无后来的"知遇之恩",但是康有为始终反对用暴力的手段推翻清廷,当然他也始终坚持要改变清朝的统治秩序。"孔子最尊尧舜,所谓尽善尽美。后世虽有作者,虞帝其不可及,为其揖让而官天下也。"② 类似的言论在其著作里屡见不鲜,这也同时说明,在当时的历史条件下,此番言论含有"清退政于汉"的意味,实属大胆。因此,学界部分学者认为康有为的论断是站不住脚的。

晚清今文经学的"三世说"已经在龚自珍的阐发下演变成一种悲观的论调,其悲观的价值指向是清廷官场腐败与昏庸,它寄希望于新一

---

① 康有为著:《春秋董氏学》,中华书局1990年版,第208—209页。
② 康有为著:《春秋董氏学》,中华书局1990年版,第208—209页。

代的"治国良材"能够脱颖而出，呼唤社会能够出现这样一批精英挽救民族危亡以改变清末民初落后挨打的现状。因此，在康有为之前，晚清今文经学"三世说"的治国理政思想便在焦急地期待自己的用武之地，至于今文经学的前途欲至何方，显然已经超出了传统经学的范畴。在这样的背景下，康有为一改常态，沿袭"三世说"的形式，把公羊春秋学说与《礼运》篇中的大同、小康说结合，为传统的"三世说"向西方近代进化思想演变开辟了新路。他基于对西学、西政粗浅的认识，就进行著书立说以及理论的建构，其中不乏矛盾之处，这正是他一直醉心于政治改革无暇潜心于对宏大哲学问题的沉静思考所造成的。康有为的三世说把大同理想引入今文经学，把传统的"三世说"引向未来并把它与西方的进化学说和西方的民主思想进行有机结合，为中西历史文化的沟通架起了一座桥梁，康有为重新解释"三世说"的可贵之处是走出了旧有循环论和倒退论僵化的理论格局，将其变成带有现代色彩的社会历史进化观念，"三世说"在康有为的解读下获得了新生。

康有为关于今文经学"异内外"的见解，也体现了其特有的内外观。对于内外观问题，古代中国是汉民族中心的自我意识，也就是民族的凝聚意识，它从属于民族历史文化的观念。汉代以来，汉民族周边的少数民族，特别是北方游牧民族一直是中原稳定的心腹大患。所以汉民族一直对周边各少数民族持轻蔑的态度，这便是民族中心意识的体现。及至清朝，北方少数民族的满族入主中原，而中国人眼中的夷狄蛮族成了中华民族政统和道统的继承者，因此，旧的内外观已经无法解释这一现实。中华民族向来注重历史的文化传统，满族认同于中原文化的过程似乎给内外观的转换提供了新的契机。所以，内外之异不再拘泥于种族之异，而是文化的不同，是否认同中华文化成为区分内外的标准。尽管如此，这种内外观的实质仍然是自我中心主义，而汉族的种族中心和中华民族的文化中心是中华民族文化内外观的侧面，处于中心地位的中华文化是一种先进的文化，对于其他的异族文化起到同化和辐射作用。到了康有为所处的时代，这种内外观已经发生了动摇，但是中华民族的统治地位却没有根本性变化。康有为赋予内外观以新的阐释，一切都在发生着变化：世界不同的民族长期以来形成了不同的历史文化，诸如欧美各国，以基督教立国，基于政府和民间对于宗教的重视，使得民族文化得以不断地发展壮大。因此，康有为在今文经学上的内外观所指的文化之异已不再具有孰高孰低的意味，而只能归结于文化种类的不同。

　　康有为对儒家经典的诠释及其对今文经学的改造体现了近代先进知识分子自强不息的革新精神和对传统文化与西方近代思想的融会贯通，他的终极目的在于政治变革，在于思想更新。他并没有墨守今文家法，甚至置史实的考证与论述的前后连贯性于不顾。所以，康有为撰写"两考"的用意常被后人所误读。诚如守旧派的叶德辉所言："康有为隐以改复原教之路得自命，欲删定六经而先作伪经考，欲搅乱朝政而又作改制考，其貌则孔也，其心则夷也。"①

　　作为今文经学家的康有为，通过对公羊学"三科"的重新阐述，完成了从传统到近代的革命性转换。"三统"说成为政治、经济制度改革的理论基础，它的发展方向是近代民主制度和社会化大生产的必然结果。"三世说"是沟通过去、现在和将来的纽带，其终极理想是实现大同社会。经康有为改造过的今文经学体系则完成了从中华民族中心主义到各民族文化平等的过渡。纵观这三个方面，康有为在传统今文经学的旧形式中，注入了他对整个社会的重新解释。通过今文经学的形式使其思想体系在传统和现实之间找到了一个契合点。这可能也是康有为今文经学思想在社会上引起"大飓风"的原因。

三　康有为儒家经典诠释与新儒家的肇端

　　李泽厚先生以熊十力、梁漱溟、冯友兰、牟宗三四人为现代新儒家的先驱。也有学者主张康有为、梁启超才是现代新儒家的源头，从而反对将冯友兰、贺麟等列入现代新儒家之列，对于方东美、成中英是否归属现代新儒家之列也有不同意见。②而余英时先生也多次强调自己只是一名思想史研究者，并不在新儒家之列。在他看来："'新儒家'具有特殊含义，新儒家'只是熊十力一系的专称'，其两代传人主要包括熊十力及其门弟子唐君毅、牟宗三、徐复观四人。"③对于大陆学术界将他列入新儒家的阵线，他感到"出乎意料之外"。

　　因此，新儒家和康有为今文经学的共同之处在于两者都认同儒学传统，并力图拓展儒学的包容性，为儒学在未来的文化建构中获得永恒的

---

① 参见《翼教丛编》卷六，光绪二十四年八月武昌重刻本。援引董士伟《康有为评传》，百花洲文艺出版社2010年版，第73页。
② 李翔海著：《引子》，《现代新儒学概要》，南开大学出版社2010年版，第1页。
③ 李翔海著：《现代新儒学概要》，南开大学出版社2010年版，第2页。

价值和普遍的意义而努力。① 谈到新儒家与康有为的关系，颜炳罡教授认为康有为是一座绕不开的高峰。"要叙述从旧传统里发展出来的哲学思想不能不从康有为开始，而康有为及其两大弟子谭嗣同、梁启超都倾向陆、王之学。"② 康有为与现代新儒家之间在时代上有"近代"和"现代"之别。先就下面三个问题予以界说。

（一）康有为儒家经典诠释与现代新儒家的相同点分析

康有为与现代新儒家两者在一定意义上同属于20世纪中国文化保守主义思潮，与其他国粹派和同时期其他文化保守主义思潮相比，倡导孔教运动和现代新儒家之间有着诸多相通之处。康有为作为一个从传统思想向近代转化的一位承上启下的人物，在一定意义上说，20世纪中国的保守主义思潮正是在康有为这里开其端，然后由现代新儒家发展至成熟的形态。立足于弘扬中华民族的文化传统，反对把中国的传统国粹沦为西方现代化附庸几乎成了他们的使命。

1840年鸦片战争开启了中国近现代的屈辱史，中国的传统文化在西方文化的强势冲击下不堪一击。饱读儒家经典的康有为在接受西方自然科学和社会科学知识之后，通过挖掘传统儒学的"微言大义"和公羊"三世说"来补益儒学，从而使古老的中国文化传统镶嵌了西方科学、民主、平等的因子，可以说，康有为开了"援西入儒"以应时代之需的先河。在现代新儒家与康有为之间的确很难找到一种直接的逻辑勾连，但是康有为和新儒家无一例外地都认同儒学传统，并力图拓展儒学"通经致用"的价值指向。所以从这个意义上来说，康有为显然是儒学在这个发展历程中的源头活水。

康有为与梁漱溟的相通之处在于，他们都肯定孔子的人生态度和儒家文化包容性的基本特征。在万民讨伐"孔家店"的巨潮中，梁漱溟先生悍然打出了"新孔学"的大旗，并满怀信心地宣称，"换言之，世界未来文化就是中国文化的复兴"。③ 这里的中国文化显然就是儒家文化为主体的中国特有的文化体系。在中国之所以要发展民主和科学，正

---

① 李翔海著：《现代新儒学概要》，南开大学出版社2010年版，第2页。
② 贺麟：《当代中国哲学》，转引自颜炳罡《现代新儒家研究的省察与展望》，《文史哲》1994年第4期。
③ 参见李翔海著：《现代新儒学概要》，南开大学出版社2010年版，第3页。引自梁漱溟《东西文化及其哲学》，商务印书馆1922年版，第199页。

是儒家文化"依其本身之要求，应当伸展出文化之理想"①，以儒家为代表的中国文化是完美的文化，中国文化在境界上要超过西方未来最有前途的文化形态。中国的文化传统之所以没有开出民主和科学，"是超过的不能，而非不及的不能"。② 所以在这一点上，新儒家和康有为的价值追求是不谋而合的。新儒家和康有为今文经学都认为绝不能把儒学的存在价值仅仅封限在封建的专制时代，在这一点上两者不无二致，不过康有为还有另一种倾向——那就是他试图通过论述儒学作为宗教的社会规范作用来达到治理社会的目的。康有为在《康子内外篇》中指出，世界上的宗教虽然杂芜繁多，但真正的宗教本质上只有入世的孔教和出世的佛教两种。康有为大力倡导孔教，他不仅以西方近现代学说来改造儒学的孔教教义，还号召政府推行政教分离等一系列关于宗教的政令。

（二）康有为儒家经典诠释与新儒家的相异之处分析

康有为儒学与新儒家的根本区别在于：康有为对儒学传统的认同与坚守基本上停留在制度层面，而新儒家则集中体现在对儒家学说精神层面的阐发。既然康有为的着眼点主要基于从制度层面上关注儒学，而儒学在漫长的几千年发展中恰恰在体制层面与封建制度之间存在着千丝万缕的联系。所以，不管康有为如何试图拓宽儒学的包容性，他都摆脱不了封建主义余孽的困扰。尽管如此，康有为仍然应该被看作是新儒家的源头。

在中国传统思想向近代思想转变的过程中，康有为是一个承上启下的重要人物。从第一次鸦片战争到 1898 年康有为领导的戊戌变法运动近五十几年的时间里，中国的文化传统在西方现代文化的冲击下节节败退，中国的文化传统遭到了前所未有的挑战，遭遇"千年未有之变局"。其间的保守主义者还试图拒斥一切西方的文化，当然还有一些人坚持"器"可变而"道"不可变的原则。而康有为的过人之处在于：他通过发掘传统儒学中所谓"通经致用"与"三世说"来扩大儒学的包容性，试图找寻西方近代模式的政治制度在传统文化中存在的内在根据。这一尝试也开启了为适应时代的需要进行"援西入儒"的可贵努

---

① 参见牟宗三、徐复观、张君劢、唐君毅：《为中国文化敬告世界人士宣言》，载自香港《民主评论》1958 年元旦号。

② 参见牟宗三：《政道与治道》，台北学生书局 1983 年版，第 51—52 页。

力的先河。

在戊戌变法时期，康有为对儒学的改造不是明言革新，而是标榜"复原"，是以恢复孔学的"真精神"的名义进行的。是对孔子形象的重塑和缔造，对儒家原典进行诠释并赋予儒学以新的内容。"康有为认为应该积极向西方学习，同时也肯定中国并不缺乏具有现代技术和尖端科技能力的科学家。"① 康有为曾一度大讲孔教变质，猛批后儒之学，目的是要把传统儒学中那些与近代精神相抵触，阻碍社会变革的东西归罪于后儒，证明后儒之学与正统儒学毫无干系，据此来揭示孔子的"真精神"。有学者认为康有为是用儒学为外衣包装西学，并据此断定"这种包装式的改造，其作用和影响只是借此而宣传了西学、西政，对于儒学自身的更新、新生而言，怕是没有什么意义"② 的说法也是不全面的。

（三）康有为儒家经典诠释是成为现代新儒家的滥觞

对于"现代新儒家"的界定，方克立先生认为新儒家在中国思想史上是与马克思主义、自由主义三足鼎立的思想潮流。他认为"五四"以来，在强烈的民族文化危机意识的刺激下，一部分以承续中国文化之慧命自任的知识分子，力图恢复儒家传统的本体和主导地位，重建宋明理学的"伦理精神象征"，并以此为基础来吸纳、融合、会通西学，建构起一套"继往开来""中体西用"式的思想体系，以谋求中国文化和中国社会的现实出路。③ 而李翔海则比较赞成站在宽泛的意义上来界定"现代新儒家"。他认为"只有这样才能对儒学的现代化走向有一个整体而全面的把握"。④ 众所周知，20 世纪是一个"儒门淡薄，收拾不起"的断裂时代。但是作为中国文化传统的主流，儒学以其独特的魅力呈现出其顽强的生命力。

儒学的现代命运同时也从另一个维度折射了中华民族坎坷的蜕变历

---

① 刘星：《康有为今文经学的嬗变与维新思想的形成》，《湖南大学学报》（社会科学版）2019 年第 3 期。

② 张锡勤：《儒学在中国近代的命运》，人民出版社 2011 年版，第 133 页。

③ 李翔海认为作为一种哲学和文化思潮，它同时也包括社会政治的内容。作为中国现代文化保守主义的主流派，八十多年来它已有三代人薪火相传，形成了自己的学脉和传统，至今仍有一定的势力和影响。在中国现当代思想史上，现代新儒学可以说是与马克思主义、自由主义的西化派鼎立的三大思潮之一。参考李翔海、方克立《现代新儒学与中国现代化》，天津人民出版社 1997 年版，第 448 页。

④ 李翔海著：《现代新儒学概要》，南开大学出版社 2010 年版，第 2 页。

程，它的未来走向将是有良心的中国人拷问心灵、上下求索的时代课题。在中国现代思想史的背景下，特别是面对儒学的未来走向问题，我们不能以一种偏狭的标准来评判现代儒学。现代儒学作为中华民族精神的重要组成部分已经不再是儒学内部某个宗派的专有品，儒学的复兴任重而道远，绝不能简单地维系在哪一个学术团体之上。因此，典型的儒家应该具备两个基本特征：第一，作为一个践履者，他必须是以儒家"义理"为其人生实践与信仰的归趋；第二，作为一个学人，他必须是以儒家"学说"为其学问的宗主。①

李翔海先生从纯学理的层面对 20 世纪新儒家的界定进行了一般性的探讨，充分认可儒学在中国文化传统中的主流地位，积极倡导通过"援西入儒"的方式实现儒学的现代重建；着力于阐扬儒家人文精神的时代意义。现代西方的许多弊病都源自工具理性的过分膨胀，儒学所注重的价值理性或者谓之的人文精神正是医治这一偏失的良药；力图创造性诠释儒学，深掘其内在价值以期达到与现代文明接轨的目的。如何在儒家传统中找寻与东传科学中核心价值的"科学"和"民主"相匹配的内在依据，既要以保守儒家最基本的价值系统为前提，又要使新儒家表现出一定程度的现代品格，便成了新儒家未来发展的方向。②

康有为的儒家经典诠释及其对今文经学的建构，让儒学在未来人类文化的建构中具有普遍意义与永恒的价值。为了守住中华传统文化的精华，以坚持传统文化的主流地位为前提，康有为积极倡导接受西方的先进的自然科学和社会科学知识，以西方之长补益中学之短，通过"援西入儒"实现儒学的现代化重建，让儒学在现代社会中得到弘扬并用儒学的价值系统与人生理想来解救国人的迷失，从而找到民族最深厚的价值之源。"康有为是清末民初动荡时代深刻思考儒学与西学，儒学与科学关系并提出一整套解决方案并企图改变中国的重要人物。"③ 康有为通过对儒家经典的创造性诠释，深度挖掘传统精神资源，自觉不自觉地同西方的"科学"与"民主"建立一种必然的联系，从而证明中国的儒学系统同西方的科学、平等和民主是相容而不是相斥的理念。康有

---

① 李翔海著：《引子》《现代新儒学概要》，南开大学出版社 2010 年版，第 3 页。
② 李翔海著：《引子》《现代新儒学概要》，南开大学出版社 2010 年版，第 4—5 页。
③ 刘星：《浅论康有为科学思想的现代价值》，《自然辩证法研究》2019 年第 2 期。

为今文经学虽然表现了一定程度的现代性，但是他是以儒家既有的基本价值为底线。因此，现代新儒学的一般理论特质与康有为今文经学思想有着异曲同工之妙。有鉴于此，笔者认为康有为虽然不能从更为严格的意义上称为新儒家，但他应该是新儒家的滥觞，是新儒家的源头活水。

四　康有为儒家经典诠释的价值与意义

自从 1905 年正式废除科举制度以来，伴随着政治社会制度体系的变革以及制度化儒学的解体，统治了几千年的儒家变成了无所依傍、无所栖息的"游魂"。是什么让实现大一统、创造了无限封建文明的政治象征的儒学一朝变成孤魂野鬼？对于儒家而言，最为严峻的问题在于中国人动摇了对儒家千年价值信仰的坚守，儒家文化在近代的式微不是一朝一夕能够得以收拾的，不管我们的经济发展到多么强大的地步，若我们连民族文化之根都护不住，我们永远都不能说我们是成功的，物质发展程度再高，也不能忽视精神的引领作用。"儒学思想重在对'德性''群体'等价值理性的追求并不是一种落后的文化现象，而是一种具有永久性、独特性时代价值的民族文化形态，在不断接受外来文化的洗礼中得以补益自身，彰显其旺盛的生命力。"[①] 所有这些都是我们研究康有为儒家经典诠释及其今文经学思想对东传科学的发展具有重要的价值和意义。

中国正在经历着席卷全球的现代化思潮的冲击，统治阶层和知识精英们开始审视中国传统的制度和思想是否能够成为中国现代化前进的助推力，如果不能成为中国实现现代化的催化剂，不能为中国带来独立与富强，他们便认为中国传统的儒家文化本身就是残缺不全的。近百年来，中国一直在寻找一条济世救国之道，在这个过程中，先进的知识分子和有识之士中的当权者试图在原有价值体系下容纳新的生产关系和西方先进的思想文化。由于甲午战争的战败，随之而来的民族危机日益加深，变法维新思潮甚嚣尘上，渐渐成为一种主流的思想。康有为说："购船置械，谓之变器，未可谓之变事；设邮变、开矿务，可谓之变事矣，未可谓之变政；改官制，变选举，可谓之变政矣，未可谓之变法。

[①] 刘星：《论儒学思想核心价值与新时代治国理政思想的契合》，《山东社会科学》2020年第9期。

日本改定国宪，变法之全体也。"① 由此可见，"戊戌变法不仅是中国现代化进程的逻辑起点，也是中国现代文化的生长点"②。因此维新派的口号是"开民智""兴民权"，康有为认为君主立宪制度是最适合中国政治体制的制度，有着16年海外经历的他坚定地认为，平等和法治是西方国家繁荣富强的根本原因。而儒家的价值观深深地镌刻在中国人的民族认同之中，是社会变革时期所必须坚持的理念。康有为为了实现保种、保国、保教的目的，他不惜把孔子改造为一个顺应时势的改革先师。大力弘扬西学、西政的目的是证明其变法的合理性以及为变法提供理论基础。

康有为利用对儒家经典的全新诠释以达到维新变法的目的，这依然是儒学内部的家法。但康有为把许多古文经斥为伪经的做法却洞开了儒者怀疑整个儒家经典本身的正当性和神圣地位的大门。站在革命派立场上的康有为的宿敌章太炎却是古文经学的代表人物，他们两个人口诛笔伐最终消解了传统经学千年形成的在政治上所具有无可撼动的统治地位。本来是具有革命性的今文经学也不得不看到这样一个现实：古文经学中将孔子作为"史学家"而非圣人的做法，在清末民初显然比今文经学更具彻底的革命性。因此，在康、章二人的论战中，章太炎一方面对康有为的各种论文进行矫枉过正式的攻击，另一方面却对孔子进行"去魅化""去圣人化"的努力。在章太炎看来，孔子只是一个述而不作的良史，但是后来的儒家将孔子变成一个追求功名利禄的工具，这实在是对以孔子为精神领袖的儒家的无情践踏。辛亥革命之后，人们期待的共和政体得以实现，但是内忧外患依然存在，最为可怕的后果是，在社会秩序和价值观处于一种转型过程中惯有的无序状态之后，失望与焦虑迅速蔓延。新军阀和顽固分子对于儒家经典的滥用，造成了激进知识分子对儒家的仇视，他们以理性主义引领人们从宗教蒙昧中解放出来，而以康有为为代表的保教派，通过对儒家经典创造性诠释，以"尊孔""尊中"为宗复兴儒学、重建孔教的努力为儒学未来开显了又一可能的发展路向，成为现代新儒家的源头，开启了现代儒学新生命的一种尝试。

---

① 康有为著，姜义华校：《康有为全集》（第4集），中国人民大学出版社2007年版，第198页。
② 颜炳罡：《戊戌变法与中国现代化进程》，《文史哲》1998年第5期。

第二章　康有为儒家经典诠释研究的理论基础

康有为儒家经典诠释的目的是为了满足其变法改制、服务政治的需要，因此，康有为立足于今文经学理论，旨在对公羊"三世说"进行阐发。康有为儒家经典诠释的哲学基础主要源于传统的《易》学变易思想、今文经学的通经致用思想以及西方的进化论思想、科学理性思想。康有为融合中西思想之精华对儒家经典进行创造性诠释具有重要价值。面对儒学研究的百年断裂，必须重审儒家原典，只有通过对康有为经典诠释的哲学探究，才能廓清康有为儒家经典诠释的研究现状及其所突显的问题。康有为儒家经典诠释是以西方近代科学精神为视角，从儒学的价值、义理以及功用问题等侧面重新解释儒家经典，是努力实现儒学从传统向现代转型的一种有效尝试。

第一节　康有为儒家经典诠释与西方进化论思想的融合

康有为对于儒家经典文本创造性诠释的一个重要理论来源就是西方的进化论思想，西方科学传入的过程同时也是西方思想与传统儒家思想相互融合的过程。康有为援西方进化论思想对儒家经典的诠释具有重要意义，"他率先把'进化''发展'等新观念引入历史观中，突破了循环论的旧思路，提出'三世进化'说，从而确立了中国近代哲学发展的基本方向"[①]。"物竞天择""适者生存"的进化思想是对旧时代的憎恶与扬弃，是对充满憧憬、希望新纪元的渴望。进化论思想作为一种全

[①] 宋志华：《从康有为看中国近代历史观的转向》，《广东社会科学》2011年第1期，第140页。

新的世界观和方法论不仅在中国生根发芽,而且成长为旨在救亡图存、进行社会变革的理论武器。从某种意义上来说,康有为是利用进化论思想诠释儒家经典的开创性人物。

一 西方进化论思想在中国的传播

近代中国从1840年鸦片战争开始,以英国为首的西方帝国主义国家凭借先进的现代化武器打开了中国闭关锁国的大门。从此以后,中国的政治、经济、文化等社会形态发生了根本性变化,伴随着一系列战争的失利,古老的中国被动地迈入百年屈辱的历史。而西方进化论思想的传入正值中国处于国势衰微、万马齐喑、暗无天日的悲惨境地,使中国人处于惶惶不可终日的痛苦深渊。中华民族面临着亡国灭种的危难时刻,以康有为、梁启超、章太炎、严复为代表的维新派人士开始积极接受西方的进化论思想,并以进化论为武器开启了其救亡图存的艰难历程。

(一)西方进化论思想的诞生

中国古代哲学中《易》学"变易"观等都是崇尚健动、以动态的眼光看待世界的代表性思想,把世界视为生生不息、流迁不止的运动过程。世界万物同样处在一个生生不息、永不止息的运动过程当中,宇宙中并没有一成不变的东西。孔子曾发出感叹:"逝者如斯夫,不舍昼夜"。(《论语·子罕》)他认为任何事物都像流水一样,处在一个变化运动之中。张若虚在《春江花月夜》中发出了无端之问:"江畔何人初见月?江月何年初照人?人生代代无穷已,江月年年望相似。"他运用富有生活气息的清丽之笔,以月为主体,以江为场景,描绘了一幅幽美的春江月夜的唯美景致,但其中涵咏的却是对"人生无常""变化不居"的无可奈何。因此,中国传统思想并不是"守旧"的代名词,康有为以儒学为宗,对于西方进化论思想的创造性阐发具有重要意义。

康有为利用翔实的资料突出了以下三点:第一,一切生物都是起源于单一的生物,相似的生物起源于共同的祖先;第二,物竞天择,适者生存;第三,物种进化的过程不是突变的、间断的,而是一个渐进的过程。进化论思想的诞生具有时代的颠覆性,它对近代西方资本主义社会产生了重大而深远的影响。进化论思想不仅阐明了物种是可变的,而且对物种的适应性做了极具特色的解说,从而推翻了当时各种神造论和物种不变论占统治地位的旧有观点。达尔文进化论为人类发展观念的确立提供了科学依据和理论支撑。具体表现在：为进步发展观提供了科学的支撑；坚定了人们对进步发展观的信念；纠正了进步发展观的主观主义倾向。① 在提到19世纪之前达尔文进化论现状的时候，美国学者维纳指出：

> 达尔文的进步观念所产生的影响就不仅局限于生物学领域了。所有的哲学家和社会学家都是从他们那个时代的种种富有价值的源泉中来汲取他们的科学思想的。②

当达尔文进化论思想如火如荼传播，风靡全球之际，也出现了种种与之相反的重要观点。譬如，柏格森的创造进化论，经过英国人斯宾塞的继承与发展，最终形成了导向其对立面的庸俗进化论——机械进化论的观点。更为可怕的是由达尔文的进化理论衍生出来的一种后患无穷的进化论误区，即英国的斯宾塞和美国的萨姆纳等把这一理论利用到社会领域的"社会达尔文主义"，后来成为帝国主义和种族主义政策的理论基础。

（二）西方进化论思想在中国的传播

以达尔文为代表的西方进化论思想的传播给中国沉闷的学术界带来了生机，"物竞天择""适者生存"的核心理念为中国近代思想家们提供了必要的思想养料，为其顺利完成历史观的转化，树立起体现时代精神的新观念，提供了便利。中国近代思想家以西方的科学和哲学为参照系，以一种有别于前人的视角看待这个变化的世界具有重要的现实价值。康有为在《意大利游记》中有大量的关于进化论的阐述：

> 概而论之，北欧各国，皆胜于我。意国与我国平等相类，特意人少茅屋而多一楼。近者田野亦治，葡萄盈望，桑果铺菜，胜吾北方，胜吾北方，而与吾江、浙，广相仿佛者也。民之贫富亦相若。吾国求进化政治之序，亦可比拟意人利，采其变法之次序而酌行

---

① 麻海山：《达尔文进化论对人类发展观念的深刻影响》，《自然辩证法研究》2014年第1期。

② ［美］维娜：《人与人的用处——控制论和社会》，商务印书馆1978年版，第27页。

之。他国则新旧贫富皆不相类，骤难仿拟也。①

欲知大地进化者，不可不考西欧之进化；欲知西欧进化者，不可不考罗马之旧迹；欲考罗马之旧迹，则莫精详于邦潭矣。在昔沉灭，则为奇灾大祸；在今发现，则为考古巨观。微火山，吾安得见罗马古民？微秦政，吾安得有万里长城？天下之得失，固有反正两例而各相成者。故言道者，不可离阴阳也。夫以火山之巨祸，尚为有益后人之伟事。不能不叹美之。况其他乎！②

由此可以看出，西方进化论的传播适应了时人试图挽救民族危亡的心理诉求，诸如"物竞天择""适者生存""优胜劣汰"等理念风靡一时，成了那个时代的最强音。在中国五千年来从未有过的"变局"中，也许只有进化论才能促使中国人内求图强，外抗凌辱，激发危机意识。进化论与中国优秀传统文化的结合从客观上增强了中国人对传统文化的自信。中国近百年以来，能从一个"恪守祖宗之法，笃古不变"③的古老民族转变成一个"求变"和"维新"的现代民族，应该说都是进化论作用的结果。"盖太平世无所竞争，其争也必于创新乎，其竞也必在奖智乎！智愈竞而愈出，新愈争而愈上，则全地人道日见进化，而不患退化矣。"④ 1896 年，严复翻译赫胥黎的《进化论和伦理学》一书也充分反映了达尔文的进化思想。先进的中国人运用从西方舶来的进化论思想重建自己的世界观和宇宙观，开出救国救民的良药。

修睦为人利，争夺为人患。盖争之极，则杀戮从之，若听其争，大地人类可绝也。然进化之道，全赖人心之竞，乃臻文明，御侮之道，尤赖人心之竞，乃能图自存。⑤

---

① 康有为著，姜义华等校：《意大利游记》，《康有为全集》（第 7 集），中国人民大学出版社 2007 年版，第 352 页。
② 康有为著，姜义华等校：《意大利游记》，《康有为全集》（第 7 集），中国人民大学出版社 2007 年版，第 354 页。
③ 《论语·泰伯》有言，"笃信好学，守死善道"。
④ 康有为著，章锡琛、周振甫校点：《大同书》，北京古籍出版社 1956 年版，第 274 页。
⑤ 康有为著，姜义华等校：《论语注》，《康有为全集》（第 6 集），中国人民大学出版社 2007 年版，第 396 页。

严复在翻译过程中加入了自己的按语,阐明了自己的见解,取名为《天演论》。从此,"适者生存""优胜劣汰"等核心词汇深入人心,开辟了中国人认识世界的新纪元,唤醒了中国人救亡图存的改革意识,继而形成了晚清影响深远的启蒙思潮。"今者,中国已小康矣,而不求进化,泥守旧方,是失孔子之意,而大悖其道也,甚非所以安天下乐群生也,甚非所以崇孔子同大地也。且孔子之神圣,为人道之进化,岂止大同而已哉!"①

无论是严复译介的《天演论》还是马君武翻译出版的《物种起源》,它们无疑都让处在民族危亡时刻的国人看到了曙光,振奋了思想,成为救亡图存的制胜武器。进化论改变了中国人传统的思维模式。西方进化论衍生出进步的历史观念,它以社会的不断进步为导向,为传统的社会结构和社会心理变革提供了价值依据,强化了进取自强的精神和中华民族的自我体认,是增强国人民族自尊心、自信心和奋发向西方学习的有益尝试。严复宣扬的是自强而不是天命;强调的是人为而不是定数。② 可以说,进化论的传入是对古代中国"天不变,道亦不变"世界观的一种颠覆和重构。

> 其妄谬而有一知半解如达尔文者,则创天演之说,以为天之使然,导人以竞争为大义。于是竞争为古今世界公共之至恶物者,遂揭日月而行,贤者皆奉之而不耻。于是全地莽莽,皆为铁血,此其大罪过于洪水其矣!夫天演者,无知之物也;人义者,有性识之物也。人道所以合群,所以能太平者,以其本有爱质而扩充之,因以裁成天道,辅相天宜,而止于至善,极于大同,乃能大众得其乐利。若循天演之例,则普大地人类,强者凌弱,互相吞啮,日事兵戎,如斗鹌鹑然,其卒也仅余强者之一人,则卒为大鸟兽所食而已。③

---

① 康有为著,楼宇烈整理:《孟子微·礼运注·中庸注》,中华书局1987年版,第237页。
② 王晓明:《西方进化论与近代中国社会》,《教学与研究》2005年第10期。
③ 康有为著,姜义华等编校:《大同书》,《康有为全集》(第7集),中国人民大学出版社2007年版,第183页。

进化论不仅奠定了中国近代自由主义的理论基石，而且还是当时自由主义者接受西方启蒙思想的第一堂课。它是中国近代思想史上极具价值的观念更新，是中华民族奋起外御列强、内求图存的思想武器。

（三）进化论思想与中国传统文化的融合

康有为在《大同书》中屡次提及进化论："故据乱、升平之制，明知其有害而有不得已者。故古俗抑女而不平等，固出于强凌弱之余风，重子而待其尊养，固出于亲所生之顺势，然各国据乱之制皆因之；义虽不公不乐，然实人类所由繁华，以胜于禽兽而立于天地之故，亦文明所由兴起，以胜于野蛮而成为大国之故，乃进化必经之道而不可已者也。"①

西方进化论传入中国，先后经历了三个时期：一是甲午战争之前洋务运动的全面展开，中西方的社会和文化向着纵深方向发展，西方的自然科学诸如生物学等伴随着传教士传入中国。二是戊戌变法前后西方列强疯狂地瓜分中国，中华民族面临着生死存亡的紧要关头，一些有识之士选择把进化论作为他们救亡图存的武器。以康有为为首的维新派积极传播进化论，使之在当时形成了蔚为大观的局面。三是辛亥革命时期，以马君武翻译《物种起源》和李郁翻译的《达尔文传》为代表，掀起了又一次传播进化论的高潮。此时，康有为在《孔子改制考》中说：

> 凡物，积粗而后精生焉，积贱而后贵生焉，积愚而后智生焉。积土石而草木生，积虫介而禽兽生，人为万物之灵，其生尤后者也。洪水者，大地所共也，人类之生，皆在洪水之后。故大地民众皆蕴萌于夏禹之时。积人、积智，二千年而事理咸备。于是才智之尤秀杰者，蜂出挺立，不可遏靡。各因其受天之质，生人之遇，树论语，聚徒众，改制立度，思易天下。②

在这里康有为提出了他初步的进化论思想。无论康有为还是严复，他们的出发点都是基于广大国民对灾难深重的社会现实的无限忧虑。

---

① 康有为著，章锡琛、周振甫校点：《大同书》，北京古籍出版社1956年版，第204—205页。

② 康有为著，姜义华等编校：《康有为全集》（第3集）《孔子改制考》卷二，上海古籍出版社1992年版，第11页。

"其进化耶则相与共进，退化耶则相与共退，其乐耶相与共其乐，其苦耶相与共其苦，诚如电之无不相通矣，如气之无不相周矣。"① 危机意识迫使他们必须寻找一条行之有效的出路，最终他们选择了将进化论和中国优秀的传统文化相结合，借助西方的进化论深入挖掘中国传统文化，以此来彻底改变中国人的传统思维。严复敏锐地意识到达尔文的生物进化论是对传统观念的重大挑战，正可以作为中国人启蒙的科学化理论。② 对中国思想界影响最大的两种理论是：进化论和民约论。而这两种观念形态上是区分先前中国与近代中国的重要标志。③ 因此，西方进化论的传入，振奋了当时死气沉沉的知识界，刺激了中国人救亡图存的危机意识，在相当长的一段时间里，对中国当时的社会现实起到了全方位、立体式的改造作用。

二 西方进化论与儒家思想的融合

儒家的自然观在古代又称为天道观。这里的"天"是代表着自然界这一总范畴，其中包括道器、有无、阴阳、动静、一多、色空、理气、太极等范畴。康有为把西方近代实验科学称为"实测"之学，并根据他所谓的实测之学来建立他进化的自然观。早在1886年，他就在《康子内外篇·理气篇》中说道："积气而成天，磨砺之久，热重之力生矣，光电生矣，原质变化而成焉，于是生日，日生地，地生万物。"那时的康有为就试图说明宇宙是由物质构成的，而物质又是在不停地运动着的。物质变化生成了太阳，太阳生出了地球，地球生出了万物。康有为的自然进化观与古代朴素的天道观是有一定渊源关系的。

（一）对中国古代"变易"理论继承和发展

儒学经典《易》对于后世的影响很大，它是一部专门讨论"变易"思想的经典之作。《易》在经过历代儒者的阐发和研究以后，它的变易思想更为丰富和饱满，因而形成了一种高深的学问——易学。康氏进化论思想显然得益于他汲取了中国儒家经典——《易》的最高深的智慧。康有为在《民功篇》中指出："人为万物之灵，其生也必迟，俟百物俱繁，

---

① 康有为著，姜义华等校：《大同书》，《康有为全集》（第7集），中国人民大学出版社2007年版，第5页。
② 王民：《严复"天演"进化论对近代西学的选择与汇释》，《东南学术》2004年第3期。
③ 参见王晓明：《西方进化论与近代中国社会》，《教学与研究》2005年第10期。（援引自《陈旭麓文集》第四卷，华东师范大学出版社1997年版。）

然后毓焉。地之始凝也，外质为石，石质生水，湿气相蒸而苔生焉。苔生百草，百草生百木，百木生百虫，百虫生百兽。当伏羲之先，其为百兽之天下也。人独云清阳之质，既出生矣，聪明即耸于万物。盖伏羲时，去民之初生无几时耳。夫人之聪明，不能自禁塞，既生百兽之间，即有以制百兽，制器利用、自繁其类，以为人之天下。"①

严格地说，康有为最早高举变易思想大旗的初衷是为了推动他的变法理论。早在 1888 年，康有为第一次上书光绪帝时就征引《吕览》《易》来阐述他的观点，"《吕览》曰：治国无法则乱，守而弗变则悖。《易》曰：穷则变，变则通。"② 1896 年，在读完严复翻译的《天演论》之后，终于形成了他完整的进化自然观和宇宙观。不过在此之前，他已经从中国古代"变易"思想和近代地质学、古生物学和天体演化学知识中获得了一些进化论知识。早在康有为遍读西学书籍之前，1874 年，《万国公报》上就连载过《格物探原》，那里就介绍过有关生物进化学说的知识。所以，1882 年康有为在《苏村卧病书怀》一诗中的"世界开新逢进化"，也就绝非无源之水了。

康有为的历史观的形成与《易经》《春秋》和《礼运》三部儒家经典有直接关系，《易经》提供了变易思想，《春秋》提供了"三世"说，《礼运》提供了"大同""小康"说。③ 因此，康有为把"三世"说与"大同"和"小康"说糅合在一起，使社会历史内容更为丰富，使"三世"说获得了井然有序的进化阶梯。盖孔子为制作之圣，大教之主，人道文明，进化之始，太平大同之理，皆孔子制之以垂法后世，后世皆当从之，故谓百王莫违也。④ 正是康有为对这三者的糅合，才把"礼运"这个复古主义的历史观改造为进步的进化历史观。把何休阐述的"衰乱世""升平世"和"太平世"统一起来，这样一来，他所建构的理论就和复古主义和循环论彻底划清了界限。

---

① 康有为著，姜义华等编校：《民功篇》，《康有为全集》（第 1 集），上海古籍出版社 1987 年版，第 13 页。
② 康有为著，姜义华等编校：《上清帝第一书》，《康有为全集》（第 1 集），人民大学出版社 2007 年版，第 183 页。
③ 房德邻著：《儒学的危机与嬗变——康有为与近代儒学》，文津出版社民国 81 年版，第 95 页。
④ 康有为著，楼宇烈整理：《孟子微·礼运注·中庸注》，中华书局 1987 年版，第 27 页。

(二) 对"公羊三世"说的创造和发展

康有为的"公羊三世"的历史进化论,是中国化的历史进化论。它是西方进化论思想与中国古代"变易"思想的有机结合。康有为在游记中大谈进化论:"盖人道之始,穴居于地下,中世进化,以木为堂构,居于地面;渐进,则去木构而制砖石之崇楼矣。近美国复讲堂构以铁为之筑,累至三十层,侵云摩霄,侵寻若居天上矣。"①

康有为不仅明确地认识到人类在不同的历史发展阶段有着不同的文明表现,而且还用人类社会进步的程度来阐发其"张三世"进化理论。"盖人道进化以文明为率,而孔子之道尤尚文明。《公羊》先师口说,与《论语》合符,既皆为今文家之传,又为孔子亲言,至可信也。"②

康有为在这里已经初步认识到生产方式的变化是人类文明进步的内在原因,但是这一说法显然有牵强附会之嫌。他的"三世说"也可以作如下表述:据乱世相当于农业文明,升平世相当于工业文明,而太平世则相当于高度发达的工业文明。③他用政体的变化来说明"张三世"的进化过程。他认为西方社会从君主专制制度到君主立宪制度的过渡是一次根本性的变化,而从君主立宪制度到民主共和制度的过渡也是一样的,他认为这种政体的变化是必然的选择。康有为说:

> 孔子之为《春秋》,张为三世:据乱世则内其国而外诸夏,升平世则内诸夏而外夷狄,太平世则远近大小若一,盖推进化之理而为之。然世有三重:有乱世中之升平、太平,有太平中之升平、据乱。故美国之进化,有红皮土番;中国之文明,亦有苗、猺、獞、黎。一世之中可分三世,三世可推为九世,九世可推为八十一世,八十一世可推为千万世,为无量世。太平大同之后,其进化尚多,其分等亦繁,岂止百世哉?④

---

① 上海文物保管委员会编:《康有为遗稿·列国游记》,上海人民出版社1995年版,第116页。
② 康有为著,楼宇烈整理:《论语注》卷九,中华书局1984年版,第127页。
③ 房德邻著:《儒学的危机与嬗变——康有为与近代儒学》,文津出版社民国81年版,第98页。
④ 康有为著,楼宇烈整理:《论语注》卷之二,中华书局1984年版,第28页。

康有为用"三世说"与政体的配合形成了这样的一种对应关系：据乱世相当于君主专制制度，"升平世"相当于君主立宪制度，而"太平世"则相当于民主共和制度。康有为在解释《论语》中"天下有道，则礼乐征伐自天子出""天下有道，则政不在大夫""天下有道，则庶人不议"三句话时，将"政不在大夫"和"庶人不议"中的"不"字略掉，而牵强附会地改成"政在大夫"和"庶人议"，他这样删改的目的就是为了阐发立宪制度和共和制度的吻合。显然，这一做法是有失公允的。另外，他这样做还有一个目的就是试图说明几千年前孔子就已经反复阐述过从君主制度到立宪制度，再到民主共和制度的转变，认为这个过程是一个不变的历史规律，然而这样的结论显然是荒唐可笑的。

此外，他还提到民族关系的融合问题，他指出民族关系的融合问题和文明的发展、政体的进步相辅相成，它们是相互联系、不可分割的统一体，它们共同构成了"三世说"的进化论。"《春秋》要旨分三科：据乱世，升平世，太平世，以为进化，《公羊》最明。"①

因此，康有为的"三世说"已经不同于《公羊传》里的"三世说"。在康有为这里，他赋予了古老、简单而又抽象的"三世"说以崭新、丰满而又具体的内容，旨在证明人类社会从君主专制到君主立宪制，再到民主共和三种政体有规律不断向前发展的必然趋势。因此，康有为的进化论表象是披着儒学的外衣，实质上是在兜售西方的政体制度。他所阐发的微言大义具有很大的随意性，或者说一切做法都是服务于他的政治理想。康有为把西方的进化论引入儒学，建立他的进化自然观、社会历史进化史观和进化的道德观。在他的阐发下，儒学成了一种充满进化思想的新儒学。

（三）自成体系的康有为进化论理论

康有为利用西方进化论理论对儒家经典进行创造性阐释，康有为的《孟子微》一书中通过对"性善"与"仁"的阐发，把儒家的这些核心观念和西方的进化论理论建立联系，通过康有为的努力"为中国社会找到了适用于西方进化理论的可能性、动力和标准，将西方社会进化论

---

① 康有为著，楼宇烈整理：《孟子微·礼运注·中庸注》，中华书局1987年版，第21页。

融入传统思想。"① 早在1897年严复翻译的《天演论》出版之前，康有为有关生物进化的思想就已经形成，他在《万木草堂》里已经讲到地有八层的理论，尽管那时他对于生物进化过程的描述有失偏颇，但是多少也说明了他对于进化论有着自己非常清晰的认识，有着自己非常明确的见地。"盖全地之大，自生物院而外，无复有猛兽者矣，只有驯兽耳，盖至是全地皆为人治之地矣。夫兽与人同宗，而才智稍下，遂至全绝，此则天演优胜劣败之极至矣夫。"②

1884年出版的《西学考略》曾介绍过法国的拉马克时谈到，"创新说，谓动、植物均出于一脉，并非恒古不易。"③ 想必康有为看过此书，但是他可能没有过多地注意到这个观点，或者他无法接受这个观点。然而他认识到生物从低级到高级进化总的方向是不变的，"人是从动物进化而来"，这个观点大致是正确的。

康有为是中国近代历史进化论的初创者。他利用今文经学核心理论"公羊三世"说解读西方的生物进化论的观点，创造性地发展出近代历史进化论理论。因此得出结论：人类社会的发展是从"专制"的据乱世发展到"君主立宪"的升平世，继而发展到"民主共和"的太平世。显然，康有为的历史进化论观点受到早期维新派变易进化史观的影响，其思想根源仍然受到传统经学的影响。

康有为用近代历史进化论来取代传统的变易观，是一个革命性的事件，是中国近代哲学革命的重要内容。康有为没有完全用达尔文的进化论来说明社会进化的动力问题，而是用传统哲学中"仁"的观点来达到他的目的，认为社会的发展要依靠仁爱的力量来扩充精神。再者，康有为没有像严复那样公开声明自己的历史进化论是依靠斯宾塞和达尔文的学说发展而来，而是托名孔子，构造"三世"进化的公式，显然有生搬硬套之嫌，更有着宿命论的倾向。早期维新派的变易进化历史观是从古代传统的变易史观向近代历史进化论转变的一个中间环节。到了近代，由于社会历史发生了大变动，又受到西方进化论思潮的影响，古代

---

① 杨华：《〈孟子微〉在康有为进化思想中的地位》，《华东师范大学学报》（哲学社会科学版）2018年第2期。
② 康有为著，章锡琛、周振甫校点：《大同书》，北京古籍出版社1956年版，第290页。
③ 参见引房德邻著：《儒学的危机与嬗变——康有为与近代儒学》，文津出版社民国81年版，第89页。

传统的变易史观转变为近代历史进化论。①

三 康有为进化论的特点及归宿

康有为的进化思想来源于中国古代的变易思想和西方的进化论。《易》是一部专门讨论"变易"思想的哲学著作,对后世影响很大,它阐明了阴阳两种势力在万事万物中的发展和变化。"儒家的经世思想传统,在晚清日趋严峻的内忧外患逼迫之下,无论在今文经学还是古文经学内部都强劲崛起。"② 在西方的进化论进入中国思想界之前,儒家的主流价值已经悄然地发生了一场变化:那就是从"经世"到"富强",从"义理"到"时势"的变化。这个转变深深地影响了那个变局中的中国人。

(一) 西方自然科学知识背景的支撑

让西方传教士和江南制造局的才子们意想不到的是,他们翻译的西方自然科学著作也连带着把西方进化论思想带入这个古老的国度,对其思想界转变发挥了推波助澜的作用,而且引起了一个不懂西方语言却嗜书如命的中国读书人——康有为的密切关注,正是他对西方进化论的灵活运用有力地影响了中国的历史进程。"近者欧美铁路既通,运输较捷,水利渐启,树木既多,雨泽渐匀,泛滥渐少。就有水旱,而以铁道移粟以饲之,民命尚易保全,此进化之功也。"③

西方传播进来的著作如《谈天》《地学浅说》和《格致汇编》等书籍,康有为均有所涉及,他在《桂学答问》中所列的阅读书目就是明证。对于这些书籍,他不仅有所涉猎,而且做了仔细的研读,所以在他的著作中才有进化论理论的灵活运用。特别是在《诸天讲》中,得到了最为淋漓尽致的体现。"学界活力之中枢,已经移到'外来思想之吸受'。"④

对于进化论传入中国的贡献,严复和康有为都是功绩卓绝。严复将表达进化论主旨的关键词诸如"天演""保种""物竞""天择"等流

---

① 邝柏林:《从古代传统的变易史观到近代历史进化论》,《孔子研究》1988年第9期。
② 徐纪霖:《现代性的歧路:清末民初的社会达尔文主义思潮》,《史学月刊》2010年第2期。
③ 康有为著,章锡琛、周振甫校点:《大同书》,北京古籍出版社1956年版,第18页。
④ 梁启超著:《中国近三百年学术史》,《梁启超论清学史二种》,复旦大学出版社1985年版,第125页。

播全国，使之风靡中国的思想界，并且成为几代民族精英用以警示世人、抵御外辱的精神武器。

> 用器进故人之明智亦日以进焉，交相为用，其益莫大。用器精可以调察人之行事，令人难惰、难偷、难诡，令人惊犹鬼神之在左右，使人不敢为恶，则善行自进。盖观于铁路所通，即文明骤进，用器之关于进化如此。①

而康有为则是最早引进和运用进化论思想，并将进化论思想楔入自己的社会改革理论体系中，将自然进化观应用到社会领域中的第一人。他用进化论拓展了中国传统的变易循环观，并以此来"解读"经书。康有为就是走在时代前沿向西方学习的领头人。尽管康有为在向西方学习的过程中有些肤浅、混乱，科学与猜测甚至迷信相并存，但他毕竟是第一个试图用进化论的世界观解释世界和历史，并以之作为改造中国、救亡图存的思想武器的先进中国人，此举也成为近代中国思想界真正变革之滥觞。②

（二）具有西方庸俗进化论的倾向

柏格森坚持认为"精神性的生命冲动派生一切"，他还说，"生命是心理的东西"，"意识，或毋宁说超意识是生命之流"。③ 因此，柏格森认为整个世界应归结为生命不断冲动的"创造性进化"的过程。显然，柏格森歪曲了生物进化论，他将物种的变异和进化都归结为精神性的冲动是缺乏内在合理性的根据，这种非理性主义的唯意志论显然也是不合理的。在《诸天讲》中，康有为说："吾人所用泛神论之义，与斯宾挪、歌德辈稍异。彼辈之意，以为神无往而不在，故谓泛神；吾人之意，重在其无本体而日在变迁，是为柏格森之言。"④

达尔文的思想由严复等译介到中国以后，立即引起了进步人士的关注和接受，成为他们救亡图存、振兴民族的精神支柱，对中国的政治、

---

① 康有为著，章锡琛、周振甫校点：《大同书》，北京古籍出版社1956年版，第298页。
② 马洪林著：《康有为评传》（上），南京大学出版社2011年版，第181页。
③ 参见马洪林著：《康有为评传》，原载［法］柏格森：《创造进化论》，1928年纽约英文版，第261页。
④ 康有为著，楼宇烈整理：《诸天讲》，中华书局1990年版，第169页。

经济、文化、哲学等诸多领域产生了深远的影响。进化论帮助人们用客观的立场看待社会的发展，确立了人们的竞争理念，激励人们去认识和改造世界。

但是达尔文的进化论也有着诸多的缺陷，诸如重量变轻质变，因此无法解释生物进化当中出现的飞跃和突变等问题；还有就是简单地把动植物的发展规律应用到人类社会，而且在发展过程中产生了社会达尔文主义等错误的理论观点，一度成为别有用心的人发动战争和侵略别国的理论根据。但是不管怎样，进化论的诞生无疑对科学、宗教还是文化都产生着深远的影响，而且这种影响还在继续。严复是卓越的达尔文引介者，最终也许是中国最具代表的社会达尔文主义者。康有为既是近代中国首位关于进步的先知，又是中国首位出色的达尔文主义者。①

我国学界几乎异口同声地把康有为的进化论思想称为"庸俗进化论"。② 柏格森批判机械进化论根本不适用于生命有机体，它不是单纯的量的积累，"进化是一种不停顿的崭新创造。"③ 康有为初步接触柏格森的创造进化论，就想利用它来认识历史和改造社会，来重新阐释"公羊三世"说，可以说康有为是我们中华民族极富创造力和想象力的思想家。他把"据乱世""升平世"和"太平世"进行了创造性的发挥：人类社会是以一种有序的过渡，通过不断的进化，每一阶段都发生着质变进而演变成一种更高级的社会形态。

（三）西方进化论与传统儒家经典的融合

康有为的进化思想是清末民初特定时期所涵具"时代性"的重要标志，不仅是康有为思想深度与广度的集中体现，更体现并演绎着时代与传统的双重变奏。以中国传统儒家思想契合西方的进化逻辑，成为康有为思想发展路径中历经激进的维新变法之后必然的理性思想的沉淀，当然也是其儒家传统思想遭受西学冲击时所形成自觉的清醒认识。西方进化思想在近代中国的广泛传播和接受，可以窥见传统儒家思想中所蕴含的"物竞天择""适者生存"的进化论因子，同时也昭示着中西方文明由对抗、对话到融合的可能性，而这种可能性成为传统思想向近代转

---

① ［美］浦嘉珉著，钱永强译：《中国与达尔文》，江苏人民出版社2008年版，第7页。
② 任继愈主编：《中国哲学史》（第四册），人民出版社1979年版，第232页。
③ ［法］柏格森著，肖聿译：《创造进化论》，华夏出版社2003年版，第103页。

化的关键所在,康有为利用西方进化论思想对儒家经典文本的解读具有重要的时代价值。

因此,康有为利用西方进化论理论诠释儒家经典的努力具有重要意义,在东传科学背景下,一批先进的中国人为挽救民族危亡向西方探求自然科学和社会科学知识时所做出的最有价值的选择。康有为是中国近代的历史进化论的开创者,他的理论是立足于近代自然进化论的基础上发展而来的。对于当时而言,这是一种进步的历史观。当然康有为的进化论思想具有中西糅合的迹象,其理论固有的缺陷在于坚持线性进化、机械的因果观和社会达尔文主义的倾向,因此不能完全正确地阐明社会发展的方向。但是,它却是一定时期中华民族救亡图存的工具,具有进步意义。

康有为进化论思想的理论基础主要源于中国古代的"变易"思想和西方的进化论思想。康有为对《易》非常重视,认为它与《春秋》都是孔子所著"六经"中最重要的两部著作。[①] 康氏进化论理论是康有为维新变法理论的基础,是对今文经学核心思想"公羊三世"说的发挥与升华,进而改变了中国人传统的思维模式。康有为援西方进化论思想对传统儒家经典进行诠释,为儒学的发展开辟了一条可能的通道,"无疑给当时中国的思想界带来了巨大的活力,对近代中国历史的发展,发生了积极的影响。康有为以变易史观为底色,把近代西方进化论引进中国,改造中国的传统哲学,揭开了中国近代进化思潮发展的序幕。"[②] 它以社会的不断进步为导向,由西方传播进来的进化论取代传统的天道观和体用论,为传统的社会结构和社会心理的变革提供了价值根据,促使中国传统的儒学发生裂变并强化了国人的民族认同感,是中国人向西方学习的一种有益尝试,成为清末民初中华民族奋起救亡图存的思想武器。

[①] 房德邻:《儒学的危机与嬗变——康有为与近代儒学》,文津出版社民国81年版,第84页。

[②] 宋志华:《从康有为看中国近代历史观的转向》,《广东社会科学》2011年第1期。

第二节　康有为经典诠释研究与"元气"论思想的发展

西方"星云假说"对康有为"以元统天"论的形成产生了深远的影响。在中国哲学传统中,"天"与"地"相当于西方哲学中"宇宙"和"自然"的概念。所谓"天地之理"便相当于西方所谓"宇宙""自然界"的本质规律。而"以元统天"论的元气说是对中国古代元气论、无限宇宙论以及康德"星云假说"的继承与发展。在西方自然科学影响下的康有为元气论思想又是其论述人性理论、价值观念以及政治思想的哲学支撑和重要基础。而在康有为儒家经典诠释过程中其"以元统天"论思想居于突出重要的地位。

一　康有为"以元统天"说的由来

康有为"以元统天"论思想的实质就是《易》经所谓的"乾元统天"论思想,只是康有为所改铸过的"以元统天"论思想融合了西方星云假说的色彩。康有为学贯中西,对西方自然科学及其社会科学知识做了较为深入的阐发,并且把西方"星云假说"理论建构在其元气论思想体系之中,进而把西学改铸下的"以元统天"论思想作为其元气说的理论基础与哲学支撑。在《礼运注》中康有为指出:

> 太一者,太极也,即元也。无形以起,有形以分,造起天地,天地之始,《易》所谓"乾元统天"者也。天地、阴阳、四时、鬼神,皆元之分转变化,万物资始也。其元气之降于人,为性灵明德者曰命,天命之谓性也。此天之分与人者,实分官职于天,当尊其德性,以修其道教也。人之本乃在天元,故礼之本亦出于太一。其本原之深远微妙,非孔子孰能知而制之?夫人非人能为,天所生也。天为生之本,故万物谐出于天,皆直隶于天,与人同气一体。报本反始,故大礼必祀天,制作必法天,生杀必称天,仪体必象天,盖不忘本也。其礼动而有所之,则体国经野,分田授邑,辟土作室,筑城凿池,道路沟洫,皆地利也。其礼之分列灿陈,陈官列职,所谓事也。夏葛冬裘,随时而异尚。征诛揖让,因时而异功。

礼以时为大，孔子为时中之圣，尤在变通，尽利以宜民也。分则各有权限，君臣男女百职，皆协其权限之宜。艺则各有才能，水、火、兵、农、工、商，皆协才能之用。①

在这里康有为系统地把"乾""元""天"等形而上的概念以及由此而生成的形而下的"水""火""兵""农""工""商"进行融合，并进行了出色的发挥。学界关于康有为"元""气"问题的研究较为充分。李泽厚先生认为康有为在自然观上，基本上继承了中国古代气一元论的哲学传统②，蒋国保教授等专家共同编著的《晚清哲学》一书中对康有为"元者，气也"的观点给予充分的肯定③，而张立文教授站在康有为仁心元一体论的角度予以阐发："从物理世界的自然性、宇宙世界的运动性、社会世界的进化性阐明以元统天的体用意义与仁的主导价值"④。康有为"元气"论是对中国古代元气论、无限宇宙论以及康德"星云假说"的继承与发展，并作为其论述人性理论、价值观念与政治思想的哲学基础。

二 康有为对古代元气论的继承与发展

在西方"星云假说"影响下的康有为的元气论思想是对中国古代元气说的继承与发展。东汉哲学家王充提出了"元气自然"学说，肯定了天和地都是由物质性的"元气"构成的，自然界万事万物的生灭变化都由"元气"的聚散来决定，这是古代哲学家对自然界生命现象做出的唯物主义解释。到了唐代，著名文学家、哲学家柳宗元继承了王充"元气自然"的观点，认为"天地"和"阴阳"都统一于"元气"的聚合，把"阴""阳"二气看作元气内部相反相成的两个方面，而"阴""阳"二气的交错对立再经过不断运动便形成了千变万化的物质世界。到了宋代，"气"学代表人物张载把"气"的概念抽象为"太虚"，提出"太虚即气"的命题，并且将"气"视为一种运动的物质。清初的王船山继承和发展了张载的元气本体论，认为宇宙间没有脱离

---

① 康有为著，姜义华等编校：《礼运注》，《康有为全集》（第5集），中国人民大学出版社2007年版，第565页。
② 李泽厚：《中国思想史论》（中），安徽文艺出版社1999年版，第251页。
③ 蒋国保等著：《晚清哲学》，安徽人民出版社2002年版，第253页。
④ 张立文：《康有为仁心元一体论》，《齐鲁学刊》2014年第1期，第6页。

"元气"的所谓真空的存在,为其"理在气中"的哲学思辨奠定了基石。到了康有为这里,他又做了系统的阐发,从而形成了中西合璧、独具特色的"以元统天"论思想。

中国古代哲学家对于"元气"的解释,为近代中国哲学的重构提供了本土化的依据和理论支撑。但是古代哲学对于"元气"的解释还是停留在一个十分朦胧且相对感性的阶段,仍然具有猜测或者空想的性质,造成这种后果的原因在于他们缺乏必要的近代自然科学的理论支撑。康有为对于近代自然科学知识无所不窥,这种"援西入儒"的努力极大地拓宽了康有为的知识视野。关于"元气"问题,康有为在《康子内外篇》中有过详细的界定,"于无极无无极之始,有湿热之气,郁蒸而为天。诸天皆得此湿热之气,辗转而相生焉。近天得湿热之气,乃生诸日,日得湿热之气,乃生诸地,地得湿热之气,蒸郁而草木生焉,而禽兽生焉,已而人类生焉。"① 康有为认为"元"是一种物质性的"气",即为"元气",是天体运行的动力,是产生万物的本原。

康有为认为"元气"的运动是万事万物变化发展的根本动因。他举例说:"譬如梨果之本于一核,萌芽未启;如群鸡之本于一卵,元黄已具。而果核与鸡卵之本,就是缔造世界万物的'元气'"②。因此,他并不赞成把"元"比喻为精神的范畴,更不赞成"人元在天前"的说法。他认为,老子的"道"、婆罗门的"大梵天王"和耶稣教里的"耶和华"都是精神的象征。康有为继承了中国古代哲学中《易》的辩证法思想,肯定天地间阴阳对立的统一关系,自然界的万事万物处在不断运动、变化的动态过程之中。于是,康有为得出结论:"天地之理,阴阳而已。其发于气,阳为湿热,阴为干冷。湿热则生发,干冷则枯槁,二者循环相乘,无有终极也。"③

宋志明先生指出:"康有为的元学是接着中国古代哲学的元气论讲的,但不是照着讲的,因为他讲出了新意,实现了本体论的转型。……他的理论特色在于凸显一个'元'字,而不是'气'字,称他为'元

---

① 康有为著,姜义华等编校:《康子内外篇》,《康有为全集》(第1集),中国人民大学出版社2007年版,第105页。
② 马洪林:《康有为评传》,南京大学出版社2011年版,第192页。
③ 康有为:《康子内外篇》,《康有为全集》(第1集),中国人民大学出版社2007年版,第105页。

学本体论者',符合他的思想实际"①。因此,康有为"元"的概念上升到哲学的本体论高度,并力图将其放置在万物生成的本原、本体以及价值的形而上的基础上。最难能可贵的地方在于:康有为元气论思想吸收了西方的近代天文学、地质古生物学等自然科学中物质演化思想并做了极有价值的阐发。康有为认为,湿热之气孕育了太阳、大地以及天地间人类、草木、禽兽等生物;湿热之气就是"元气",即为万物的本原。李泽厚先生指出:"在自然观上,康有为基本上是继承了中国古代气一元论的哲学传统"②。

三 康有为对无限宇宙论的拓展

鉴于清末民初康有为所处的特殊时代背景,加之没有系统的自然科学体系,他对宇宙起源问题的论说尚显粗疏,但这却是中国自古以来天地观的第一次根本性变化。康有为是推动中国传统宇宙观向西方科学宇宙观过渡的肇始性人物,对于拓宽中国传统宇宙观的视野具有不可磨灭的贡献。我国先民在上古之时对天象进行认识和探索并进行相关的思辨活动,力求协调人与自然,使之达到和谐统一。中国古代哲学的宇宙观有其固有的局限性,其理论来源主要是基于盖天说、浑天说等古老学说基础上进行的思辨活动,由于缺乏近代天文学方面的科学知识,错误地把天地视为相互对立的两部分,并且认为天地永恒不灭。

"盖天说"理论认为浩渺无垠的宇宙就像是大如圆盘的盖子一样,横亘在如同一盘棋局的大地之上。"我国最早的宇宙论盖天说至迟在新石器时代就已出现,并逐渐发展为一种最有影响的宇宙学说。盖天说的基本描述是天圆地方,其对宇宙的地方形貌是天圆如张盖,地位如棋局,覆盖居住的大地被看作一个被天空覆盖的平面,天空像一顶斗笠笼盖在地上,日月星辰附着在下天空中"③。因此,我们的先人只看到天地的表象,受制于"天尊地卑"的影响,他们只看到天上日月星辰的变化以及世间沧海桑田的变迁,基于万事万物变化的理解仍然没有脱离生灭、聚散、重复为特征的循环论的模式。但是不管是"浑天说"还是"盖天说",他们都无法走出"天不变,道亦不变"的窠臼。

---

① 宋志明:《中国近现代哲学四论》,中国社会科学出版社2012年版,第67页。
② 李泽厚:《中国思想史论》(中),安徽文艺出版社1999年版,第251页。
③ 李虹:《死与重生:汉代墓葬信仰研究》,博士学位论文,山东大学,2011年。

明末清初意大利传教士利玛窦是西学东渐的关键人物，康有为有选择性地对西方科学进行传播，把欧洲的天文、历法传入中国的同时却忽略了最重要的哥白尼"日心说"，这其实是有意而为之，是基于传播上帝的"福音"考量，利玛窦显然有避重就轻之嫌。因此，康有为指出：

> 崇祯时，徐光启以改定中国之历，中国自古测天术遂革，然尚未知哥白尼地绕日说、奈端吸拒力说。在欧人天学，以今比之，犹是大辂椎轮也。①

哥白尼在1543年提出的"日心说"以及牛顿在1687年提出的"万有引力学说"都在近代天文学史上占有重要地位，具有划时代的意义。而中国人知道哥白尼"日心说"的时候已经是乾隆年间的事情，中国人对于天体的认识远远落后于同时代的欧洲。正基于此，康有为特别强调哥白尼、牛顿对人类认识自然的伟大贡献。他说："发明地绕日为哥白尼，发明吸拒力为奈端，功最大，宜祝享。"② 他认为破除人们自古以来根深蒂固的宇宙观很难，但是随着现代化科学仪器的出现，依靠精密的天文望远镜并辅之以科学的天文学观测手段，哥白尼日心说的真理终将会被中国人认识并接受。

康有为不仅宣传日心说关于各大行星围绕太阳运转的思想，而且还把1781年新发现的天王星和1846年发现的海王星一并补充进去，"此星即日之黑子离日而成游星者"③，康有为积极吸收西方最前沿的天文学研究成果并对地心说展开了批评："不知地之至小，天之大而无穷也，故谬谬然以地配天也，又谬谬然以日与星皆绕吾地也。开口即曰天地，其谬惑甚矣"④。

众所周知，托勒密的"地心说"曾是欧洲神学的魔杖，长期统治

---

① 康有为著，姜义华等编校：《诸天讲》，《康有为全集》（第12集），中国人民大学出版社2007年版，第18页。
② 康有为著，姜义华等编校：《诸天讲》，《康有为全集》（第12集），中国人民大学出版社2007年版，第19页。
③ 康有为著，姜义华等编校：《诸天讲》，《康有为全集》（第12集），中国人民大学出版社2007年版，第19页。
④ 康有为著，姜义华等编校：《诸天讲》，《康有为全集》（第12集），中国人民大学出版社2007年版，第19页。

着欧洲思想界，康有为对此展开了无情的鞭挞："中世纪千年皆从托尔美说，在今日视之多可笑也。"① 康有为基于对西方自然科学知识的研究，把中国朴素的天文学说向前推进了一大步。"夫星必在天上者也，吾人真天上人也。人不知天，故不自知为天人。故人人皆当知天，然后能为天人，人人皆当知地为天上一星，然后知吾为天上人。"②

康有为的这段话代表了三个层次：第一，他从现代天体学的角度得出"天中亦有地"的结论，天与地是不可割裂的统一体，二者的统一构成了浩瀚无垠的宇宙。第二，他从中国传统思想"天人合一"的角度出发，认为在地球村的人与天外之人都是一样的"天上人"，人类社会与自然界是对立统一的并构成统一的物质世界。第三，他站在人类认识自然、征服自然的立场，认为人应该积极探索世界的奥秘并按照自然规律适应自然、保护自然并改造自然。在中国哲学史上，康有为运用西方最为前沿的天文知识，并在传统天文学和外来更现代、更科学的天文学研究成果中寻求最佳的契合点。康有为第一次把天、人、自然和社会四者联结为统一的物质世界，这也是康有为对中国古代"天人合一""民胞物与"等传统思想皈依于人与自然和谐相处观念的继承和发展。西方宗教神学家一向宣称天是有限的，而康有为对于宇宙做出了大胆的判断："吾日亦在银河界中，故名曰银河天也。或言有星三十万万"③。康有为晚年在《诸天讲》中也用大量篇幅宣讲其所谓"有星三十万万"的宇宙无限论的观点，认为苍茫宇宙中有无数个像太阳一样的恒星组成的银河系，而光热无穷的太阳只是浩瀚银河系中一颗普通的恒星而已。

1754 年，康德也曾提及潮汐能摩擦致使地球自转变慢的假说，这种假说不同于形而上学的自然观，因而渗透了天体运行、发展变化的观点。康德的"星云假说"否定了牛顿关于"神的第一次推动"④。康有为借助科学的天文学知识论述宇宙的无限性，与康德天体理论有异曲同

---

① 康有为著，姜义华等编校：《诸天讲》，《康有为全集》（第 12 集），中国人民大学出版社 2007 年版，第 92 页。
② 康有为著，姜义华等编校：《诸天讲》，《康有为全集》（第 12 集），中国人民大学出版社 2007 年版，第 11 页。
③ 康有为著，姜义华等编校：《诸天讲》，《康有为全集》（第 12 集），中国人民大学出版社 2007 年版，第 55 页。
④ 张红卫：《从牛顿、康德到爱因斯坦——谈近代自然观的发展》，《河南教育学院学报》（自然科学版）2002 年第 4 期。

工之妙。1775年，康德出版的《自然通史和天体论》提出了关于太阳系起源的"星云假说"，他在书中猛烈批评牛顿所谓的宇宙不变论并直陈自己的观点：宇宙是一个无限的过程，宇宙的空间也是无限的。当然在今天看来，康德的天体理论吸收了笛卡儿和牛顿的科学成果，用辩证的宇宙发展论取代形而上学的机械论，打破了宇宙不变论。康有为在《诸天讲》里把宇宙描绘成一个无限发展往复的物质世界，从而形成了其独特的、辩证的自然观。另外，康有为在1890年教授学生时也曾提及"人从猿猴变化而来"之说，大谈进化论理论，对西方现代化科学理论宠爱有加。[1]

康有为认为人与天同本于"元气"，精神的象征都是虚幻的，不如"以元统天"来的精当。"天者，统摄之谓，非苍苍之谓。"又说："凡天地自然之理，皆不能磨灭。"[2] 因此，康有为的"元"不同于"道""大梵天王""耶和华"等概念，也不是宗教信仰的天条，而是对物质世界的一种中国式的表述，已经进入无限宇宙论的境界。

四 康有为对康德"星云假说"的继承和发展

康有为将康德—拉普拉斯的"星云假说"与中国的"元气说"相结合，把天地解释为星云宇宙的生灭演化，就有力回击了中国古代根深蒂固的"天不变，道亦不变"形而上学的观点。康有为元气说的哲学基石是"元"的概念。他心目中的"元"的概念基本上等同于理学中的"太极"的概念。这一观点的理论来源是儒家经典中的《易经》和董仲舒的《春秋繁露》一书，康有为在他的《诸天讲》中也一再提及这两部书。譬如，康有为研究董氏之书时有一处就提到，"元乃万象之本"[3]。唯一的缺憾在于康有为未能对"气"做出明确的界定，在论证过程中康有为又陷入了两难的境地：康有为以"元"为"气"，基本上接近于理学之说；但有时干脆认为"气"指的就是物质主义。

在中国哲学史上，中国古代哲学家对"元""气"的解释仅限于直

---

[1] ［美］萧公权著，汪荣祖译：《近代中国与新世界——康有为变法与大同思想研究》，凤凰出版传媒集团2007年版，第5—6页。

[2] 康有为著，姜义华等编校：《万木草堂口说》，《康有为全集》（第2集），中国人民大学出版社2007年版，第137页。

[3] ［美］萧公权著，汪荣祖译：《近代中国与新世界——康有为变法与大同思想研究》，凤凰出版传媒集团2007年版，第109页。

觉和体验的层面。康有为通过对西方自然科学与西方哲学典籍的研读，丰富了对于西方宇宙学理论的理解进而形成自己独特的"元气说"。尤其是接受了德国康德（1724—1804）和法国拉普拉斯（1749—1827）的"星云假说"之后，对"元""气"进行了新的界定。康有为指出："德国之韩图（康德）、法之立拉士（拉普拉斯）发星云之说，谓各天体创成以前是朦胧之瓦斯体，浮游于宇宙之间，其分子互相引集，是谓星云，实则瓦斯之一大块也"①。在这里，康有为把"元""气"看成是一种物质性的"星云"。基于此，康有为在《诸天讲》中对"星云假说"的阐发才形成了自己独到的见解。

康有为借康德"星云假说"来说明天体形成前宇宙之间已经充满一种朦胧的瓦斯体——即星云气体。康有为的元气说在一定程度上促进了中国从依赖直觉体验的哲学观向西方科学逻辑理性观的发展。在康有为的解释下，康德的"星云假说"被作为其论证近代中国哲学应该开显逻辑理性的依据，他以西方自然科学为武器在中国哲学思想层面奠定了清末民初社会变革的理论基础。康有为认为地球起源于瓦斯体，他说："吾地之生也，自日分形气而来也……故凡诸星之成，始属瓦斯块，地球之始亦然"②。康有为想要表达的是地球与太阳系八大行星一样都起源于星云气体，"诸星"在旋转过程中由于排斥力的作用而被迫分离出去，进而冷凝成地球、金、木、水、火、土等其他"诸星"，因而形成完整的太阳系。康有为把太阳和地球解释为星云聚散的产物，在本质上显然是承认了宇宙变动的无限性，带有自然辩证法的因素。

康有为可以看作是达尔文生物进化论的忠实信徒，他在《诸天讲》里说："人之遗骸，亦自水成石之地层始见之，不知经几百万年也。盖自大木为煤，大鸟兽之后，几经进化，而后见之，其与狐猴之骨别异，已在三十万年矣"③。他用粗浅的进化论知识试图证明人类是由鸟、兽、猿猴进化而来并用地球生成理论、达尔文的进化论理论和已有的考古资

---

① 康有为著，姜义华等编校：《诸天讲》，《康有为全集》（第12集），中国人民大学出版社2007年版，第20页。
② 康有为著，姜义华等编校：《诸天讲》，《康有为全集》（第12集），中国人民大学出版社2007年版，第20页。
③ 康有为著，姜义华等编校：《诸天讲》，《康有为全集》（第12集），中国人民大学出版社2007年版，第23页。

料研究成果为其理论寻求佐证。康有为认为，万事万物的演变都是从低级到高级不断发展的过程，历经几百万年的进化发展，最终演化成人类。在这里，康有为突破了所谓物质运动是重复循环的传统观念，把近代自然科学关于物质演化的学说与社会进化思想有机结合起来。

康有为把"气"看成是天地、万物和人类的共同起源，可以看出他对地球上生物起源问题认识有自己独到的见解。"物我一体，无彼此之界；天人同气，无内外之分。"① 他指出，人处在自然界的万物之中，只是自然界的一分子，所以，天地万物皆同出于"气"。他解释说，星云旋转产生太阳，太阳发出光和热引发风雨雷电，哺育万物生长。"吾地上风云雨雪雷电之变化，蒸汽水源之腾发，石炭之火力，植物之茂育，动物之生活，何自来哉？皆非地所能为，由受日之热力为之也。"②

地球上风雨雷电、潮起潮落皆源于太阳的引力，地球的旋转和地球上万物都源自太阳的光和热。康有为试图证明这样一个观点：太阳是"植物之茂育，动物之生活"的源泉，如果没有太阳就没有地球上的一切，人类的生存问题就无以为继。西方的哲学狂人尼采就自诩过自己是太阳，光热无穷，只是给予和奉献，而康有为也极力赞美太阳，"假无日乎，吾人何以为生？故日之功德大矣哉"③！阳光雨露、水和空气共同哺育了天地万物，而这一切均源自太阳，而太阳的形成又源自星云气体。天与人共同处在一个物质世界，从而打破了宗教家所谓天堂和人间神秘而玄远的隔绝。因此，康有为构建的元气说是对当时西方流行的"星云假说"的继承和发展。

五　康有为"元气"论的理论基础

康有为元气论思想成为其儒家经典诠释的哲学基础，很多儒家经典的诠释无不依循着这一哲学的方法论原则。"理在气先"是宋明理学代表人物朱熹提出的观点。康有为通过对中国古代气本论的继承和发展，加之对康德"星云假说"的运用更有力地回应了程朱理学"理在气先"的

---

① 康有为著，姜义华等编校：《中庸注》，《康有为全集》（第5集），中国人民大学出版社2007年版，第384页。

② 康有为著，姜义华等编校：《诸天讲》，《康有为全集》（第12集），中国人民大学出版社2007年版，第40页。

③ 康有为著，姜义华等编校：《诸天讲》，《康有为全集》（第12集），中国人民大学出版社2007年版，第40页。

命题，也是对程朱理学的反动。朱熹对"理"的界定是在理论的逻辑次序上强调"理""气"关系，在这里的"理"蕴含着更为超越的价值追求："气"是依傍"理"运行的，而"理"却不依傍着"气"而存在。①

依循朱熹的逻辑，事物在尚未存在之前，事物之"理"就已经存在且凭借着"理"决定着事物的发展方向，相反，"物"与"气"却必然依"理"而存在，因为具体的每一事物都是以特殊的"气"表现出来。因此，朱熹一方面说"气以成形，而理亦赋焉"②，另一方面又说，"有此理后，方有此气"③。可见在朱熹那里，在产生天地万物之前，已经有了天地万物之"理"，"理"先于事物而独立存在，天地万物的生成都是"理"作用的结果。所以"理"是天地万物生灭的绝对精神。

所以，康有为在批评程朱理学"好为高论之说"时指出，"理"是人之所立的根本，并不是先天存在的。"有人形而后有智，有智而后有理。理者，人之所立。"④ 康有为根据已有的西方自然科学知识对理气关系做了明确的界定，抛弃了朱熹"理在气先"的结论。他指出："天地之理，阴阳而已。其发于气，阳为湿热，阴为干冷。湿热则生发，干冷则枯槁，二者循环相乘，无有终极也。无以名之，名之阴阳也。于无极、无无极之始，有湿热之气郁蒸而为天。诸天皆得此湿热之气，辗转而相生焉。近天得湿热之气，乃生诸日，日得湿热之气，乃生诸地，地得湿热之气，蒸郁而草木生焉，而禽兽生焉，已而人类生焉"⑤。康有为科学地说明了理气、阴阳、湿热之间相辅相成的关系以及人类与生物的发展过程。

康有为又较为客观地阐述了气、人、智、理的发展过程："物质有相生之性，在于人则曰仁；充其力所能至，有限制矣，在于人则曰义。人道争，则不能相处，于是有礼；欺，则不能相行，于是有信。形为仁之后，有礼与信矣。而所以有此四者，皆由于智。人之有大脑、小脑也，脑气筋之有灵也，盖不知其然也。……合万亿人之脑，而智日生；

---

① 复旦大学哲学系中国哲学教研室：《中国古代哲学史》，上海古籍出版社2006年版，第554页。
② 朱熹：《四书章句集注》，中华书局1983年版，第17页。
③ 朱熹：《答杨志仁，朱熹集》，四川教育出版社1996年版，第2958页。
④ 康有为著，姜义华等编校：《康子内外篇》，《康有为全集》（第1集），中国人民大学出版社2007年版，第110页。
⑤ 康有为著，姜义华等编校：《康子内外篇》，《康有为全集》（第1集），中国人民大学出版社2007年版，第105页。

合亿万世之人之脑,而智益生;于是理出焉"①。康有为旨在表明,天地之气哺育着人类的大脑神经,人们通过学习、使用大脑才能产生智慧,人类的智慧源自亿万民众个体有差异的脑力劳动。随着人类的智慧日臻成熟,事物发展规律的"理"将得到升华并形成一种系统的理论体系。康有为又分析了朱熹走进"理在气先"思想误区的原因。康有为指出,朱熹主张"理在气先"是在为"灭人欲,存天理""尊君卑臣,重男轻女"等理学信条提供理论支撑。他指责这种观念造成了臣子跪拜在君主膝下,慑于君主的绝对权威,不敢表明自己观点的局面,并谴责这种理论是造成男人可以妻妾成群,妇女则必须安心守家并恪守"妇道"等诸多现象的根源,并认为这种封建义理扼杀了人的本性。君臣不平等、男女不平等严重压抑了人类正当的欲望。"存天理,灭人欲"的思想和佛教禁欲主义相表里,从根本上违背了人性和人道。康有为在《论语注》中指出:"孔子虽重教化,而以富民为先。管子所谓治国之道,必先富民。此与宋儒徒陈高义,但言饿死事小,失节事大者,亦异矣"②。因此,康有为得出结论:孔子之道更接近于人类本真的生活。孔子虽然重视教化,但是以富国裕民为宗,以满足人的物质欲望为前提,讲究的是富民治国之道。

在康有为看来,天地、生物和人类都离不开太阳的无穷光热和无量功德,而太阳又是星云气体聚合的结晶,因此他概括为"以元统天",亦即肯定"星云"为万物生成的本原。元气不仅造就天体,而且生成万物,生化人类。康有为有云:"天本元气而成,人得元气而生"③。康有为把天上世界和人间世界都看作是一个物质世界的整体。康有为的这种哲学思辨显然具有思想的独创性,其特点就是通过对西方自然科学的吸纳和对西方哲学体系的改造,使自然科学与社会改革融为一体,把中国哲学推上一个新的高度。

由于近代西方自然科学的发展,人们获得了更多的认识世界改造世界的工具,康有为不仅阅读大量有关西方天文、地理等自然科学书籍,

---

① 康有为著,姜义华等编校:《康子内外篇》,《康有为全集》(第1集),中国人民大学出版社2007年版,第111页。
② 康有为著:《论语注》,中华书局1984年版,第194页。
③ 康有为著,姜义华等编校:《万木草堂口说》,《康有为全集》(第2集),中国人民大学出版社2007年版,第205页。

而且购买望远镜、显微镜等先进的现代化观测工具，既方便对大自然进行直接观察，又从中获得了更多的新知，对许多陈旧观念予以纠偏。朱熹指出："未有天地之先，毕竟也只是理，有此理便有此天地，若无此理，便亦无天地。……有理便有气，流行发育万物"。可以说，康有为已有的自然科学知识高于18世纪西欧法国机械唯物主义而又未能达到19世纪成熟阶段西方哲学的理论思维水平，它既具有世界哲学发展规律的一般特点，又具有我国本土民族哲学形成的个性，标志着中国古典哲学的终结。① 这是康有为对哲学思辨的创新和发展。康有为坚信人是来自宇宙中的生物，根据康德的"星云假说"得出了这样一个结论：星云到太阳，太阳到地球，地球到生物，进而推演到全人类，所有这些都有其内在的发展规律和必然联系。

李泽厚先生指出，康有为对于"元"概念的使用主要受董仲舒哲学的影响，进而用"元"来表示世界或者是自然界的"本质""根本"或者"属性"。因此，康有为在很多地方都指出天地万物都源自"元"的概念。康有为继承了《公羊传注》"元者，气也"的观点，蒋国保教授在《晚清哲学》一书中对何休、康有为"元者，气也"的观点给予了充分肯定②。文中对康有为的元气说做了进一步的阐述："康有为强调'天本元气而成，人得元气而生'，天与人皆生成于'元气'，也就是'万物之生皆本于元气'的意思，重在强调世界以'元气'为本体。"③ 康有为将中国古代的"元气说"和西方"星云假说"相结合，用尚不成熟的西方自然科学的世界观向宋明理学的"理在气先"发起挑战，康有为推导出"气在理先"是对朱熹"理在气先"的最有力驳斥。

康有为将"元"视为自己思想中的本体论依据，非常明确地界定了"元""气"的概念。他在《万木草堂口说》中就曾提到的"元者，气也"的说法，在《春秋董氏学》又提出以"气"作为万物之本的立场。可以说，康有为始终坚持以"元""气"的万物之本为旨归。在《礼运注》中提出："《易》所谓'乾元统天'者也。天地阴阳，四时鬼神，皆

---

① 吴熙钊：《论近代中国资产阶级哲学的变革》，《中山大学学报》1983年第3期。
② 蒋国保等著：《晚清哲学》，安徽人民出版社2002年版，第253页。
③ 蒋国保等著：《晚清哲学》，安徽人民出版社2002年版，第254页。

元之分转变化，万物资始也"①。康有为又云："万物一体，天下一家，太平之世，远近大小若一"②。因此，康有为认为，"元""气"从无形中生发，继而流转变化创生天地，最后才有阴阳之气和四时鬼神之变化。"元""气"构成的天地万物是一切有生命与无生命的众生、万物共同的生之本体，又是宇宙万物的本根。因此，康有为认为"元""气"是天地万物为一体的本体论根据。

康有为元气论为其"以元统天"论提供了至关重要的理论依据，康有为宇宙论与本体论上的一体性为其人格诉求提供了哲学上的支撑。康有为所提倡的"远近大小若一"的太平、大同社会人格诉求以及康有为推崇的儒家"博爱之为仁"理想人格均构成了康有为一以贯之的内圣、外王之学，他的元气论则从本体论的维度又对其理想人格和社会人格给予哲学上的支撑。

"孔子之道，推本于元，显于仁智，而后发育万物，峻极于天，四通六辟，相反相成，无所不在，所谓一以贯之。"③ 孔子之道既"推本于元"，又"发育万物"。在康有为那里，孔子所谓天地万物为一个具体而富足的整体是"推本于元"的结果。要理解万物，就要广泛学习不同种类、不同方面知识且穷究其变化，从整体上把握而不是以割裂具体事物的方式去获得。因此，孔子的大道首先确立了天地万物一统的"元"，揭示"元"的存在，然后是"元"统一下万物生长的过程。因此，康有为的元气说是对中国古代元气论、无限宇宙论以及康德"星云假说"的继承和发展，最终形成了其独具特色的元气论的理论构架。康有为明确否定朱熹的"理在气先"的理本论思想，"星云假说"影响下的康有为的元气论思想又是其论述人性理论、价值观念、政治思想以及对儒家经典诠释的重要基础与哲学支撑。

---

① 康有为著，姜义华等编校：《礼运注》，《康有为全集》（第5集），中国人民大学出版社2007年版，第565页。
② 康有为著：《论语注》，中华书局1984年版，第448页。
③ 康有为著：《论语注》，中华书局1984年版，第501页。

第三节　康有为经典诠释对西方科学理性思想的应用

康有为从认识事物的相对性出发，进而认识到宇宙时空存在的无限性。他求得"以元为体，以阴阳为用"之道，把握元气是宇宙的本体，阴阳对立的统一发展是万物生灭聚散的根源所在。康有为还以"三统""三世"为自己创立的科学实证的研究方法进行论证。最具代表性的是康有为利用"三统"说对先秦诸子的学说进行评判，以"三世"说对他的大同理想进行构建。他按照几何学原理以及西方的"自然法则"①来构想人类未来，探求人类社会的发展规律。而《实理公法全书》是康有为依照自己新的世界观和方法论撰写的一部哲学理论著作。②

一　康有为对西方实证方法的应用

对于西方之自然科学知识康有为表达了自己最由衷的敬佩之情，特别是对于西方自然科学仪器的发展，他在《康南海自编年谱》里赞叹道："因显微镜之万数千倍者，视虱如轮，见蚁如象，而悟大小齐同之理。"③ 对于西方"电机光学"的发展问题，康有为同样也洋溢着心悦诚服的赞美："因电机光线一秒数十万里，而悟久速齐同之理"④。这里康有为认为显微镜能"悟大小齐同之理"和电机光学的"悟久速齐同之理"都表明了康有为对西方自然科学的崇拜。

在《实理公法全书》中康有为强调研究理论应用"实测"的方法，而不是"理涉渺茫，无从实测者"，他在书中持有的基本观点是"实测

---

① 1776年美国《独立宣言》开篇就有"按照自然法则和上帝的意旨在世界列强中取得独立和平等的地位"，因此，康有为也利用自然法则、人类公理以及几何学原理对大同学说和先秦诸子进行论证。

② 1885年之后，康有为运用西方自然科学知识进行活学活用，以几何公理为工具推演体系，模仿西方实证主义的研究方法著成《实理公法全书》。实证主义哲学在19世纪60年代在欧洲的思想界兴起，学者们纷纷以此来指导学者对社会和历史研究，抵制形而上学的思想，创始人是孔德。孔德认为哲学不应该以抽象推理而应该以"实证的""确实的"事物为根据，其实证方法的具体为观察、实验、比较和历史研究等方法的结合。

③ 梁启超著：《康有为传》，（附录《康南海自编年谱》），团结出版社2004年版，第92页。

④ 梁启超著：《康有为传》，（附录《康南海自编年谱》），团结出版社2004年版，第92页。

之实"即为"格致家所考明之实理"①，康有为指出，"实测"的目的就是反对"虚测"，在万木草堂讲学时他就对中西两种不同研究方法进行了比较："中国人向来穷理俱虚测，今西人实测。"② 他教导学生要吸取西方实证主义"实测"的科学方法，不能重走儒学长期以来形成的"中国人向来穷理俱虚测"的治学之道。康有为指出：

> 有实测之实，格致家所考明之实理是也。有实论之实，如古时某教如何教人，则人之受教者如何？某国如何立法，则人之受治者如何？虽其他所谓实论者尚多，然总不能虚论空论。有虚实之实，如出自几何公理之法，则其理较实；出自人立之法，则其理较虚。又几何公理所出之法，称为必然之实，亦称为永远之实。人立之法，称为两可之实。③

在《实理公法全书》中，康有为用"实理"与"公法"作为武器来否定封建王权的"私理"和"私法"。因此，康有为说："凡天下之大，不外义理、制度两端。义理者何？曰实理，曰公理，曰私理是也。制度者何？曰公法，曰比例之公法、私法是也。"④ 在这里康有为把"实理"和"公法"凌驾于"私理"和"私法"之上，反映了他在思想观念上的更新和进步。康有为的思想和宋代理学家倡导的"理在气先"的先验论观点相悖，他把物质性的气作为万事万物的本原。康有为认为，有气才有理，气在理先，理是客观世界发展的规律性。康有为说："盖既有气质，即有纹理。人有灵魂，知识生焉，于是能将理之所在而发明之，其发明者日增一日，人立之制度亦因而日美一日。"⑤ 康有为《实理公法全书》的发表，是其利用西方先进的实证主义研究方法的一次突破，

---

① 康有为著，姜义华、吴根梁编校：《实理公法全书》，《康有为全集》（第1集），上海古籍出版社1987年版，第278页。
② 吴熙钊：《南海康先生口说》，中山大学出版社1985年版，第278页。
③ 康有为著，姜义华、吴根梁编校：《实理公法全书》，《康有为全集》（第1集），上海古籍出版社1987年版，第277—278页。
④ 康有为著，姜义华、吴根梁编校：《实理公法全书》，《康有为全集》（第1集），上海古籍出版社1987年版，第278页。
⑤ 参见康有为著，姜义华、吴根梁编校：《实理公法全书》，《康有为全集》（第1集），上海古籍出版社1987年版，第286页。

是中国近代启蒙主义思想的先声。与过去今文经学家采取"注释群经"充分发挥"微言大义"的方法不同的是，康有为在著述《新学伪经考》和《孔子改制考》的时候就采取西方的演绎方法，虽然是在整理旧作，但是却在当时沉闷的思想界就像是掀起的一阵"飓风"。

《实理公法全书》中所运用的西方实证主义的方法，是康有为思维方法和理论方法的一次创新和发展。他模拟古希腊数学家欧几里得的"几何公理"，把所要研究的各种实际问题都用三段论来演绎①，虽有牵强附会之嫌，但却是对东传科学的应用和发展。在康有为的三段论的推演中，康有为设立一个按语，是他利用实例对公法和比例做出的评论。这种做法的目的是想让人感觉他对自然问题和社会问题推演的逻辑性强，推论严密。《实理公法全书》有云：

> 凡天下之大，不外义理、制度两端。义理者何？曰公法，曰比例之公法、私法是也。实理明则公法定，间有不能定者，则以有益于人道者为断，然二者均合众人之见定之。②

康有为提倡实证主义的新方法，在《实理公法全书》中得了体现。他在研究天文现象时，自觉地运用自然科学手段，借助先进的器具进行天象观测研究，以验证其天文知识的真伪。康有为发现，通过现代仪器的实测观察，太阳系里只有八个游星，银河系中有二万万个像太阳一样的恒星，因此通过实证研究得出，佛教的"三千世界"是错误的。

不过康有为的一些认识论也是有问题的，诸如"心物分开"，心知应该从体魄中分离出来，相信鬼神的存在；物质的匮乏，可以用精神的方法来弥补；以及过分强调儒家的仁爱思想超越现实主义的博爱等，都是值得商榷的。但总的说来，康有为继承了中国古典哲学的优秀成分，吸取了西方哲学的进步成果，反对宋儒的"理在气先"思想，继承并发扬了王充和王船山的"元气"说，并赋予"元气"以崭新的内容，

---

① 实理、公法和比例：实理，类似于几何定义，这是康氏所认为的不可违背的自然定理，是论证问题的前提；公法，类似于几何公式，这是康有为依据实理演绎出来的各类具体问题所要遵守的社会规范；比例，类似几何证明，这是康有为用来和公法比较关于社会问题的假设。

② 参见康有为著，姜义华、吴根梁编校：《实理公法全书》，《康有为全集》（第1集），上海古籍出版社1987年版，第276页。

而且第一次借"康德—拉普拉斯"星云说等近代自然科学成果为其变法做理论支撑。康有为运用哥白尼"日心说"确立了对立统一的崭新的天地观，而且又模仿着康德的"天体理论"描绘了一个无限发展的物质世界；从康德纯粹理性角度出发，得出西方关于上帝的存在的观点是荒谬的；利用欧几里得的《几何原本》进行推理；模仿实证方法解剖现实社会，发展了中国人的逻辑思维能力。因此，可以说康有为利用东传科学建立起了自己宏大的认识论思维体系。

二　东传科学影响下康有为逻辑方法的运用

在方法论问题上，康有为认为"经典"知识不是知识的全部，而在这个体系之外的知识更具认知的价值。人类需要去认识未知世界，而这种认识不能单单依靠经典的解释或者解释经典，重要的是要依靠人的经验知识和抽象思维能力，人同样可以脱离经典独立走向知识的海洋。要拓宽认识对象，就需要扬弃传统的实用理性，使传统认识得到极大的发展。反过来，人的认识能力的新发展，又使认识对象从一个狭隘的人伦关系转向广阔的未知世界。与此同时，人的认识也就走出了自我，而这些都是中国千百年来从未有过的真正的理性精神。

在康有为看来，归纳演绎得来的方法是形成认识论的重要组成部分。中国传统的古老文化不重视形式逻辑，所谓的方法无非是近似于演绎的解释经典的学术方法。这种方法很难训练人的逻辑思维，而没有逻辑思维作为武器就很难产生近代科学。因此，康有为在《实理公法全书》开篇的"实字解"部分曾进行专门的讨论。他认为科学方法能够让人认识真理。换言之，就是能够使人认识真理的方法都是科学的求知方法。首先是"实测"之法，就是格致家证明实理的方法，相当于现代科学的实验方法。其次是"实论"之法，相当于我们现代科学的归纳法。再次是"虚实"之法，就是公理法，相当于现代的演绎法。接着康有为进行大量大胆的实验，用当时中国人比较陌生的"公理法"和"归纳"的方法来阐述自己的主张。"公理法"是古希腊大哲学家亚里士多德创立的逻辑体系，他的基本思想是想利用三段论，证明所有全数定理。对于实理公法全书的结构布局康有为也有详细的说明。①

这种做法显然是很粗浅的,现在看来甚至有些是荒谬的。但它的意义在于,康有为的这种努力,标志着中国传统解经的方式被打破,掀起了一股思想解放的潮流。我们现在看得十分清楚,康有为"公理法"的直接来源就是欧几里得的《几何原本》。康有为也广泛地应用归纳的科学方法。归纳法是培根建立起来的近代的科学方法,它的推理方法是通过从特殊事物中归纳出一般规律的方法,从一些个案中寻找共性,找出规律性的东西来。康有为指出,"又作《公理书》,依几何为之者。"② 关于归纳法的例证康有为也有很详尽的描述。③ 还有一篇是英籍科学家和哲学家赫歇尔的《谈天》,该书也用到了归纳法。

康有为逻辑学方法的思维模式显然受西学,主要受西方自然科学的影响。而这种影响的例证比比皆是,无须再进一步论证。康有为在1886年前后,就非常敏锐地觉察到方法、方式与近代思想之间的深刻联系,康有为大胆地尝试的努力,在中国近代思想发展中占有特殊的地位。引进西方科学方法精神意味着康有为开始怀疑中国固有的思维传统,这种怀疑主义是对中国千百年来形成的认识模式的一种挑战,无疑在中国大地洒下了理性的光辉。当然,这种怀疑精神也体现在康有为后来对传统思维的重释和发现中。

三 几何推演方法的应用

接触西学使康有为的思想发生了本质的变化。康有为初识西学就意识到,那是本质上有别于中国旧学的更为先进的学问,因此,才有他的"自是大讲西学,尽释故见"④ 之说。那个时期的康有为刚刚结束一场在旧学内部四处碰壁的探索,犹如漫漫长夜中看到了一丝光明,沉迷西

---

① 康有为以公理法编排《实理公法全书》的结构布局为:全书分若干门,每门先引若干条"实理"必然一定前提,然后从实理中推出人们的认识了解或可能的结论作为"公法",最后对公法作进一步解释名曰"比例"。(参见张红涛:《中西科学传统及中国近代科学方法论的形成》,《中共乐山市委党校学报》1999年第3期。)

② 梁启超著:《康有为传》,(附录《康南海自编年谱》),团结出版社2004年版,第101页。

③ 康有为归纳法来源本原可举出的有两条:一是1877年《格致汇编》和1978年《万国公报》上刊登的《格致新法》一文,比较对照详细、准确地介绍了培根归纳法的内容。(参见张红涛:《中西科学传统及中国近代科学方法论的形成》,《中共乐山市委党校学报》1999年第3期。)

④ 梁启超著:《康有为传》,(附录《康南海自编年谱》),团结出版社2004年版,第97页。

学而不能自拔。他不但汲取西学的精神,更渴望模仿西学的表达形式。简洁明了的几何学和完备、缜密的公理系统成了他的第一选择,在这样的背景下康有为著成《实理公法全书》。

《万国公报》刊登过载有培根生平学说的若干资料,他大概是受了培根思想的影响。他需要甩掉传统的包袱,冲破解经说古的烦琐论证方式,从简单的公理出发,经过逻辑推理得出具有普遍性的结论。可以说在当时的社会情况之下,康有为确实开了用这种方式来论说人文社科理论的先河。在《实理公法全书》中,我想康有为还不能,大概也不愿意弄明白:几何与人类公理之间存在着什么样的必然联系?他首开的用几何学论证的人类公理是否符合人们的认识规律?我想这两个问题,他没有做好回答的准备。当然,他写的这部著作如同其他的著作一样,当时都没有公之于众,因此没有引起社会的反响。但是无论如何,这本书在康有为的思想发展轨迹和中国近代思想发展史上都具有极其重要的象征意义。《实理公法全书》的写作是康有为表达自己思想的一次极有价值的尝试,也是他努力寻找表达自己理论主张的最有效的途径。当然,这种方式与他借助传统学术形式表达自己思想的道路并行不悖。

康有为在《自编年谱》中说,他于1885年到1887年曾经以"几何公理"写过一部名曰《人类公理》的书,但是我们从未与此书谋面,应该是他早年作品《实理公法全书》的翻版,因为它的内容也是用几何学原理来推演人类社会的"公理"的。《实理公法全书》是康有为计划编纂的《万身公法书籍》中的一种。不管是从写作风格和思想内容上均不同于康有为在1897年之前的所有的著作。康有为80年代的代表作有《民功篇》《教学通义》《康子内外篇》等,而90年代写的《长兴学记》《新学伪经考》和《孔子改制考》等,无论是吸收佛学还是西学,都没有脱离儒学的传统,写作方法上不外乎是考据和探求义理;在思想内容上,都是孜孜以求地阐发儒学。而《实理公法全书》则完全不同,无论在写作方法上还是思想内容上都属于西学的范畴而不是属于儒学,它的儒学的因素很淡薄,几乎找不到儒学的影子。

美国仿照《几何原本》写成了不朽之作《独立宣言》,可是康有为也仿照《几何原本》的体例著《实理公法全书》。它的每一章都是按着"实理""公法""比例"的三段式的结构并加以按语来行文的。这里的"实理"相当于几何学上的"公理"和"定理",在康有为看来,这些都是被科学家或者人类社会证明了的真理。"公法"是根据"实理"和"几何"公理推导出来的法则，相当于几何学中的"公式"，"比例"也是几何学中的专业用语，而"按语"相当于几何学上的证明，是对公法和比例所做出的最简要的说明和评语。

自19世纪下半叶以来，随着洋务运动的兴起与开展，国内译介了大量的西方科学技术书籍，这在一定程度上改变了中国知识分子轻视技艺之学的传统，在那个时代，研究西方科学已然成了一种时尚，所以这个时候不但涌现了一大批自然科学家，诸如李善兰、华蘅芳和徐寿等，甚至当时的一些传统知识分子也大谈科学，而康有为就是如此。康有为依照"几何公理"来推演"人类"的公理，说明他相信人类社会像自然科学一样存在不以人的意志为转移的客观规律。这种规律性被康有为称为"实理"。

康有为论及的这些方法看起来很科学，实则在具体阐述上为了寻求"实理"，又主观臆想了很多东西，一方面处处标榜其方法是"确实的""正确的"，另一方面却又常常走到它的反面。但我们必须承认，同实证主义者一样，他的"实理"也是科学思潮下的产物，具有反迷信反权威的积极意义。在康有为看来，完全彻底实现"实理""公法"就必须有一个更加美好的社会。

第四节 康有为儒家经典诠释"通经致用"的思想倾向

康有为作为近代学贯中西的今文经学大师，他不仅善于从传统文化养料中寻找思想资源，而且能积极地将西方的自然科学和社会科学知识融为一体，运用西方自然科学知识来改造儒学，创立了自己独特的思想学说——康氏今文经学。在诠释儒家经典的过程中，康有为也把通经致用的思想倾向引入其经典诠释中。康有为的经学思想被打上了深深的时代烙印，既有中国古代经学深厚的底蕴，又有非常鲜明的西方文化色彩，这体现了经学在传统社会走向现代社会的过程中自觉或不自觉的裂变和异化。其今文经学，突破了传统儒学的藩篱，打破了传统思维的禁锢。更难能可贵的是，他构建了"援西入儒"的桥梁，打通了通经致用的通道。康有为继承了龚自珍、魏源的"通经致用"思想——用经学阐释现实政治,用实证科学方法突破了笺注经书的思维模式,开创了一个新的学派。魏源和龚自珍倡导"经世致用",使经学成了针砭时弊的思想资源,在康有为这里得到了最为有效的传承。今文经学在晚清时代已经突破通经解义的学术范畴,构建出一个庞大的能够囊括各种政治理论和知识体系的基本框架。① 因此,康有为顺着前人的道路前行,他的今文经学成为"通经致用"思想的典范。

一 "通经致用"思想的产生背景

清末民初是一个文化巨变的时代,旧有的学问在这一特定时期开始出现困局,而外来的西方科学大量渗入。这一时段的思想家们在古今相接中承受着思想上的巨大冲击,涤荡着他们脆弱的神经。有些学者墨守成规;有些学者专注于西方;更有些学者在古籍与新知中摇摆;当然也有的学者秉持着博古通今,统摄中西的多元多变的学术风格。康有为就是站在传统与现代中诠释经学最为杰出的代表,他开启了今文经学的新纪元。

(一)晚清变局传统经学的困境

鸦片战争以来,传统儒学面临前所未有的挑战。清朝末年,清王朝强敌压境、列强环伺,古老的中国到了存亡绝续的关键时刻,传统儒学却不能解释西方列强的船坚炮利,时代赋予他一个全新的课题。被封建统治者视为亘古不变的"祖宗之法"面临严峻挑战,传统儒学的解释范围捉襟见肘,面对清廷积贫积弱、内外交困的社会危机,如何重建儒家正统,是摆在学人面前亟待解决的问题。"为易于援救,故日日以救世为心,刻刻以救世为事,舍身命而为之。"② 偌大的帝国屡屡遭受外夷入侵,先进知识分子把目光投向了西方先进的科学和文化。"师夷长技以制夷",他们首先向传统发难,坚不可摧的封建堡垒开始出现裂痕。

清末民初,是一个政治空前动荡的年代。早些时候,龚自珍对现行政治进行过无情的鞭挞,"富而无耻者,辱其家而已;士无耻,则名之

---

① 汪晖:《现代中国思想的兴起》,生活·读书·新知三联书店2008年版,第782页。
② 康有为著,马洪林等编注:《康南海自编年谱》,《康有为集》(年谱卷),珠海出版社2006年版,第13页。

曰辱国；卿大夫无耻，名之曰辱社稷。"① 闭关锁国的清政府在对待与西方社会交往问题上一直持压制态势，西方的思想文化对中国思想界影响甚微。然而西方工业革命迫于市场需要急剧扩张，于是，他们的目光瞄向了这片古老的神州大地。面对西方排山倒海、气势汹汹的攻势，行将就木的清朝统治亦步亦趋，被动接受着外来文化思想的洗礼。"任何思想的形成，总受到某一思想形成时所凭借的历史条件之影响，历史的特殊性即成为某一思想的特殊性，没有此种特殊性，便没有诱发某一思想的动因，而某一思想也将失掉其担当某一时代任务的意义。"② 这样，中西方的差距被迅速拉大，此消彼长，古老的中国越发艰难，陷入一片阴云密布之中。

（二）今文经学"经世致用"思想的旨归

顽固势力依托着经学与"祖宗之法不能变""天不变，道亦不变"等教条遮蔽了双眼，经学在时局动荡中踽踽前行。对儒家经典的解读过程，也一直以通经致用为原则，《中庸》中有："凡为天下国家有九经，曰：修身也，尊贤也，亲亲也，敬大臣也，体群臣也，子庶民也，来百工也，柔远人也，怀诸侯也。"康有为对此做了系统性的阐发：

> 经，法也。待群臣如股肱心膂之体，则无犬马草芥之视。待庶民如抚育顾复之子，则无暴虐奴隶之心。待远人宜用柔道，乃不阻险而偕来。待诸侯如在怀抱，乃咸戴德而服事。民兼四业，而经重招工，别为一经，以制造之精，足以补造化而变世宙，大农世之后，进为大工之世，乃益文明。此孔子治天下国家之政法也。③

今文经学家在"通经致用"的标杆下，向西方自然科学和社会科学寻求思想依据和理论来源，试图拓展出一套应对王朝内忧外患等棘手问题的法宝，以迎接新的挑战。

> 孔子大义之学，全在今学。每经数十条，学者聪俊勤敏者，半

---

① 龚自珍：《龚自珍全集》，上海人民出版社1975年版，第36页。
② 徐复观：《学术与政治之间》，华东师范大学出版社2009年版，第7页。
③ 康有为著，姜义华等编校：《中庸注》，《康有为全集》（第5集），人民大学出版社2007年版，第381页。

年可通之矣。诸经皆无疑义，则贵在力行，养心养气，以底光大。于是，求义理于宋、明之儒，以得其流别；求治乱兴衰、制度沿革于史学，以得其贯通；兼涉外国政俗教治，讲求时务，以待措施，而一皆本之孔子之大义以为断。①

在这样的条件下，康有为把今文经学发展到了极致：他一改训诂考据学闭塞自满的风气，较之乾嘉学派诸老，他更关注社会现实。就学术思想史而言，康有为今文经学是对清末民初主流思想的悖逆，但是从社会发展史的角度来看，显然它又是顺应时代发展潮流的。康有为对《中庸》中"夫微之显，诚之不可掩如此夫"一句也有自己独特的解读：

"地载神气，神气风霆，风霆流形，庶物露生。有电则必有光，电光则有力以生万物。神气即电气也，故皆从申，而神尤为电气之主。虽无形声，而含元吐精，至诚不息。引而申之，则自微而显，不可抑掩也。此承上章言命，而发鬼神之德。以知气无穷，如电相引，虽微必显，真诚必发，无间于千百世，无隔于万亿里。故人生世世，当慎其造因之微，而积其仁德之诚也。"②

康有为深谙西方自然科学和社会科学知识，在利用诸经阐发自己思想的过程中，不断利用西方新思想试图重新解读传统的儒家经典，将异质的自然科学和社会科学知识纳入今文经学体系之中，把儒学作为"通经致用"的理论工具。③ 对此，他的高足梁启超有过一个中肯的评价，"学界活力之中枢，已经移到外来思想之吸受"。针对此一问题的评价，梁启超有自己独特的见解：

---

① 康有为著，姜义华、吴根梁编校：《与朱一新论学书牍》，《康有为全集》（第1集），上海古籍出版社1987年版，第1024页。
② 康有为著，姜义华等编校：《中庸注》，《康有为全集》（第5集），人民大学出版社2007年版，第376页。
③ 康有为著，姜义华、吴根梁编校：《实理公法全书》，《康有为全集》（第1集），上海古籍出版社1987年版，第306页。

专门之学,如词章学、乐学、魂学、数学、化学、医学、天文学、地学、格致学以及诸凡艺学之书皆是也。所谓推定者,每五年于推定圣经之后,则于各种专门之书,每门取其至精者举出表章之,以为天下法式焉。庶习专门之学者,亦不至迷于所往也。①

今文经学家至康有为时期"多狂热不可压制",看似欣欣向荣之势,实存两大弊病"一是混杂,二是肤浅"②,但是康有为的志向始终明确,那就是通过他重构的今文经学来改造濒临危亡的清王朝,达到经世致用的目的。

在康有为之前,一部分知识分子就已经开始向传统思想提出质疑,要么是畅言改革,要么坚持全盘西化,少有人触及传统文化的主脉,无人挑战儒学正统兼具道德评判功能的经学。而康氏对西学无所不窥,又深谙儒学的真谛,因此,他能娴熟而自由地游走在两者之间。他是从中国传统文化营垒中走来,却又是从根本上挑战传统的悖逆者。李泽厚视康有为、鲁迅和毛泽东三个人为近百年的知识分子中产生最深远影响的三位人物:"在这个近百年六代知识分子者的思想旅程中,康有为(第一代)、鲁迅(第二代)、毛泽东(第三代),大概是最重要的三位,无论是在历史上所起的作用说,或者就思想自身的敏锐、广阔、原创性和复杂度说,或者就思想与个性合为一体从而具有独特的人格特征说,都如此,也正是这三点的综合,使他们成为中国近代思想史上的最大人物。"③

楼宇烈先生对康有为有较为中肯的评价,"康有为也许可以说是近代中国尝试着使传统文化,特别是儒家孔孟学说,向近代转化、为近代社会服务的第一位探路人"。④ 清末民初的几十年,中国社会从传统走向现代,这个转向促使经学经历着痛苦的蜕变。康有为一方面打破传统的壁垒,另一方面又独辟蹊径试图从西方科学中汲取养料来重构今文经

---

① 梁启超:《中国近三百年学术史》,《梁启超论清学史二种》,复旦大学出版社1985年版,第125页。
② 梁启超:《饮冰室合集》(第10册),中华书局2003年版,第31页。
③ 李泽厚:《中国现代思想史论》,天津社会科学出版社2003年版,第340页。
④ 楼宇烈:《康有为与儒学的现代化》,《孔子诞辰2540周年纪念与学术讨论会论文集》(下),三联书店1992年版,第2149页。

学。因此，康有为的经学思想的影响是巨大的，他对学界打破旧秩序功不可没，对解放传统思想束缚的作用不可低估，更难能可贵的是，康有为打开了通经致用的通道。

二 "通经致用"思想的理论依据

《新学伪经考》开宗明义阐述其观点，康有为直指刘歆是经学作伪的始作俑者，而郑玄则是"布行伪经"和"篡孔统者"。几千年来被封建正统奉为"礼乐圣制"的真理视为"伪经"。康有为在《孔子改制考》中明确指出，孔子是一个倡导变法的改革家，而不是历史文献的整理者，康氏借此来为自己的维新变法提供合法的依据，用经学为自己的政治目的服务，此书在1891年一经出版即引起全社会的轰动。内容主要是力攻刘歆，谓"六经"皆其伪造。"两考"巧用了古人"经学"的酒杯，浇开了现实社会人们试图寻求"救国良策"的块垒，构成了康有为变法维新的两大理论支柱，在当时知识界和士大夫阶层获得了共鸣。

康有为认为"六经"是孔子为"托古改制"而著成的作品，他指出孔子反对因循守旧，主张革新和进步，把孔子打扮成"托古改制"的素王。"圣人之为治法也，随时而立义，时移而法亦移矣。孔子作'六经'，而归于《易》《春秋》。易者，随时变易。穷则变，变则通。孔子虑人之守旧方而医变症也，其害将至于死亡也。《春秋》发三世之义，有拨乱之世，有升平之世，有太平之世，道各不同。一世之中，又有天地文质焉，条理循详，以待世变之穷而采用之。"① 他肯定《春秋》为孔子改制创作之书，他之所以被尊为教主，是因为他写成了不朽的"六经"，他认为前人有关"删述六经""述而不作"的说法都是错误的，因为他要把孔子塑造成托古改制的创始人、改革家。他还指出维新变法是对孔子"托古改制"思想的继承和发扬，加强了维新变法理论在清末民初士大夫阶层中的渗透力和号召力。

康有为运用公羊家"通三统"的学说，论证夏、商、周是因时改革的典范，阐明了历史是沿着据乱世、升平世、太平世递嬗发展，用进化论历史观作为推进维新变法的思想武器。康有为利用今文经学"变

---

① 康有为著，姜义华等编校：《日本书目志自序》，《康有为全集》（第3集），上海古籍出版社1992年版，第583页。

易"思想糅合"三统""三世"说,用历史进化论的观点附会公羊学说:历史的发展就是这样沿着"据乱世(君主专制时代)、升平世(君主立宪时代)和太平世(民主共和时代)"这样的发展阶段,从低级向高级不断发展,强调从据乱世向升平世发展的必然性,要救国就要太平,要太平就要改制,只有改革才能到达太平世的盛世局面,从而论证了维新变法的必然性。

分析康有为的哲学思想,虽然其体系庞杂,思想深湛,但其思想脉络清晰可辨,从《新学伪经考》《孔子改制考》和《大同书》这三部代表作中可管窥一二。《新学伪经考》重在破除根基,辨伪古经;《孔子改制考》却是托古改制,开辟新径;而《大同书》则重在对未来社会的设计和重构。康有为这些庞杂的理论不外乎是要表达这样三种态度:对传统封建枷锁的挣脱,对消失已久的古典经学的重塑以及对于未来乌托邦世界的设计。康有为的"两考"铺陈的都是他今文经学的观点,这一破一立的两部书的核心是对儒家经典的重释和解读,它们奠定了康有为哲学体系的基础。虽然他的观点备受学界争议,但仍不失为一种严密而系统的理论。

因此,"两考"是康有为经学研究的学术基础和理论总结,是康有为"今文经学"思想的集中体现,也是康有为维新变法的灵魂所在。从这三部作品可以看出,康有为对他所构建儒学大厦的设计和建设方向是有着强烈自信的;换言之,他对儒学的坚持一以贯之,并有着宗教般的庄严性。当然,在论证过程中,他的目的主要导向的是变法理论,因而在很多论证过程中也不免陷入难以自圆其说、前后矛盾的尴尬境地,致使他的思想体系呈现出更多的复杂性和矛盾性。但是"任何新的学说必须首先从已有的思想材料出发"①,因此,通过康有为今文经学研究寻求康有为的理论基础和思想主脉就显得尤为重要。"儒家的经学思想及经世趋向既包括哲学与学术思想,又包括政治思想、社会思想、礼俗思想、教育思想等与现实息息相关的思想因素。"② 康有为的经学思想具有鲜明的时代性和自身复杂性的特点。

康有为把儒家今文经学发展到前所未有的高度,其终极目的是适应

---

① 马克思、恩格斯著:《马恩全集》(第三卷),人民出版社 1975 年版,第 56 页。
② 郭汉民:《晚清社会思潮研究》,中国社会科学出版社 2002 年版,第 7 页。

社会需要以求"通经致用"。康有为涉猎群经但苦于"忧患百经未闻道",康有为认为只有借今文经学的"微言大义"来"言古切今",以充满道德色彩的经学为工具,才能触及儒家思想的主脉,对传统思想产生极大的影响。康有为对《孟子·梁惠王下》进行了创造性的诠释:

> 此孟子特明升平授民权、开议院之制,盖今之立宪体,君民共主法也。今英、德、奥、意、日、葡、比、荷、日本皆行之。左右者,行政官及元老顾问官也。诸大夫,上议院也。一切政法,以下议院为与民共之,以国者,国人公共之物,当与民公任之也。孔子之为《洪范》曰"谋及卿士,谋及庶人"是也,尧之师赐众曰,盘庚之命众至庭,皆是民权共政之体,孔子创立,而孟子述之。①

评价一个思想是否具有活力的关键在于"端视它是否有效地关联呼应当代的境况"②,一门学问若只是自说自话,不能和现实相结合未免陷入狭窄的局面。康有为的今文经学思想对清末民初学术转变以及思想解放的推动是不言而喻的。然而,在传统思想悠久的历史长河里,今文经学在"通经致用"的目标下,往往寻求将经典理论与时代境遇相联系,从而对经学作过度解读,康有为"六经皆我注脚"的解经方式不免会歪曲历史,违背了客观求真、求实的科学精神。为了将经典的启示或者经典中的感悟与现实社会或者政治需要相结合,他不惜随意支配儒家经典,并以此作为宣扬自己理论学说的工具。应该说,今文经学只是康有为变法理论的躯壳,"通经致用"、倡导进化和竞争才是其主宰一切的活灵魂。康有为指出:

> 盖太平世无所竞争,其争也必于创新乎,其竞也必在奖智乎!智愈竞而愈出,新愈争而愈上,则全地人道日见进化,而不患退化矣。③

---

① 康有为著,姜义华等编校:《孟子微》,《康有为全集》(第5集),中国人民大学出版社2007年版,第421页。
② 王汎森:《中国近代思想与学术的系谱》,吉林出版集团2011年版,第112页。
③ 康有为著,章锡琛、周振甫校点:《大同书》,北京古籍出版社1956年版,第274页。

在康有为那里让人看到的是充满惊世骇俗的新颖理论，促进了学术界思想解放的潮流，因此也引起了顽固派的仇视，在处于封建桎梏和学问饥渴中的知识界、思想界引起了轩然大波也就成了一种必然。试想奉行了两千年，"无一人敢违""无一人敢疑"的神圣不可侵犯的封建教条，忽然一朝在康有为手里宣布为一堆伪造的废纸，这本身就是维新思潮的胜利。康有为通过新学伪经的考辨推翻了古文经学在清代的统治地位，树立起今文经学的学术权威。① 用"援西入儒"的方式，引入西方价值观念重新诠释儒家传统概念与价值取向，利用西方理念和制度化整合出一种具有鲜明近代中国文化形态的新儒学，意图为其变法创造合法的理论基础。② 通过变法来改变社会现实，以达到富强中国，通经致用的目的。

三 "通经致用"思想的主要内容

康有为冲破传统思想的束缚，从西学中寻求经世致用的良方。康有为"通经致用"思想，受朱次琦的影响甚大：强调经世致用，反对脱离现实的考据学。具体表现在：讲求功利，重视国计民生，发展物质经济。康有为遍读一切通经致用的书籍，在群书中寻找治世救国、通经致用的途径。而传统的通经致用思想是和封建制度有着千丝万缕的联系，他也深感此种思想不能从根本上解决当前的社会问题，不能解决现存的诸多矛盾，但是它却引导康有为冲破传统儒学的藩篱而转向西学，从而使他的经学思想有了质的变化，为他的通经致用思想增添了崭新的内容。

(一) 常州学派"经世致用"之遗风

梁启超在谈到他的学术渊源的时候提到，"那时候新思想的急先锋，是我亲受业的先生康有为。他是从'常州派经学'出身，而以经世致用为标帜"。③ 所谓"盛世"背后的乾嘉考据学派潜伏着严重的社会危机，"与世无竞"的"朴学"日益脱离了社会的现实。于是出现了一批经学家重拾通经致用的武器，以西汉今文经学家通经议政为依傍，

---

① 马洪林：《康有为评传》（上），南京大学出版社2011年版，第12页。
② 江轶：《"我注六经"与"援西入儒"——康有为〈论语注〉思想辨析》，《长江论坛》2011年第2期。
③ 梁启超：《中国近三百年学术史》，《梁启超论清学史二种》，商务印书馆2011年版，第123页。

开始从公羊学中寻找挽救民族危亡的经典根据,以医治行将就木的清王朝。这样,今文经学的"通经致用"思想在康有为这里发挥到了极致。

康有为同常州学派今文经学家们一样寄希望于出现一个明主来维持"大一统"的社会局面,因此,把希望寄托在光绪皇帝身上。康有为明确提出用西方的新观念和自然科学知识融入今文经学,以求经世致用。康有为对《孟子·万章上》也作了解读:

> 人之责任谁使之然?昔伊尹以为天使之也。以仁为任,民智未开则觉其愚,民有患难则同其凶,故一在觉民,一在救民,此乃天生人道之公理也。人人皆天生,故不曰国民而曰天民。人人既是天生,则直隶于天,人人皆独立而平等,人人皆同胞而相亲如兄弟。①

另外康有为还接过常州今文经学"张三世"的大旗,结合《礼运》的"大同"和"小康"学说,对今文经学进行综合改造,把常州学派的三世循环论发展为维新派的三世进化论,康有为以西方新知来附丽传统文化,使古老的今文经学吸收了西方自然科学和社会科学等内容而越发具有旺盛的生命力。康有为的"经世致用"思想与旧式的公羊学者企图用自己的药方来医治社会弊病的方式有所不同,康有为引进西方先进的东西来改造传统今文经学,"援西入儒"是康有为今文经学的一大特色,从而使晚清今文经学焕发出勃勃的生机。

(二) 以"智"为重

中国几千年儒家文化哲学的主体是以仁为本,以智为辅的仁本主义哲学体系。孔子云:"知者不惑,仁者不忧,勇者无惧"②,在《论语》中"知"同"智",指的就是智慧。那就是"知""勇""仁"三者是君子之道一个侧面。孔子又云:"仁者安仁,知者利仁。"③ 这里的后半句指的是智者能知人,也能知言,因而可以通权达变。在近代中国,最早注意区别中西文化特征的思想家就是康有为,他在向西方寻求真理的道路上充分认识到西方的理智型社会是以智为中心的,而中国的伦理型

---

① 康有为著,姜义华等编校:《孟子微》,《康有为全集》(第5集),中国人民大学出版社2007年版,第417页。
② 《论语·子罕》。
③ 《论语·里仁》。

社会是以仁为中心的。西方国家大开民智而国富民强，中国统治者以"仁""义"为本，却导致了近代外国列强屡屡入侵。康有为为了挽救民族危亡，对"智"的概念进行新的诠释："夫治一统之世以静，镇止民心，使少知寡欲而不乱；治竞长之世以动，务使民心发扬，争新竞智，而后百事皆举，故国强。"①

康有为一改历来儒家"以仁为本"的路向，把"智"上升到与"仁"同等重要的高度。他认为孔子思想有"仁"和"智"两个基本点："孔子之仁，专以爱人类为主；其智，专以除人害为先，此孔子大道之笃辖也。"② 他还认为要振兴民族，让国家富强，在这个竞新争智的社会必须做开发民智的努力，强调对"智"的重视。"上古之时，智为重；三代之世，礼为重；秦汉至今，义为重；后此之世，智为重。所重孰是？曰：智为上，礼次之，义为下。何也？曰：仁者，爱之，智也，爱之斯安之矣。"③ 因此，康有为的重智论，无论是从内涵还是从外延来看，都超越了孔子"智者不惑"的范围，因此康有为把智看成是改造人类自身和征服自然的利器。"智"是人类聪明才智的积累，善于学习的人才能学到更多的知识，形成智慧，从而能够掌握客观世界进化与人类社会进步的规律。康有为在对《孟子·梁惠王下》解读的时候就和西方先进的政治制度进行比附：

> 此孟子特明升平授民权、开议院之制，盖今之立宪体，君民共主法也。今英、德、奥、意、日、葡、比、荷、日本皆行之。左右者，行政官及元老顾问官也。诸大夫，上议院也。一切政法，以下议院为与民共之，以国者，国人公共之物，当与民公任之也。孔子之为《洪范》曰"谋及卿士，谋及庶人"是也，尧之师赐众曰，盘庚之命众至庭，皆是民权共政之体，孔子创立，而孟子述之。④

---

① 康有为著：《请开制度局以统筹大局革旧图新以救时艰折》，故宫博物院藏内府抄本《杰士上书汇录》卷二。援引马洪林：《康有为评传》，南京大学出版社2011年版，第234页。
② 康有为著，楼宇烈整理：《春秋董氏学》（卷六·下），中华书局1990年版，第161—162页。
③ 康有为著，姜义华、吴根梁编校：《康子内外篇》，《康有为全集》（第1集），上海古籍出版社1987年版，第192页。
④ 康有为著，姜义华等编校：《孟子微》，《康有为全集》（第5集），中国人民大学出版社2007年版，第421页。

（三）物质救国

康有为长期蛰居海外，对西方各国进行实地考察之后写成了《物质救国论》和《理财救国论》等著作。康有为主张向西方学习，既反对封建守旧的陈腐观念，也不主张照搬西方的价值理念，仍坚持发扬中国优秀的价值传统。在戊戌时期，康有为就对西方近代化思潮的结构进行比对研究，高度赞扬西方国家以机械化、电气化为标志的工业化治国理念，工业化是西方列强侵略别国的物质基础，决定着国家的前途命运。在西方发达国家，以牛顿为代表的物理时代，重视技术开发和物质力量是其最大的特点。"其在欧洲，英汽机力最先最大，故最先强。法、德迟变，力亦稍薄，故次之。西班牙小变，而美国变尤速尤盛，故西班牙遂东、西被割于美。故觇国力者，量其蒸汽力与人力之多寡为反正比例，而可定其国势焉。"① 他指出中国数千年来形成了重视形而上的道德哲学传统，却忽视形而下的"奇技淫巧"（物质工艺）。他多次指出，西方国家强大的主要原因是重视物质之学。因此，在康有为看来，中国必须以工业和商业为立国之本，鼓励建工厂，做实业等。康有为说："今为物质竞争，机器繁兴之世，若物质不讲，工业不起，机器不盛，永无与各国竞争之时，则暗为各工商国所奴灭矣。"②

康有为这个时候已经突破旧式传统思维的藩篱，萌生出一个天才的构想：憧憬着只要中国放弃落后的手工业方式，走向工业化的道路，那么，中国在可预见的未来定会成为一个物质生产极大富足的现代化国家。康氏的意思很明显，19世纪的改革者无一例外地都没有达到通往新世界的道路，究其原因是他们并不了解科学乃物质文明的本根所在。康有为说，"自光绪二十年以前中外大臣之奏牍，及一切档案之在总署者，吾皆遍览之，皆知讲军、兵、炮、舰而已，惜乎未及物质之学，一切工艺、化、电、汽机之事也。"③

（四）科学第一

近代工业化的主要标志是机器大生产的出现，而机械大生产最大的

---

① 康有为著，马洪林、卢正言编注：《物质救国论》，《康有为集》（8卷），珠海出版社2006年版，第55页。

② 参见康有为：《理财救国论》，《不忍》杂志第1册，1911年2月。转引马洪林：《康有为评传》，南京大学出版社2011年版，第253页。

③ 参考康有为著，马洪林、卢正言编注：《物质救国论》，《康有为集》（八卷十册），珠海出版社2006年版，第19—20页。

助推力是科学技术的发展。谈到西方科学技术的时候，康有为有自己独到的见解：

> 泰西所以富强，所以智慧，所以通大地而测诸天、致精极奇惊犹鬼神者，无它，倍根立专卖特许之法而已。国有专卖特许，则其人民竭其心思耳目以著书制器，而致富养生在是焉。故举国走趋，人智所开，无不发舒。吾无此法，故著新书制新器者竭其毕生之心思财力，不旋踵而为人所摹，重刻再制，沓沓滔滔，权利不专，谁则竭诸？①

西方经过近代工业革命已经使千年一统的旧世界一跃成为物质极大富有的新世界：蒸汽机、轮船、铁路、电线等震惊万国。康有为还说："尝考欧洲所以强者，为其开智学而穷物理也，穷物理而知化也。夫造化所以为尊者，为其擅造化耳。今穷物理之本，制电、制雨、制冰、制水、制火，皆可以人代天工，是操造化之权也。操造化之权者，宜其无与敌也。昔吾中人之至德国也，必问甲兵炮械，曰人之至德国也，必问格致。夫今天下之战，斗智而不斗力，亡羊补牢，及今或犹可也。"②康有为强调西方各国科学家的发明创造对本国工业化发展的贡献，号召中国人学习西方先进的科技知识："地载神气，神气风霆，风霆流行，庶物露生。中土之称电生庶物也。新学既兴，物理益辟，数十年来，渐知电气干湿之力，乃配阴阳，电灯、电车、传声、传信，其用日大，电乃始萌芽哉！神气风霆，无所不布濩，将发大力、立大声于人间世矣。"③

康有为当时就首肯科学技术的作用，他指出科学是近代物质文明的基础："固今日者无论为强兵，为富强，无在不籍物质之学。固以其通贯言之，则数学及博物学也；以其实物言之，则机器工程学及土木工学

---

① 康有为著，姜义华编校：《日本书目志自序》，《康有为全集》（第3集），上海古籍出版社1992年版，第774页。
② 康有为著，姜义华编校：《日本书目志自序》，《康有为全集》（第3集），上海古籍出版社1992年版，第626页。
③ 康有为著，姜义华编校：《日本书目志自序》，《康有为全集》（第3集），上海古籍出版社1992年版，第872页。

也。由此者为新世界，则日升强；无此者为旧世界，则日渐灭。"① 在康有为的建议下，光绪帝下诏明谕，鼓励私人发明创造、著书立说，确有实用效果者予以奖赏。1898年戊戌变法期间清政府颁布了《振兴工艺给奖章程》十二款，清朝政府第一次从法律上承认了中国私营资本主义发明创造的合法性和进步性。他一再强调中国的物质文明要同世界强国的文明相匹配，不再提及人类的基本价值没有国界的结论。他充分认识到中国与西方国家的差距，而消除这种差距的办法就是学习西方的科学技术，发展中国的物质文明。

他列举了一个极富代表性的例子，"英国打败法国，夺取印度、加拿大和澳洲，皆由于无敌的海军和商业，归功于英国的大力发展科学。"②德国从前致力于哲学，一直积弱不振，但自打败法国之后，集中精力发展物质之学，在20年的时间里，几乎超越了强大的英国。美国几乎没有诞生过真正伟大的哲学家，但在科学技术方面取得了举世瞩目的伟大成就。反观意大利和西班牙诸国被宗教所支配，沉迷于哲学与神学的幻想，致使其国家积贫积弱，民生凋敝。③ 康有为最后得出结论，即使是最为伟大的先知，如果漠视科学的发展，也抵挡不了民族灭亡的命运。

四 "通经致用"思想的努力与突破

早在龚、魏时代，他们就坚信只有通过改革才能改变国家的命运。龚自珍认为，由地狱般的现实通往其翘首以盼的光明未来之路径就是历尽煎熬的改革之路。④ 从龚、魏开始，他们援经议政之举使得今文经学蜕变成政治新说，走出门户之见成为一种时代的潮流。康有为对《孟子·离娄下》解读为：

> "故独立自由之风，平等自主之义，立宪民主之法，孔子怀之，待之平世，而未能遽为乱世发也。以乱世民智未开，必当代君主治

---

① 康有为著，马洪林、卢正言编注：《物质救国论》，《康有为集》（八卷十册），珠海出版社2006年版，第41—42页。
② 康有为著，马洪林、卢正言编注：《物质救国论》，《康有为集》（八卷十册），珠海出版社2006年版，第23—24页。
③ 康有为著，马洪林、卢正言编注：《物质救国论》，《康有为集》（八卷十册），珠海出版社2006年版，第44页。
④ 龚自珍：《龚自珍全集》（乙丙之际著译第七），上海人民出版社1972年版，第6页。

之，家长育之。"①

这些都是康有为以经世致用的特质解读儒家经典的最好案例。他们认为其中"非常异义可怪之论"正是其寻求改革的理论工具，可以作为针砭时弊的凭据，但是他们的救世良方没有离开儒家之本初的状态，仍然是"药方只贩古时丹"依靠祖宗的东西医治奄奄一息的清王朝。相较于康有为而言，不论是从形式到内核，都是以传统为依托，以传统文化为根基，注入的却是西方的异质学说，这是康有为对龚、魏有选择的继承，也正是他对前人思想路向的改造和发展。龚、魏等今文经学家的努力是对古老训诂考据之说的扬弃以及对现实社会的关注。而康有为的使命却是在"公羊学"的框架下吸收、容纳西方自然科学知识和社会科学知识，并将西学与中学融为一体。康有为指出：

> 欧洲之富强，在其物质，近世科学日精，文明日胜，机器之用，三十倍于手工，近发明电化倍数，更不可思议。吾国长于形上之学，而缺形下之学，科学不讲，物质不修，故至贫弱不能富强。今应采欧美之物质，讲求科学，以补我国之短；若夫道德教化，乃吾所固有，宜力保之，万不可自弃之。②

在康有为看来，基于器物层面对西方科学技术的临摹，只能济一时之困，难以挽救清王朝衰亡的命运，他敏锐地觉察到要想挽救腐朽的专制制度需彻底推翻几千年封建文化的根基，进行传统文化的转型和重塑才是当务之急。所以，康有为吸收今文经学的精髓，重塑儒学的价值使命便有了"破长操，坏方隅"的功效。因此，梁启超就曾经把《新学伪经考》比作"飓风"，把《孔子改制考》和《大同书》比作"火山大喷火"和"大地震"。③ 另外，麻天祥在《中国近代学术史》中就对康有为的"两考"给予了极高的评价：

---

① 康有为著，姜义华等编校：《孟子微》，《康有为全集》（第5集），中国人民大学出版社2007年版，第422页。
② 邓毅、张鹏一：《康南海先生长安演说集》，陕西人民出版社1990年版，第202页。
③ 梁启超：《清代学术概论》，广西师范大学出版社2010年版，第94页。

如果胶执于从学术的层面来衡量，康的"两考"并不值得后人肯定，然而，从思想史的角度来看，其意义不仅极其巨大，而且极其深远。①

可以说，康有为学术方面的改革没有成功，但却大大促进了清末思想界的巨变，间接促成了社会的转型，正可谓"失之东隅，收之桑榆"。康有为的贡献在于利用西方科学知识改造今文经学，力求重塑儒学以适应儒学的发展，是传统儒学发展的新方向。晚年康有为历经十五年的亡命海外生涯，他的儒学思想发生了根本性变化，儒学已经不再是医治中国的药方，而是扩大为"平天下"的药方。已不再是治理一个国家的药方，而是可以治理万国的药方。这时候康有为从更为积极的立场肯定"中学中理"可以单独成为"普遍价值"。康氏曾说过，居西洋越久，越觉中土之可贵，吾人同样可以说，越是了解"西学西理"，越是感觉"中学中理"之深邃博大。因此，"中学中理"的价值和意义不仅是靠自身获得的，更多的是在与"西学西理"的比较中获得的。康有为指出：

> 故以欧美人与中国比较，风俗之美恶，吾未知其孰优也。推其孰为冲击简僻乎，则道德、俗尚之醇美浇漓可推也。如以物质论文明，则诚胜中国矣。若以道德论之，则中国人数千年来受圣经之训，承宋学之俗，以仁让为贵，以孝弟为尚，以忠敬为美，以气节、名、义相砥，而不以奢靡、淫佚、争竞为尚，则谓中国胜于欧美人可也。②

毛泽东在《论人民民主专政》一文中指出"自从一八四零鸦片战争失败那时起，先进的中国人，经过千辛万苦，向西方国家寻求真理。洪秀全、康有为、严复和孙中山，代表了在中国共产党出世以前向西方寻求真理的一派人物。"③康有为学贯中西，他不仅具有深厚的国学素

---

① 麻天祥：《中国近代学术史》，武汉大学出版社2007年版，第144页。
② 马洪林著，卢正言编注：《物质救国论》，《康有为集·政论卷》（下），珠海出版社2006年版，第515页。
③ 毛泽东：《论人民民主专政》，《毛泽东选集》（第4卷），人民出版社1960年版，第1474页。

养,更为难能可贵的是他善于从传统文化中寻找思想养料来会通中西,运用"西学西理"来改造中学,创立了自己独特的思想学说,具有重要的时代意义。

康有为继承了龚自珍、魏源的"通经致用"思想及用经学阐释政治的遗风,用实证科学的方法突破了笺注经书的思维模式。康有为开创了一个新的学派。魏源和龚自珍倡导"经世致用",使经学成了针砭时弊的思想资源。康有为对《孟子·尽心下》解读为:

> 此孟子立民主之制,太平法也。盖国之为国,聚民而成之,天生民而利乐之。民聚则谋公共安全之事,故一切礼乐政法皆以为民也。但民事众多,不能人人自为公共之事,必公举人任之。所谓君者,代众民任此公共保全安乐之事。为众民之所公举,即为众民之所公用。民者如店肆之东人,君者乃聘雇之司理人耳。民为主而君为客,民为主而君为仆,故民贵而君贱易明也。众民所归,乃举为民主,如美、法之总统。①

康有为的经学思想,打上了深深的时代烙印,既有中国古代经学的深厚底蕴,又附着非常鲜明的西方科学和文化的色彩。这体现了经学在传统社会走向现代社会的过程中自觉或不自觉的裂变和异化。他用极不成熟的进化论理论来改造他的维新理论,并急切地用初学的西方近代自然科学知识说明变化是宇宙的普遍法则。康有为利用东传科学改造今文经学有一个十分重要的价值指向——那就是以西方的政治体制和科学技术为模本的现实改革,以"大同"世界为终极目标的社会理想。"在现实与理想的两个层面上,康有为借助儒家的思想观念来理解和表达他的维新思想,并试图为儒家文化注入近代社会的新意义"。②

他不仅是近代今文经学的集大成者,而且他致力并付诸行动地把儒学引入现代,推动了儒学的现代化,无愧为定于一尊的现代新儒学的鼻

---

① 康有为著,姜义华等编校:《孟子微》,《康有为全集》(第5集),中国人民大学出版社2007年版,第422页。
② 王健:《从康有为的变法思想看儒家在"范式"转型中的第一个落点》。任继愈主编:《国际汉学》,大象出版社2000年版,第402页。

祖。① 近百年来，面对列强的坚船利炮，道德说教软弱无力。中国人要想迈入近代世界，就必须充分利用儒家经典，并贯之以西方先进的科学与文化，进行"通经致用"的有益尝试；康有为认为守住心灵之家尤为重要，但是一味地固守便无法真正迈入现代社会。如何使中国现代化，又不至于丧失心灵之家而成为异乡人是中国学人下一个百年或者两个百年里必须完成的使命。

---

① 马洪林：《康有为评传》（上），南京大学出版社2011年版，第12页。

第三章 康有为儒家经典诠释研究的主要内容

本章是本书的主体部分。本章通过康有为对儒家原典《论语》《孟子》《易》《尚书》《礼记》的创造性阐释解读,探析康有为在清末民初那个特殊时期,游走于中学与西学、守旧与维新、民主与共和之间,立足于儒学本位,又积极汲取西方先进思想资源来丰富和发展儒学的努力。虽然康有为"六经注我"的解经方式有一定的局限性,但康有为由"援西入儒"到"以儒化西"的思想历程转变,正体现了其对儒学的坚守,更体现了康有为对"中学""儒学"宗教般的庄严性。康有为对儒学经典的创造性诠释客观上促进了儒学的现代转型。

第一节 康有为《论语》诠释研究

康有为一生处在传统与现代、保皇与革命、君主与共和之间,于动荡时代深刻思考儒学与西学、据乱与太平、大同与小康以及保国、保种与保教等问题,提出一整套解决方案助推中国社会完成现代转型。康有为认为要复兴中华,必须拿先进的西学为我所用,以补益传统儒学之不足。康有为一改《论语》注疏的传统,以经世致用为旨归、以儒学与西学的双重视野重新诠释《论语》,开启了儒学的现代性转向。在康有为看来,《论语》是内圣与外王的统一,是守约笃敬与经邦济世的统一,是修身齐家与治国平天下的统一。

康有为是中国近代重要的思想家,他生活在一个古今中西之争异常激烈而又胜负未定的时代,是那个时代最深刻体会这些冲突,而又企图站在儒家立场上"以儒化西""以夷变夏"并给出当时之中国一整套解决方案的先进中国人。康有为改造儒学的价值在于他把对儒家经典的诠释纳入传统与现代的社会变迁的背景下并做出创造性的阐释。在《论语注》一书中,"康有为融通古今,兼摄中外,陶铸涵咏,以今文经学为枝干,以西学为花果,以期收到'化古昔为今务'的政治功效,带有明显的时代特色。"①《论语注》一书集中体现了康有为试图将儒学思想与西方进化论、西学知识以及西方自由、平等、民主、博爱等政治观念进行的有机结合。这种立足儒家本位对中西、古今文化的融合,对儒学的现代转型做出了积极贡献,也体现了儒学思想旺盛的生命力。

一 《论语注》的成书背景

维新变法失败之后,康有为不得不逃亡海外,他在印度大吉岭期间开始系统地解释儒家经典,其中对《论语》重新阐释的力作《论语注》一书就完成于这一时期。② 康有为认为进行变法改制就要剔除刘歆伪篡的古文《论语》,还原今文《论语》的本来面目,阐发春秋"公羊三世"说以及孔子改制等微言大义,"当时处于强势地位的西方文化无疑成为他的重要参照"。③ 他还站在中西方文化的交汇点上将西方进化论、自然科学知识以及以民主、平等、自由等思想观念为代表的政治体制纳入儒家经典体系之中以应对中国的社会现实,从而使《论语》一书发挥其现实救世的功能并彰显其经世致用的价值。

第一次鸦片战争之后,内忧外患的困境致使传统儒家价值体系陷入困境,西方政治、经济、文化、科学等先进知识的传入对中国传统知识分子心理造成巨大影响,松动了他们所固有的以儒家为本位的思想体系。作为儒者的康有为,面对日益僵化的清廷旧体制和当权派顽固的旧思想,希图扭转渐趋式微的清政府以寻求救国救民之道,他把目光聚焦到西方社会。从史实角度来看,康有为注经的目的是经世致用,但他并不是一位纯粹的学者,而是有着强烈现实关怀和政治参与意识的政治活动家,他以西学、西政为工具对传统儒学进行改造与重构,具有积极的现实意义。为避免流血牺牲,康有为以传统儒家经典为载体,推行渐进式变法理论。"康氏逝世之时,革命不仅在继续,而且方兴未艾,一直发展到'文革'的革命高潮。当然,革命并非一无所成,但代价是何

---

① 唐明贵:《康有为〈论语注〉探微》,《中国哲学史》2009 年第 2 期。
② 注:戊戌变法失败之后,康有为在印度大吉岭对儒家经典进行系统的阐释。这个时期的主要著作有:《中庸注》(1901)、《孟子微》(1901)、《礼运注》(1901)、《春秋笔削大义微言考》(1901)、《大学注》序(1902)、《论语注》(1902) 等。
③ 柳宏:《康有为〈论语注〉诠释特点论析》,《广东社会科学》2008 年第 6 期。

等之高。更主要的是中国的现代化文明的建设不能靠革命来完成,而必须由逐步的改革来完成。今日不再以革命为国策,坚持改革为国策,乃是经过检验后的必然实践。康有为的渐进改革思想也应该重新评估肯定。"①

"六经注我"是南宋心学代表人物陆九渊提出的解经方式,他认为道问学的根本意义在于是否能够"发明本心",而不是沉溺于经书里的"典章训诂"。"六经注我"就是在经书原文的基础上,借用经书上的文字加以引申发挥,提出自己创新性的观点。这一解经方式,后人多有实践和发展,而康有为成为最突出的代表。在古今问题上,康有为虽然和清代今文经学大师刘逢禄一样注重《春秋》的价值和意义,但更强调孔子托古改制的内容。在中西问题上,他的具体做法是"援西入儒",在儒学的立场上,重视对西方自然科学和社会科学的引进,"他的维新变法主张集中体现了他要求用西方的'新法''新学'来救中国的强烈愿望。"② 康有为试图利用西方"新法""新学"以改变中国落后挨打的现状。康有为继承了晚清以降的"今文经学"传统,旨在阐发不同阶段需要实行不同的管理模式以推行其变革改制的思想。康有为用"援西入儒"的方式开启了儒学复兴的新模式,"康有为致力于寻觅即便是在非西洋社会也通用的人类普遍价值,致力于保存民族文化中超时空的价值要素,并通过近代精神对之进行重构或再解释。"③ 康有为的意图是利用西方的"新法""新学"对儒家的价值取向做出诠释并整合出一套具有中国近代文化形态的新儒学体系。

二 援"西学"入儒建构儒学的努力

众所周知,西方国家强大的根本原因是工业革命的成果,而工业革命的原动力是其自然科学的发展,进化论思想作为一种全新的世界观和方法论对西方国家的发展也起到至关重要的作用。有鉴于此,康有为利用西方自然科学知识和进化论思想对《论语》进行创造性诠释以达到改造儒学、重铸儒学的目的。康有为利用"西学"知识对儒学进行创造,这种耳目一新的理论对死水一潭、无力自保的清政府指明了又一可

---

① 汪荣祖:《康章合论》,中华书局2008年版,第127页。
② 王钧林:《康有为对儒学的改造》,《中国哲学史》1996年第4期。
③ 朱忆天:《康有为的改革思想与明治维新》,上海人民出版社2011年版,第239页。

行的道路：以"西学"改铸儒学，张孔学大道，以大同构想、君主立宪制度代替旧制以绘改制蓝图。从某种程度来说，这种做法既具有时代精神，又兼有民族精神的意义。

康有为企图从"公羊三世"理论中发掘"进化"论思想，不能不说是康有为的一大创获。所谓"公羊三世"说是从《春秋》经文中附会而来，历经公羊高、董仲舒与何休等几代人的发展而臻于成熟。及至康有为，他糅合西方进化论思想对其进行创造性改造，最终发展成为独具特色的康氏"公羊三世"说，使之成为指导其变法改制的历史进化论体系，并坚定人类社会应依次经过"据乱世""升平世""太平世"三个阶段。

（一）西方进化论与"公羊三世"说的融合

康有为对《论语》的解读不求圆融，但求经世致用。他认为，宋之后《论语》作为四书之一被列为六经之上，是一种退而求其次的历史结果，因为宋儒忽视了"微言大义"的阐发，并没有将其本身的义理放在突出重要的位置。康有为认为《论语》的价值一直隐而未发，"其为一家之学说，而非孔门之大全，亦可知矣。"① 康有为撰《论语注》的目的是"正伪古之谬，发大同之渐"②。因此，康有为写作《论语注》之时，已经深谙"公羊三世"说的精髓，加之他对西学的系统研究以及受到赫胥黎《天演论》的影响，贯索微言大义成为他阐发其治世思想的前沿阵地。《论语注》是康有为以"公羊学"注解《论语》的一部贯通古今的力作，其重要贡献还在于他确立了《春秋·公羊传》与《论语》之间的联系。他以今文经学为"体"，以"西学""西政"为"用"，借此来阐发自己的政治理想，《论语注》更是康有为斥古文，倡今文，通西学的典范之作。

在《论语·为政》篇关于"十世可知也？"的子张之问中，康有为对其进行了出色的发挥："三十年为一世。损，减也；益，饶也。《春

---

① 康有为著，姜义华等校：《康有为全集》（第6集），中国人民大学出版社2007年版，第377页。
② 康有为著，姜义华等校：《康有为全集》（第6集），中国人民大学出版社2007年版，第379页。

秋》之义，有据乱世、升平世、太平世。"① 康有为首先为《春秋》"三世"说张目，紧接着又说："孔子之道有三统、三世，此盖籍三统以明三世，因推三世而及百世也。夏、殷、周者，三统递嬗，各有因革损益，观三代之变，则百世之变可知也。"② 在这里，康有为对《论语》的解读与《孔子改制考》所坚持的孔子改制思想是一致的。他通过贬抑"曾子之学，专主守约"③，试图在《论语》中为孔子倡导变法改制寻求历史依据，进而为其制度变革与社会改良提供理论支撑。康有为认为《论语》一书，"其经文以鲁《论》为正，其引证以今学为主"④，这里的"今学"实指公羊学。而康有为的实际用意则是试图借助"公羊三世"说与《礼运》之"小康""大同"说相糅合以实现中西文化的对接。

《论语·八佾》中"林放问礼之本。子曰：'大哉问！礼，与其奢也，宁俭；丧，与其易也，宁戚。'"一段，康有为对孔子的回答予以创造性的释读：随着人类文明的不断发展，乱世之奢将不断滋生，文明就会遭遇困境；社会的文明化程度愈高，则社会奢靡之风愈甚，人道退化也就愈甚，如果不加节制，孔子之道就会丧失。⑤ 康有为借此得出结论：孔子乃"文明""进化"之王。此处又是康有为以西洋之"进化"之说来释读《论语》的典范。《论语·述而》有云："子钓而不纲，弋不射宿。"⑥ 其本意是：孔子垂钓，从来不用大绳或者大网横断流水竭

---

① 康有为著，姜义华等校：《康有为全集》（第6集），中国人民大学出版社2007年版，第393页。
② 康有为著，姜义华等校：《康有为全集》（第6集），中国人民大学出版社2007年版，第393页。
③ 康有为著，姜义华等校：《康有为全集》（第6集），中国人民大学出版社2007年版，第377页。
④ 康有为著，姜义华等校：《康有为全集》（第6集），中国人民大学出版社2007年版，第379页。
⑤ 参考康有为著，姜义华等校：《康有为全集》（第6集），中国人民大学出版社2007年版，第395页。"文明既进，则乱世之奢，文明以为极俭。世愈文明，则尚奢愈甚。若于三代珠盘玉敦之时，而必反之污尊抔饮生番野蛮之俗，以致人道之退化，非止事不可行，亦大失孔子之意矣。天未丧斯，文不在兹。《公羊》称孔子为文王，盖孔子为文明进化之王，非尚质退化者也。"
⑥ 说明：《论语注》为"子钓而不网，弋不射宿。"在这里应该是笔误，《论语·述而》篇原典是"子钓而不纲，弋不射宿。"

泽而渔,用箭射鸟亦是如此,归巢的鸟是不能捕捉的。① 这里本来凸显是孔子"仁"的主张,但是康有为依然借用西方之进化论、平等之说予以释读,"惟进化有次第,方当据乱世时,禽兽逼人,人尚与禽兽争为生存。……盖进化有渐进,仁民有渐进,爱物亦有渐进,此皆圣人所无可如何,欲骤进而未能者。"②

《论语·八佾》有云:"君子无所争,必也射乎!揖让而升,下而饮。其争也君子。"孔子的本意为,君子没有什么东西是一定要相争的。譬如比箭这件赛事,两强相争,双方还是相互作揖然后进行比试,走下堂来又成了一起喝酒作乐的朋友。《论语注》的解释是:"修睦为人利,争夺为人患。盖争之极,则杀戮从之,若听其争,大地人类可绝也。然进化之道,全赖人心之竞,乃臻文明,御侮之道,尤赖人心之竞,乃能图自存。"③ 康有为认为,进化的关键在于人的争竞之心;争竞之心是文明发展之必需,也是抵御外辱之道之必需;只有争竞之心才是图存自强的驱动力。这里也是用西方文明之"争竞之心",西方"进化"之适者生存、不适者被淘汰的自然进化规律来释读《论语》的典范。

《论语·阳货》"性相近也,习相远也"一段,《论语注》进行解读时,也用进化论予以说明,"圣人之教,务在进化,因人之性,日习之于善道,而变其旧染之恶习",康有为所谓的"进化"最后必可通达"人人皆成上智,而无下愚矣"。④ 虽然,康有为的解读一任主观,有牵强附会之嫌,但是可以看出,进化论思想是贯穿康有为解经思路的一条主线。

(二) 西方自然科学与儒学的融合

康有为认为西方之所以强大是因为西方拥有先进的科学技术,这是西方工业革命使然。在《论语注》中,康有为利用西方的自然科学知识释读《论语》,以西洋之"公理""电学""机械学"之说对儒学加

---

① 杨伯峻:《论语译注》,中华书局2006年版,第84页。
② 康有为著,姜义华等校:《康有为全集》(第6集),中国人民大学出版社2007年版,第431页。
③ 康有为著,姜义华等校:《康有为全集》(第6集),中国人民大学出版社2007年版,第396页。
④ 康有为著,姜义华等校:《康有为全集》(第6集),中国人民大学出版社2007年版,第516页。

以改造以达到"援西入儒"的目的。《论语·颜渊》"樊迟问仁"一段，康有为给出了出色的发挥："……，此行已接物之公理。公理既备，则不徒在礼义文明之邦皆尊信，即在夷狄野蛮之国，而公理不可废，亦必不见弃也。仁本为公理，人能尽公理者，无在而不可行焉矣。"① 康有为在这里以西洋之"公理"之说释读儒学，强调"公理既备"的重要性，不管是"文明之邦"还是"野蛮之国"，"公理"是皆"不可费""不可弃"的。最后他还是复归于孔子之"仁"，这就是康有为所谓的"仁本为公理"。

《论语·子张》有云："子夏曰：虽小道，必有可观者焉；致远恐泥，是以君子不为也。"其本意为："子夏说到，'就是小技艺，一定有可取的地方；恐怕它妨碍远大事业，所以君子不从事于它'。"② 《论语注》解释为："百家众技，凡有立于世者，其中各有精妙，有可观览，凡人自可学之以致用，但若欲经世立教，致之远大，则如耳目鼻口，皆有所明而不能相通，不如孔子之大道。"③ 百家之众技，都可学之以致用，如果都能以"经世之学"立教，则"致之远大"。然后康有为接着解释到："此子夏专为学孔子大道发之，乃为传教之高言。而天下之人甚多，安得尽为传教者？但各执一技，求精致用。近世若哥白尼之天文学、斯密亚丹之资生学、奈端之重学，富兰克令之电学，华忒之机器，皆转移世宙，利物前民，致远甚矣。言各有为，学者勿泥于言，而不通其意也。"④ 此处康有为正面推崇西方科学之重学、电学及机器之学，用西方现代科学的东西来释读儒学。这里康有为也想说明的重要一点是，西方的"科学"知识只是"用""小道"，"孔子之大道"才是其"体"，西方科学再发达也是为此"大道"服务，也突显了康有为一以贯之的尊孔立场。

三 援"西政"入儒对儒学的重构

康有为"经世致用"的解经思路与方法实际上是康有为实现《论

---

① 康有为著，姜义华等校：《康有为全集》（第6集），中国人民大学出版社2007年版，第484页。
② 杨伯峻：《论语译注》，中华书局2006年版，第225页。
③ 康有为著，姜义华等校：《康有为全集》（第6集），中国人民大学出版社2007年版，第531页。
④ 康有为著，姜义华等校：《康有为全集》（第6集），中国人民大学出版社2007年版，第531页。

语》自中而西进行文化勾连的理论桥梁。龚自珍、魏源等今文学者对"公羊学"说的阐发形成了一股强劲的学术潮流并深刻地影响着晚清思想界。但是康有为与龚、魏的不同之处在于康有为以实现政治改制为出发点，换言之，康有为借助"公羊三世"说与《礼运》"大同"之说来诠释《论语》，并非仅仅求得学理上的突破，对政治改良宗旨的掘发才是其诠释《论语》的落脚点。其高足梁启超体会深刻："近人祖述何休以治《公羊》者，若刘逢禄、龚自珍、魏源、陈立辈，皆言改制，而有为之说，实与彼异；有为所谓改制者，则一种政治革命、社会改造的意味也。"① 康有为正是将孔学与西方"自由""平等""民主""人权""博爱"之说相融合，以达到其所谓"改制""政治革命""社会改造"的目的。

（一）援西方"自由""平等"学说入儒

《论语·为政》有云："子曰：为政以德，譬如北辰，居其所而众星共之。"这里要表明的意思是：一个国家以道德为纲来治理，这个国家便会像北极星一般，其他星辰都会以此为中心，围绕在其周围。②《论语注》释读为："所谓乾元用九，见群龙无首，而天下治。行太平大同之政，人人在宥，万物熙熙，自立自由，各自正其性命。"③ 这里康有为要表明的是：若是"自立自由"，人人都以大同理想为中心，则终至太平之人人向往之境。康有为此处也是以西洋"自由"之说来释读儒学，而且把儒家圣贤之学再次进行强化。

《论语·公冶长》有云："子贡曰：我不欲人之加诸我也，吾亦欲无加诸人……"《论语注》释读为："子赣不欲人之加诸我，自立自由也；无加诸人，不侵犯人之自立自由也。"④ 以及"天演听之，人理则不可也。人各有界，若侵犯人之界，是压人之自立自由，悖天定之公理，尤不可也。子赣尝闻天道自立自由之学，以完人道之公理，急欲推行于天下。"⑤ 这里康有为以"天演"等进化论之概念来释读人之"自

---

① 梁启超：《中国历史研究法》，河北教育出版社2003年版，第348页。
② 杨伯峻：《论语译注》，中华书局2006年版，第84页。
③ 康有为著，姜义华等校：《康有为全集》（第6集），中国人民大学出版社2007年版，第387页。
④ 注：《论语注》中把孔子的学生端木赐"子贡"书写为"子赣"，疑为康有为的笔误。
⑤ 康有为著，姜义华等校：《康有为全集》（第6集），中国人民大学出版社2007年版，第411页。

由"与天之"公理",为了阐释"自由",康有为用西方进化论和西方科学之"公理"予以解读。

对于西洋的"平等"之说,《论语注》亦多有提及,对《论语·阳货》"子钓而不纲,弋不射宿",同样用西方之"平等"之说予以释读:"愚谓天地者,生之本,众生原出于天,皆为同气,故万物一体,本无贵贱,……"① 康有为认为天地是生命的存在的本原,众生皆为同气,原出于天。因此,万物都是一个整体,无贵贱之分。康有为指出:"今已数千年,尚未戒杀,非徒不能不杀物,人道尚相争相杀,其去众生平等之世甚远也。"② 这里康有为立足于西方的知识架构体系来释读《论语》,认为现在处于乱世之中"人道尚相争相杀",更何况是自然界的万事万物?于是康有为得出结论:目前的社会距离"平等之世"还有相当的差距。因此,康有为借西方之进化论、平等之说释读孔子,最后复归于孔学之精髓——认为只有行孔子之"仁"学才能达到"人物并育而不相害,众生熙熙以登春台,乃为太平之太平,大同之大同。"③ 这里又是康有为利用西洋之"平等"之说来释读《论语》的例子。

《论语·公冶长》有云"颜渊、季路侍,子曰:盍各言志……"《论语注》释读云:"盖孔子之志,在大同之道,不能行于时,欲与二三子行之。……无由成功德,合天亲,致平等,共进化,故有一夫不得所,伤圣人之心,害大众之化。"④ 以及"大同者,孔门之归宿,虽小康之世未可尽行,而孔门远志则时时行之,故往往于微言见之。……故大同必老安、少怀、友信,绝去仅私其家之事,乃可成大同之道也。"⑤ 康有为将西洋之"平等"之说与"大同"说相糅合,认为只有将孔子的"大同"之志存在于生活的日用细微之处,方可通达"老安、少怀、

---

① 康有为著,姜义华等校:《康有为全集》(第6集),中国人民大学出版社2007年版,第431页。
② 康有为著,姜义华等校:《康有为全集》(第6集),中国人民大学出版社2007年版,第393页。
③ 康有为著,姜义华等校:《康有为全集》(第6集),中国人民大学出版社2007年版,第432页。
④ 康有为著,姜义华等校:《康有为全集》(第6集),中国人民大学出版社2007年版,第415页。
⑤ 康有为著,姜义华等校:《康有为全集》(第6集),中国人民大学出版社2007年版,第415页。

友信"的臻美之境,这就是康有为所谓的"大同"之道。《论语·学而》"子贡曰:贫而无谄,富而无骄何如?"康有为释读为:"谄,佞谀也,卑媚之容。马六尺曰骄,喻高倨之态,此人处贫富所不能免者。若不以贫屈于人,不以富加于人,完人道自立之界,而不侵犯人界。"①康有为认为子贡既不强加于别人,也不让别人的意愿强加在自己身上。康有为把西方"平等"之说,说成是《论语》的应有之义,是利用西方之"平等"思想改造儒学的一种努力。

(二)援西方"民主""人权"之说入儒

《论语·八佾》"子曰:夷狄之有君,不如诸夏之亡也。"一段,《论语注》释读为:"此论君主、民主进化之理。……文明世人权昌明,同受治于公法之下,但有公议民主,而无君主。二者之治,皆世界所不可少,互有得失。"②康有为以西洋之"公议""人权""民主"之说释读儒学,认为"君主"和"民主"皆为世界不可或缺的政权组织形式。康有为的本意想必是欲借西方"民主""人权"之说论证其"虚君共和"的主张,为其保留君主立宪制度作辩护。《论语·季氏》有云:"孔子曰:天下有道,则礼乐征伐自天子出;……陪臣执国命,三世希不失矣。"《论语注》释读为:"由此推之,一统之君主专制,百世希不失矣。盖由乱世而至太平,则君主或为民主矣。"③康有为在肯定君主专制的同时,也认可社会从"乱世"通达"太平"之时,"君主或为民主"的论断,这里又是康有为用西方之"民主"释读《论语》的典范。

《论语·雍也》有云:"子见南子,子路不说。夫子矢之曰:'予所否者,天厌之!天厌之!'"此句的意思是:"孔子去和南子相见,子路不高兴。孔子发誓道:'我假若不对的话,天厌弃我吧!天厌弃我吧!'"④《论语》中通篇就此一句是涉及男女关系之处,也为后人产生无限的遐想与猜测。可是《论语注》的释读却有另外一层含义:"旧俗男女相见,君夫人礼宾,如今泰西仪。……大同固可相见,盖特行之,

---

① 康有为著,姜义华等校:《康有为全集》(第6集),中国人民大学出版社2007年版,第386页。
② 康有为著,姜义华等校:《康有为全集》(第6集),中国人民大学出版社2007年版,第395页。
③ 康有为著,姜义华等校:《康有为全集》(第6集),中国人民大学出版社2007年版,第512页。
④ 杨伯峻:《论语译注》,中华书局2006年版,第72页。

故见南子。……盖圣人踪迹兼于三世，故上下无常非为邪，进退无恒非离群，故曰圣而不可测之谓神。"① 康有为认为孔子见南子是一种如"泰西"的一种男女之间再正常不过的礼仪，也透显了康有为对"男女有别"的漠视，也成了他利用西洋之"人权"之说释读《论语》的工具。

（三）援西方"博爱"之说入儒

康有为为达到援"西政"改造儒学的目的，他以孔子"仁"的学说比附西洋之"博爱"思想。康有为以"中学中理"为框架，以"西学""西政"为材料，用"援西入儒"的方式，引入西方"博爱"思想来重新诠释儒家传统概念与价值取向，整合出一套具有鲜明近代文化形态特征的新儒学。

《论语·八佾》有云："子曰：人而不仁，如礼何？人而不仁，如乐何？"一段，《论语注》释读为："盖人者，仁也，取仁于天，而仁也以博爱为本，故为善之长。有仁而后人道立，有仁而后文为生。苟人而不仁，则非人道。盖礼者仁之节，乐者仁之和。不仁则无其本，和节皆无所施。"② 在这里，康有为认为西方之"博爱"为"仁"之本，这样就把西方的"博爱"概念和《论语》的"仁"的概念建立了必然的联系，用西方"博爱"之说释读《论语》。《论语·子张》有云："子夏曰：博学而笃志，切问而近思，仁在其中矣。"孔子的意思是，善于博览群书，坚守自己的兴趣志向，虚心好学，不耻下问，多照观当前的现实问题，则仁德就在其中了。《论语注》解释为："孔门教人，以求仁为事。但空言博爱无私，从何下手？故必自道问学、尊德性先之。此皆学问、思辨之事，未及乎力行而为仁。"③ 此处康有为以西洋之"博爱"来释读《论语》，似乎有些牵强附会，但他的目的还是为了说明孔学之"仁"与西学"博爱"的相通之处。

康有为将西方政治制度、核心价值与《论语》做比照，试图把西

---

① 康有为著，姜义华等校：《康有为全集》（第6集），中国人民大学出版社2007年版，第423页。
② 康有为著，姜义华等校：《康有为全集》（第6集），中国人民大学出版社2007年版，第394页。
③ 康有为著，姜义华等校：《康有为全集》（第6集），中国人民大学出版社2007年版，第531页。

方政治理念注入儒家传统价值之中,在新的时代背景下衍生出全新的内涵。康有为在《论语·学而》篇对"孝弟也者,其为仁之本与"和"巧言令色,鲜矣仁"的解读中可以窥见他对"仁"的理解已经涉及西方"博爱"观念、佛教思想以及他的"大同"理想。"仁"以博爱为本,"人多惑之以为慈仁,孔子特明其非也。盖人之生直,故贵尊其德性,质直好义,自由自立"。① 若是以"巧诈欺人",最终的结局是"其死则魂灵澌灭;同时处人群则大害,后世传人种则更伤。"② 从"魂灵澌灭""后世传人"等提法可以看出康有为显然吸收了佛理中"救济众生"的基本精神。"孔子好仁而恶不仁,欲胥天下而致于太平之世,而乱种流传,不能遽至,故发孝弟之道,以绝争乱之源,而为仁爱之本。积重既久,保合太和,然后大同之道乃可行也。"③ 康有为将"仁"与印度佛学以及西方"博爱"之学相比附,突出"博爱"的价值,塑造出大同世界的最高价值取向。因此,梁启超也曾经说:"先生之哲学,博爱派之哲学也。"④

(四) 西方政治制度与儒学的比附

康有为在《论语注》中经常用西方政治制度来套用孔子思想,并将孔子思想中所没有的议会制、政党制等附会到中国传统政治之中,以孔学之道与西方现存之政治制度相类比以达到"援西入儒"的政治诉求。康有为的《论语注》吸纳诸多中国当时所不具有的新概念与新名词,诸如选举、议会制度、政党制度等对《论语》加以释读。康有为的阐释不仅套用西方理念、制度,还习惯性地使用中西类比的方式加以说明。因此,康有为对《论语》的重估与阐释有着强烈的时代关照性的特点。康有为把《论语·八佾》中"君子无所争,必也射乎!"解释

---

① 康有为著,姜义华等校:《康有为全集》(第6集),中国人民大学出版社2007年版,第381页。
② 康有为著,姜义华等校:《康有为全集》(第6集),中国人民大学出版社2007年版,第381页。
③ 康有为著,姜义华等校:《康有为全集》(第6集),中国人民大学出版社2007年版,第381页。
④ 梁启超:《南海康先生传》,《梁启超全集》(第1册),北京出版社1999年版,第488页。

为"揖让而升者,《大射》之礼,耦进三揖三让而后升堂也"① 接着又解释道:"孔子制礼十七篇,皆寓无穷之意,但于射礼见之。凡人道当御侮图存之地,皆当用之。今各国皆设议院,……两党之胜负迭进立于是。"② 康有为试图把西方的议会制度与政党制度也附会为孔子的应有之义。他认为"故议院以立两党而成治法,真孔子意哉! 惟议院哗噪,或至殴争,此则无揖让之意"③,只有倡导孔子所言"争"的内在用意才能救西方政党之弊。因此,康有为得出结论:"盖教争甚难,益服孔子立揖让之礼也。"④

《论语·子罕》"子曰:麻冕,礼也;今也纯,俭。吾从众。拜下,礼也;今拜乎上,泰也。虽违众,吾从下。" 康有为指出孔子之礼:"君臣对拜,以极平等之至,几过于今欧洲君臣矣"。⑤ 康有为亦将"管仲相桓公,霸诸侯,一匡天下"与西方政治制度相类比:"霸者,有天下之别名,但未一统,革命废王如希腊之代兰得,日本之大将军耳。法之拿破仑似之,即德之该撒受封教皇,亦为霸耳。观鲁朝贡于晋,而不朝贡于周可见,盖封建之世有此体,后世无之。今普为德联邦盟主,礼与联邦平等,而称该撒,真春秋之制也。"⑥ 在这里康有为强调西方"德联邦"等政治制度皆源自中国,以此与当时学术界盛行的西学中源论分庭抗礼。康有为对《论语·子路》篇"冉子退朝"章阐释为:"政者,有所改更匡正。事者,凡行常事。盖上所施行,经国治民,曰政;下奉令承旨,作而行之,谓之事。"⑦ 康有为对"政"与"事"的传统解释基本上符合中国的传统,但康有为本意并不在此,"今欧人有行政

---

① 康有为著,姜义华等校:《康有为全集》(第6集),中国人民大学出版社2007年版,第395页。
② 康有为著,姜义华等校:《康有为全集》(第6集),中国人民大学出版社2007年版,第396页。
③ 康有为著,姜义华等校:《康有为全集》(第6集),中国人民大学出版社2007年版,第396页。
④ 康有为著,姜义华等校:《康有为全集》(第6集),中国人民大学出版社2007年版,第396页。
⑤ 康有为著,姜义华等校:《康有为全集》(第6集),中国人民大学出版社2007年版,第445页。
⑥ 康有为著,姜义华等校:《康有为全集》(第6集),中国人民大学出版社2007年版,第492页。
⑦ 康有为著,姜义华等校:《康有为全集》(第6集),中国人民大学出版社2007年版,第483页。

官、事务官之别,出此。"① 这是康有为基于当时较为流行的中西契合论以及西学中源说,试图把《论语》中的道理与西方政界、学界相附会,从而达到他企图在西方的社会制度中寻找社会改良、变法的理论依据。这种释读《论语》的方式试图表明中国古代经典中早已蕴含有西方现存政治制度的因子。

四 《论语注》与儒学的现代转向

多灾多难的中国遭遇"千年未有之变局"且在列强的枪炮下踽踽前行。处在经济与文化转型的关键时期,"西学""西政"等新思想与新文化不同程度地作用于中国的政治格局。深受西学思想的洗礼与启发的康有为,从小就浸润在儒家传统之中,其思想具有多元性的特点。面对世事巨变,处在内忧外患的动荡的时代的康有为是通盘思考古今、中西之争又试图把中西、古今之学融为一体并给出中国未来之药方的先进中国人。康有为一直立足于儒学本位,将"西学""西政"与儒学进行融合、比附并试图以此来改造儒学,以求儒学的现代性转型。"康有为在这里开辟了一个以阐发孔子思想的现时代价值为基本特点的新的研究方向,而这也正是后世新儒家所努力的方向。"②

在康有为看来,一种新思想要想被世人接受,最有效的方式就是回到经典"托古"以"改制",只有这样才能切实推行其政治主张以达到挽救民族危亡的重任。康有为一生经历"援西入儒""以西化儒""儒西并尊"以及"以儒化西"四个阶段,可是看出"尊孔"是贯穿康有为一生的主基调。对于儒学与孔子,康有为绝非纯粹地利用,而是诚心地信奉,绝不是时人叶德辉认为的"貌孔心夷"。"康氏一直敬仰孔子,他深信真正儒学的道德效力并未被几百年来的伪经损坏殆尽,仍然可以恢复,不仅可为中国人,而且可为整个人类服务。"③ 这是萧公权先生对康有为改造儒学的肯定,但是他也同时指出:"康氏可能还在另一事上不利于儒学,他在怀疑古文经非真之余,无意间洞开了怀疑整个儒学

---

① 康有为著,姜义华等校:《康有为全集》(第6集),中国人民大学出版社2007年版,第483页。
② 王钧林:《康有为对儒学的改造》,《中国哲学史》2016年第4期。
③ [美]萧公权著:《近代中国与新世界——康有为变法与大同思想研究》,凤凰出版传媒集团2007年版,第73页。

传统的大门"。① 对于传统文化的过分抨击会导向儒学的反面,从而导致现时与传统的割裂。但是康有为更加明白的一点是:只有正视传统,儒学才有出路。康有为对儒学的改造客观上动摇了孔子与经学的根基,但是这是儒学发展必须经历的阵痛,儒学必须脱掉神圣的外衣并回到现实中来才能重获新生。楼宇烈先生也指出:"激烈地抨击传统,只能逞一时之快,并不能使现时真正与传统割断,甚至可能会产生一种反弹力,导致盲目颂扬传统的逆反现象。相反,只有正视传统,促使其自我更新,使其在现时代发挥其应有的作用,这样才有可能真正摆脱传统的束缚,而变包袱为财富,变阻力为动力。"②

当然在《论语注》中经常见到康有为对经典诠释的断章取义,甚至为达到政治目的不惜曲解原典而进行自我创造,这种做法虽不可取,但跃动的正是康有为作为一个解经者强烈的个体创造性。"大醇小疵,并不足以否定康有为对孔子、儒家的改造在基本方向上的正确性。"③ 康有为的初衷是要借经典诠释来张扬自己个性,彰显其政治主张,援"西学""西政"进入中国儒家传统,以期实现"托古改制"的真实意图。在对经典的注解上,康有为为达到政治需要一任自然,这样的解经方式甚至不惜对经典进行篡改,将一己的见解塞进文本,由此也可以将《论语注》定位为一部对经典过度诠释的著作。康有为不可能像中规中矩的洋务派领袖张之洞那样有坚守保守主义的心智与政治德性,也就是说,其注《论语》很难建立在扎实的儒家义理、学术的基础之上。他处在空前动荡的时局,时代所能给予他的空间和条件已经被极度地压缩,因此,需要对康有为予以全新的审视,他的政治视野与远见卓识是时人难以望其项背的。《论语注》是削《论语》之足以适己履,这有其时代合理性,这也正是康有为的思想挑战性和历史现实感的表现。

康有为宣扬的"公羊三世"说主要来自春秋"公羊学"与西方进化论的糅合与创造。康有为认为,孔子之道在"六经","六经"统一于"春秋",而"春秋"之"经世致用"的精髓又复归于"公羊"。康

---

① [美]萧公权著,汪荣祖译:《近代中国与新世界——康有为变法与大同思想研究》,凤凰出版传媒集团2007年版,第97页。
② 楼宇烈:《借古为今乎? 恋古非今乎?——〈康有为学术著作选〉编后》,《书品》1989年第2期。
③ 王钧林:《康有为对儒学的改造》,《中国哲学史》2016年第4期。

有为校勘、训诂，借古谈今、借题发挥显然是为了达到经国安邦、通经致用的效果。他在《礼运注》中借"天下为公，选贤与能"原典进行发挥利用，康有为说："夫天下国家者，为天下国家之人公共同有之器，非一人一家所得私有，当合大众公选贤能以任其职，不得世传其子孙兄弟也，此君臣之公理也。"① 康有为承袭春秋"公羊三世"说，征引《公羊传》与《论语》经文并加以发挥，力图确证孔子改制的事实，这种方式虽然不能让人完全信服，但是他宗主"公羊学"经世致用的治经立场是坚定而明确的。康有为对于《论语》的注解与以往学人解经的不同之处在于，他利用"西学""西政"阐释《论语》以改造儒学，使得《论语注》一书有了近代化的色彩。康有为开创了将西方自由、平等、人权、博爱等"西政"理念以及西方自然、社会科学知识与儒学进行融合以求达到改造儒学的方法，这种解经倾向的新模式具有重要意义。《论语注》是对已经落败的维新变法运动从理论上进行反思与总结，以"西学""西政"来扩展"公羊学"。康有为一直坚信传统儒学是中华民族复兴的内生性力量，这也极大地丰富了传统儒学的内涵。因此，康有为是20世纪中国思想史上折中中西思想的探索者，是一位从儒家内部出发并努力调融中西、古今的先进中国人，是开辟中国传统文化向近代转型、将经学研究和救亡图存紧密关联的探路人。"虽然康有为的政治变革设想未尽完成，他的儒学体系亦不尽完善，但是，他打开了种种的可能性"。②

康有为巧妙运用公羊学"通经致用"的学术传统，将西方自由、平等、民主、博爱人权等政治理论以及风靡全球的进化论思潮纳入《论语》的诠释之中。康有为是一个"卓尔不群，第一个慧眼独具，透过厚厚的历史尘埃，看出孔子思想中那些即使到了二千四百多年之后仍然价值犹存、光彩不减的部分"③ 的时代中国人。从中也可看到康有为对"我注六经"式的解经模式的纯熟应用，此不仅为其维新变法思想提供理论依据，而且客观上促进了儒学的近代转型，具体表现在以下四

---

① 参考楼宇烈：《借古为今乎？恋古非今乎？——〈康有为学术著作选〉编后》，《书品》1989年第2期。
② 干春松：《康有为与儒学的"新世"——从儒学分期看儒学的未来发展路径》，华东师范大学出版社2015年版，第176页。
③ 王钧林：《康有为对儒学的改造》，《中国哲学史》1996年第4期。

个方面：

第一，康有为以儒学为本位，融会中西、古今之精华，对儒家思想进行创造性转化，在整个《论语》学史和四书学史上颇具开创意义。身处中西文化交汇的大变革时代，康有为通过对儒家经典《论语》作注，以一种开放的文化胸怀，用今文经学"通经致用"思想与西学融合，将传统儒家的公羊学说，西方的科学知识、政治思想以及佛教思想进行有机融合。康有为以儒学为本位，对于遭受灭顶之灾的儒家思想走向近现代做出有益尝试。"康有为也许可以说是近代中国尝试着使传统文化，特别是儒家孔孟学说，向近代转化、为近代社会服务的第一位探路人。"[1] 康有为首次立足于当下，将西方近代思想观念融入《论语注》，突破了儒学以往的解经方式，在中国经典诠释史上具有重要意义。

第二，康有为把西方进化论思想、科学知识等"西学"与中国古代的公羊三世说相结合，促进儒学与"西学"的融合。康有为对儒学的改造为中西思想的融通开辟了道路，将西方的先进思想渗透到中国新生代的知识分子中。[2] 康有为巧妙地将西学引入儒学的诠释体系之中，效仿泰西成了中国改革变法的主要目标。[3] 康有为采用"以西化儒""援西入儒"的方法突破了"以儒释儒"所形成的日益陈旧、僵化的解经思维，将不适合近现代价值的儒学思想成分进行涤荡和整理，为传统儒学的发展开出一剂良方，更表现了儒学"苟日新，日日新，又日新"的特质与旺盛的生命力。康有为的努力不仅为传统儒学带来生机，也为儒学的未来发展指明了新的方向。

第三，康有为《论语注》的儒学建构一定程度上表明儒学"通经

---

[1] 楼宇烈：《康有为与儒学的现代转化》，参见《孔子诞辰2540周年纪念与学术讨论会论文集》（下），三联书店1992年版，第2149页。

[2] 参见朱忆天：《康有为的改革思想与明治维新》，上海人民出版社2011年版，第212页。"康有为的儒学改革，为贯通中西的、作为全世界普遍'公理'的社会进化论渗入中国社会，开辟了一条崭新的道路。变法运动后，特别是20世纪初，高举'优胜劣汰'法则的社会进化论，日益渗透到中国新生代知识分子中间。"

[3] 参见张勇：《戊戌时期章太炎与康有为经学思想的歧异》，《历史研究》1994年第3期。"他以'孔子自造'的精神，为人类社会发展设计了普遍适用的、机械的'三世'模式。在他看来处于'升平'之世的泰西文化，代表了人类社会发展目前所能企及的最高阶段。所以，仿效泰西也就成了今日中国改革变法的主要目标。"

致用"价值指向的确立。① 康有为以西方先进的文明成果为重要参照，对经典的诠释与政治文明、社会进步建立有效的勾连具有重要意义。康有为站在中西文化的交汇点上吐故纳新，将"西学""西政"纳入儒家经典体系与中国的社会现实当中，将中国固有的传统文化与西方近代政治体制建立有效的关联，这无疑对转变观念具有巨大的冲击力量，其中蕴含着极强的时代意识，而非纯学术性的思想。这种关注时局并力求改变现状的努力，由学术渐至现实的解经模式的改变无疑具有积极的现实意义。

第四，康有为破除夷夏之辨，超越了华夏中心主义保守者的局限，开显了儒学的普世之学。《论语注》还表现在康有为超越了传统儒学的夷夏之辨，他已经不再有清代士大夫的天朝上国情结，而抵触现代文明或不愿意进入现代文明才是康有为心目中最可怕、最野蛮的夷狄，这也在一定程度上冲击了中国人根深蒂固的"夷夏之防"的传统观念。康有为"学术层面的改革没有成功，却大大促进了清末思想界的进化，间接促进了社会的转型，真可谓'失之东隅，收之西隅'"。② 康有为的儒学思想一定程度体现了西方平等观念深入人心，中国开始具有一种走向世界、融入世界的趋势，同时康有为也为中国文化及中国儒学的拓展开辟了道路。

五 结语

综上所述，康有为对儒学改造的四点功绩可谓"善莫大焉"，客观上促进了儒学的发展。但是我们也不可忽视这样一点：康有为《论语注》对《论语》的诠释促使古老的儒学进行艰难转型，但这种转型需要和社会的发展保持同步才具有现实意义。"康有为从'先行者'变为'落伍者'，不是他倒退了，而是时代前进了，他却原地打转，不肯随着时代而前进"。③ 康有为"六经注我"的解经方式，缺乏实事求是的精神，诸如把《论语》与西方"进化""民主"等思想进行简单的、生硬的联系，显然有失客观，"康氏随任己意，有时甚至不惜改经，以便

---

① 参见刘星：《康有为今文经学的"通经致用"思想》，《自然辩证法研究》2016年第2期。
② 姜广辉、李有梁：《康有为的经学近代化改革及其失败》，《中国哲学史》2013年第2期。
③ 王钧林：《康有为对儒学的改造》，《中国哲学史》1996年第4期。

将自己的见解尽量塞进文本"。① 晚年他沉迷于君主立宪,对民主革命进行抨击是其失误的地方。当然学界曾一度把他定位为时代的"落伍者"也有失公允,因为我们应该看到他为儒学付出的努力,在危难的时局中,留给他的时间和空间是十分有限的,这也是他为救亡图强不得已而为之的做法。

我们不但要成为儒学坚定的践行者,还要把握时代脉搏,正确认识、分析儒学的利弊得失,取其精华、去其糟粕,做儒学真正的传承者与发扬者。我们要"推动中华优秀传统文化创造性转化、创新性发展"②,这是习近平总书记多次强调,在党的十九大报告中再次申明的重要论断,也为我们文化建设事业的发展指明了方向。"一个方方面面充满争议的康有为要比更少争议的梁漱溟、熊十力或钱穆,在今天对于我们来说更有思想性的挑战性和历史的现实感。"③《论语注》所昭示的儒学转向的价值和意义不能因为康有为在学术上、政治上和道德上的不完美而对他一概予以挞伐。我们要积极挖掘《论语注》中可资利用的资源,吸收、借鉴其对儒学的现代转型中积极的、有益的成分为我所用。只有这样,我们才能将儒学中诸如"和而不同""己所不欲,勿施于人"以及"仁义礼智信"等核心价值与时俱进,同当今时代建立起有效的逻辑勾连。只有古为今用、学以致用,儒学才有更为美好的未来。

第二节 康有为《孟子》诠释研究④

《孟子微》是康有为在印度大吉岭诠释儒家经典的系统力作,康有

---

① 马永康:《〈论语〉注解中的"公羊学"取向——刘逢禄〈论语述何篇〉和康有为〈论语注〉比较》,《孔子研究》2008年第3期。
② 2013年11月26日,习近平总书记在山东考察曲阜时首次提出"创造性转化、创新性发展"这一论断。对创造性转化与创新性发展问题习近平总书记也下过明确的定义:创造性转化,就是要按照时代特点和要求,对那些至今仍有借鉴价值的内涵和陈旧的表现形式加以改造,赋予其新的时代内涵和现代表达形式,激活其生命力;创新性发展,就是要按照时代的新进步新进展,对中华优秀传统文化的内涵加以补充、拓展、完善,增强其影响力和感召力。
③ 张旭:《大陆新儒家与新康有为主义的兴起》,《文化纵横》2017年第3期。
④ 本节与河北工程学院张少恩合著。

为对《孟子》的创造性诠释集中在经学与西学之间的调适与融合上面。康有为以西方政治模式为参照，从民主体制、三权分立制度以及自由平等学说等方面阐发其一以贯之的民本思想，使民本思想掘发出新的时代与意义；糅合春秋三世与西方的进化论，形成"三世进化"的历史观，从而系统性地改造了孟子循环史观的局限；阐释《孟子》思想的井田制原则，赋予其重商主义新的内涵并建构了一套具有中国本土化资源的现代西方的经济制度。康有为"援西入儒"的努力，以今文经学的"经世致用"的特质对西方的现代价值进行糅合，探索并发现了孟子思想中隐而未彰的现代性价值，发掘和拓展孟子的外王思想，尝试推动儒学的现代转型，开现代孟学之先河。

《孟子微》是康有为"援西入儒"融通经学与西学的代表性作品，康有为对孟子思想的内圣之学着墨不多，主要致力于发掘和拓展孟子的外王思想，以今文经学的经世致用糅合西方的现代价值体系，探索和发现孟子思想中的现代性价值，会通中西，综合古今。黄俊杰称"康有为是20世纪中国思想史上，一位从折中中西思想中从事儒学现代化伟业的思想家，也是一位从儒家新解释中努力调融中西思潮的学者。《孟子微》这部书可用来证明康有为在历史上的地位。"[①] 本文即以《孟子微》为研究对象，尝试发现康有为在经学与西学的比较与融通。

一 康有为撰写《孟子微》的时代背景

《孟子微》的撰写与康有为的学术渊源有很大联系。康有为早年即在其祖父与伯父督促下熟读儒家经典，博览群书，涉猎广泛。康有为早年的学术思想由朱次琦引入，其师作为理学大家对儒家各派内部持一种包容的态度，这种学术宽容对康有为的学术风格和未来走向方面影响很大。康有为曾经批判韩愈"盛名之下，其实难副"，面对于康的大胆批韩，朱只是"笑责其任"，似乎认可康氏的做法。后来康有为称赞其师："先生动止有法，进退有度，强记博闻，每议一事，论一学，贯串今故，能举其词，发先圣大道之本，举修己爱人之义，扫去汉宋之户，而归宗孔子。"[②] 康有为撰写《孟子微》前后，有一段对自己的早年学术风貌概括的描述：

---

① 黄俊杰：《中国孟学诠释史论》，社会科学文献出版社2004年版，第329页。
② 康有为：《康南海自编年谱》，中华书局1992年版，第112页。

"予小子六岁而受经，……始循宋人之途辙……既悟孔子不如是之拘且陋也；继遵汉人之门径……乃尽舍传说，而求之经文。读至"礼运"，乃浩然而叹曰：孔子三世之变，大道之真，在是矣。大同、小康之道，发之明而别之精。①

康有为此段自述基本忠实，其兼采众家之长的学术风格在其学术经历中多有体现，先入程朱，归于汉学，汉宋并蓄，经史兼采，加上西学与佛学的熏陶，游离于多种学术之间。并且，康有为对于儒学的信仰有增无减，每一次转变都是对之前的一种提升和升华。尽管在某个阶段看来似乎思想前后矛盾，但是在康氏的整个哲学体系构造来说是逻辑一致的，即不遗余力构造自己的新儒学。

《春秋》今文学是影响康氏的主要思想来源。康有为视公羊学为自己的精神旨归，认为《春秋》公羊学最为完备和信实，几乎可以囊括整个的儒学体系，他曾说："孔子有六经，大道萃于《春秋》；《春秋》有三传，唯有《公羊传》畅明《春秋》大义。"② 康有为通过阐述公羊学为改制寻找理论的依据。首先，康有为一改孔子"信而好古，述而不作"的特点，将孔子塑造称"述而为作"的圣人，这有利于为自己的思想构造奠定前提和基础，《孔子改制考》的问世也证实了康有为改造公羊学的思想精髓；另外《春秋》公羊学强调春秋三世，根据史官"所见""所闻""所居"分为"据乱世""升平世"和"太平世"，在康有为的理解中"升平世"可以释为小康社会，"太平世"就是儒家理想中大同社会，人类社会螺旋式上升，从"据乱世"逐步向"太平世"迈进，向前推进，最后到极乐世界，世界上的人最后生活在和平与极乐的统一之下。

康有为对公羊学的认同与公羊学本身的思想特征密不可分：首先，公羊学向来倾向寓社会理想于政治之中，学界称之为政治诠释学。尤其在新朝改制之时，儒家学者借公羊学为时代立法。比如在汉初公羊学曾引起思想界的关注，董仲舒曾借公羊学之名行改制之实，通过改制推动

---

① 康有为：《孟子微·序》，中华书局1987年版，第1—2页。
② 康有为著，刘梦溪主编：《春秋董氏学自序》《康有为卷》，河北教育出版社1996年版，第108页。

社会体制从上古的封建制向秦汉的中央集权宗法专制社会转变。而到君主专制社会的末期，社会也面临着重新建构的时候，康有为也想借诠释公羊学为改制正名，梁启超指出"康有为只是用公羊学来变法的第一人"。其次，公羊学微言大义，注重义理的阐释发挥，而对史实的考证要求严格，发挥的空间较大，这正是重发挥轻考证的康有为自由诠释的新载体。康有为平生就厌倦考据之学，斥之为"荒芜繁杂"。借于此，公羊学的微言大义为康氏所称颂。但是，康有为保持极强批判精神，虽认可公羊家法，但不迷信公羊学，只取公羊学中有利于自己思想建构的部分，其他思想则一概摒弃。例如他称赞董仲舒而贬低何休便是明证，康氏所关注的只是今文经学家的三世大同之义。

康有为推崇今文经公羊学，并以此构建自己的大同思想体系。而孟子恰好是传承孔子大同之学的中流砥柱，康有为专门在《孟子大义考》《孟子为公羊学考》中论述了孟子在"道统"谱系上的中坚地位，称孟子为"孔门之龙树，保罗"。① 康有为早期列孟子、荀子列为"二伯"，指出荀子主要在于传礼、传经，在传承谱系上荀子传子夏之学"传穀梁而不慎发明"，注重以礼治国，重实际践履，倾向于用外在的约束来治理国家，因此在"据乱世"之中充其量只是"小康"；孟子则传承《诗》《书》和《春秋》公羊学（《春秋》之中《左传》仅为历史，不明大义，《谷梁传》传考证思想，但言之太略皆为孔子所传承，唯有《公羊传》恰是孔子之真学所在），公羊学的微言大义即经世致用的大同之学，《春秋》公羊学的精义正被孟子所传承。孟子作为孔门的护道使者属于儒家的嫡传，康有为从儒家的传承谱系上确定了孟子在孔门中的正统地位。"子游受孔子大同之道，传之子思，而孟子受业于子思之门，深得孔子春秋之学而神明之……孟子乎，真孔门之龙树乎保罗乎？"② 康氏指出孔子将大同之学传之有子，有子传之子游，子游传之子思，而孟子私淑子思，因此孟子即孔子大同之学的嫡传。大同之学传承谱系为"孔子—有子—子游—子思—孟子"。作为孔门嫡传，孟子得"孔子大道之本者也"。诚然，康氏的传经谱系在学术研究中存在争议，这是康氏构建自己哲学体系的需要，历史的应然与实然在康氏这里是合

---

① 康有为：《孟子微》，中华书局1987年版，序言部分。
② 康有为：《孟子微》，中华书局1987年版，序言部分。

二为一的，康氏的历史判断从属于他的价值判断，抬高孟子的地位主要是出于公羊学的需要。

康有为对西学的涉猎也很广泛，17岁读《瀛环志略》"知万国之政，地球之理"，对明代进入中国的西学思想饶有兴趣，比如利玛窦、徐光启等引入的西学思想。康有为以孟子作为自己经学与西学的结合点，"有当大地之乏通，万国之并会，荟东西诸哲之心肝而醋饮之"①。

二 本土儒学"民本"思想与西方"民主"思想的融合

民本思想源于《尚书·五子之歌》"皇祖有训，民可近，不可下。民惟邦本，本固邦宁。"夏康之弟劝诫夏康，强调民众是国家的根本，因此要敬民、重民、爱民，慎重处理民事、国事。民本主义在后世得到儒家的传承与发挥，孔子在"民本"思想的基础上又提出了"重民""富民""教民""德政"等系列主张；而真正把民本思想发挥到极致的应该是孟子的"民为贵，社稷次之，君为轻"（《孟子·尽心下》）。孟子的"民贵君轻"理论以民意为理论依据，呼吁爱民、重民、与民同乐，反对暴政，并且将民意视为执政合法性的标准，将民本思想提升到一个新的阶段；孟子在君民关系方面强调重视"民"的作用和地位，提出君主必须爱民利民，如果虐民，便会引起人民的反抗，民众有权驱除不负责任和不能接纳谏诤的君主。

正因为孟子一直坚持民本的价值，因此孟子民本思想在专制时代引起君主的忌惮。君主专制集权化体制以来，孟子以民意为旨归的民本思想成为历代士大夫为民请命、对抗专制的一种永久抗议，但由于时代的局限，民本思想在这种体制之下不能充分发挥，只能充当儒者的"理想国"，明代朱元璋曾经就因为孟子的"民贵君轻"思想而废黜孟子孔庙配享的资格。而康有为正是承接孟子的民本思想，强烈反对君主专制，痛斥专制政府是最低级政府，只能存在于一些文化政治落后的国家之中，专制政国家连小康都实现不了，遑论大同社会。专制君主通过法、术、势来控制天下的百姓，怀疑周围一切人，甚至于连身边的亲人都不信任，专制君主的权力如果没有制约的话便易于发展为暴政，中国历史上有不少的例子正是由于专制而造成民怨四起和社会停滞的，因此，中国历史发展页陷入"其兴也勃焉，其亡也忽焉"的历史周期律。

---

① 康有为：《大同书》，吉林出版集团有限责任公司2012年版，甲部序言。

康有为斥责专制使"《春秋》扫地绝矣。于是三世之说，不诵于人间；太平之种，永绝于中国。公理不明，仁术不昌，文明不进，昧昧二千年，瞀焉惟笃守据乱世之法以治天下……使我大地先开化之中国……衰落守旧不进，等诮野蛮，岂不哀哉?"① 中国的专制政治造成了近代落后挨打的局面。

孟子的民本思想在康有为的诠释中得以充分发挥。康有为以西方的民主政治概念来阐述诠释孟子"民本"思想，指出孟子的民本思想具有现代性的因子，从中可以探索和挖掘出现代性的民主、自由与平等的西方政治思想。康氏的理想是建立大同世界的民主，称尧舜时代已经具备民主的萌芽，共和政府是将来民主的最高最完美形式；在大同世界的民主政府中，人人皆有选举的权利。康有为在解释《万章》"万章曰：尧以天下与舜，有诸？孟子曰：天子不能以天下与人。然而舜有天下也，孰与之？曰天与之。"感叹曰：

> 此明民主之义。民主不能以国授人，当听人之公举。《礼记·礼运》所谓"大道之行，天下为公，选贤与能"也。……此乃《孟子》特义。②

康有为在文中把现代西方的民主选举精神赋予到孟子的民本之中，以民意作为执政合法性之依据，强调孟子的伟大之处在于将"天之所与"导向"民之所归"，基于现代民主制的基础，使得政府获得政治学意义上的合法性，而这种政权的合法性来自人民。

在现代政治哲学中，政府的设立应该以民意为根本立足点，举凡一切礼乐政法都应该为民负责，百姓虽然不直接参与政治，但是需要有人来代理他们行使不同的公共管理之权利，这方面颇有现代社会契约的精神。康有为在《孟子微》中将孟子的"民为贵，社稷次之，君为轻"诠释为：

---

① 康有为著，乔继常选编：《康有为散文》，上海科学技术文献出版社2013年版，第212页。

② 康有为：《孟子微·中庸注·礼运注》，中华书局1987年版，第103页。

此孟子立民主之制、太平法也。盖国之为国，聚民而成之，天生民而利乐之，民聚则谋公共安全之事，故一切礼乐政法皆以为民也。但民事众多，不能人人自为，公共之事必公举人任之。……所谓"得乎丘民为天子，得乎天子为诸侯，得乎诸侯为大夫"也。今法、美、瑞士及南美各国皆行之，近于大同之世，天下为公、选贤与能也。孟子已早发明之。①

康有为称赞孟子民本思想体现有现代性的自由权利、选举原则、以公举定大位等精神，具有代议制的萌芽，君主是代替民众来执行社会管理，这种现代方式更能体现"天下为公，选贤与能"的原则。

民主不是一种抽象性概念，必须有具体而切实可行的过程和实施方案才行，否则民主便会沦为一种抽象的概念，或沦为一种暴民政治；并且民主的初衷与民主过程是两个独立的概念，而过程的实施尤为重要，因此必须逐步建立一套完整的能够实施民主原则的制度。基于渐进主义的风格，康有为认为推行改制的过程中必须要讲究适度的原则，不可冒进，如果急于求成便会"欲速则不达"。康有为考虑到中国两千年的专制背景，由于时机还未成熟，不能马上实现共和制度，因此应该借鉴西方的民主体制缓慢地进行政治改革，推行君主立宪制度。

作为升平世的民主制度，立宪制推动制约专制而保证民权，而且对于强大的君权具有制衡作用；尤其在现代社会，权力之间的制衡作用对于完善民主制的健全功不可没，比如议院作为一种畅达民意的途径，议院制经过代议人员而发表自己的意见，并扮演重要的议政角色，其实先秦时代也已经有萌芽，郑国的子产不废乡校的例子就可以证明议政的自由。康有为还强调作为完善的三权分立民主制，必须保证司法的独立性，康氏从孟子与桃应的对话中，引申出司法权独立的意义，"桃应问：'舜为天子，皋陶为士，瞽瞍杀人，则何如？'孟子曰：'执之而已矣。'《孟子·尽心上》，康有为诠释为：

此明司法官之独立，而法律各有权限，不得避贵也。各国律皆有议贵之条，此据乱世法也。若平世法，则犯罪皆同。美国总统有

---

① 康有为：《孟子微·中庸注·礼运注》，中华书局1987年版，第20页。

罪，亦可告法司而拘之，义同于此，近升平法矣。孟子发平世义，故明法司可执天子父，而天子不能禁也。拘父犹不能乱法，况其他乎？此章专明司法独立之权，而行政不得乱法，托舜发之。窃负而逃，乃极言。①

法律的实施，容易受到权势的干涉，而舜的例子恰好说明了西方司法独立的意义，行政不得干涉司法，从而可以保证法律的公正和权威，这里面还涉及儒家政治哲学中公私关系的概念，不得因私而废公。在升平世之中由于权力的制约要求，有必要引入政党制，两党的竞争使人才日进而不可退，现代的政党制度配合现代民主制度的实施，可以保证升平世时代民主的实现。

康有为在《孟子微》中从民主的体制、基本原则、实施过程等几方面来诠释民本思想，其民本发微的政治目标是以西方模式为参照，实现中国政治方面的转变，以缓慢的步调，经过几个阶段的民主变革，从而使传统中国进入世界的共同的现代价值体系，使民本思想在摇摇欲坠的清末掘发出新的时代含义。

三 "春秋"三世与西方进化论的融合与调适

孟子持"以治一乱"的循环史观，在《孟子·公孙丑下》中有一段孟子与充虞的对话体现了孟子的历史观。孟子的"五百年必有王者兴"为一独创的历史观，用来评价中国历史兴衰的历史哲学。但是，康有为在诠释孟子历史哲学时摒弃孟子的循环史观，而将春秋三世与西方的进化论糅合在一起，同时吸取《易经》的变与通、因革损益等思想，从而形成自己独特的"三世进化"历史哲学理论，并用"三世进化"来解读孟子历史哲学。

"春秋三世"是公羊学的历史哲学理论，认为人类社会是沿着"据乱世""升平世""太平世"顺次进化的过程。"三世说"起源于《公羊传》"三世"，在鲁国的史书中公羊家解释为根据孔子所见、所闻、所传闻来划分，孔子生活的鲁哀公、定公、昭公为孔子的"所见之世"。何休将所传闻世称为衰世，也就是"据乱世"，所居之世称为"升平世"，所见世为"太平世"。清中后期，从庄存与到龚自珍皆阐发

---

① 康有为：《孟子微·中庸注·礼运注》，中华书局1987年版，第105页。

春秋学三世的微言大义。康有为在传承《春秋》公羊学的基础上，对《礼记·礼运》"大道之行也，天下为公"予以探究，赋予其新的含义，根据大同世界与小康世界的划分，把儒家理想的太平世比作大同社会，而升平世比作小康社会。康有为将孟子列为传承谱系的关键地位，多次强调孟子继承孔子、子游、子思的《春秋》公羊学的"三世"之说，在《孟子微》中指出：

> 《春秋》要旨分三科：据乱世、升平世、太平世，以为进化，《公羊》最明。孟子传《春秋》公羊学，故有平世、乱世之义，又能知平世、乱世之道各异。……若孔子生当平世，文明大进，民智日开，则不必立纲纪限名分，必令人人平等独立，人人有权自主，人人饥溺救人，去其塞，除其私，放其别，而用通、同、公三者，所谓易地则皆然，故曰"礼时为大"。《礼运》记孔子发大同小康之义，大同即平世也，小康即乱世也。①

三世进化理论另一来源是西方近代的进化论，是经过达尔文的进化论的激发催生的新的历史哲学。康有为通过会通中西把儒家经典中的大同、小康社会与公羊学的春秋三世和西方的进化论进行改造，形成了独具特色的三世进化历史哲学，当他读到《礼运》时叹曰："孔子三世之变、大道之真在是矣"②。梁启超称其师："夫三世之义，自何邵公以来，久暗焉，南海倡此，在达尔文主义未输入中国以前，不可谓非一大发明也。"③ 康有为的三世进化理论在《孟子微》中得到体现。

首先，康有为基于进化史观认为，人类社会的发展过程是逐步进化的过程，即自原始草昧时代至未来的大同社会就是不断前进的历程。康有为以"据乱世"类比为"乱世者，文教未名也"的古代文明；而"升平世"便是进入逐渐平等的近代文明，即"渐有文教"的小康之世；等到了"太平世"便是"远近大小如一，文教全备也"高度文明的大同社会。伴随着人类的进化还有民族的发展，与三世进化相一致，

---

① 康有为：《孟子微·中庸注·礼运注》，中华书局1987年版，第21—22页。
② 康有为：《孟子微·中庸注·礼运注》，中华书局1987年版，《礼运注序》。
③ 梁启超：《梁启超论中国文化史》，商务印书馆2012年版，第315页。

随着社会发展，中西各民族将互相消融，趋向统一，"孔子之春秋，张为'三世'，据乱世则内其国而外诸夏，升平世则内诸夏而外夷狄，太平世则大小若一，推之进化之理而为之"①。康有为还进一步指出人类社会进化的动力就是不忍人之心即仁，是由"不忍之心"的不断扩充所致。不断推广仁爱之心，人类社会就能由野蛮进化到文明，最后达到大同世界。"一切仁政皆从不忍之心生。……一核而成参天大树，一滴而成大海之水。人道之仁爱，人道之文明，人道之进化，至于太平大同，皆从此出。"② 在人类的进化过程中，康有为也强调了"生存竞争"起到了非常重要作用，"草昧初开，为大鸟兽之世，及人类渐繁，犹日与禽兽争……中古人与人争地，故以灭国俘虏为大功……盖生存竞争之理，人智则灭兽文明之国则并野蛮，优胜劣败，出自天然"③。此外教化也起了很大的作用，"国之文明，全视教化；无教之国，即为野蛮；无教之人近于禽兽。"④

其次，随着人类社会的进化，其社会制度也应该趋于进化。社会由原始时代到部落，由部落到国家；社会的组织者也"由首长，到君主"；社会体制也"由无政府而有政府，由专制而立宪而共和"。康有为指出：

> 人道进化皆有定位，自族制而为部落，而成国家，由国家而成大统。由独人而渐立首长，由首长而渐正君臣，由君主而渐为立宪，由立宪而渐为共和。由独人而渐为夫妇，由夫妇而渐定父子，由父子而兼锡尔类，由锡类而渐为大同，于是复为独人。盖自据乱进为升平，升平进为太平，进化有渐，因革有因，验之万国，莫不同风。……⑤

在据乱世，社会制度为君主；社会发展至现代，则为升平社会，应该实施君民共主的立宪，"政在大夫，盖君主立宪，有道升平也"；而

---

① 康有为：《论语注》，中华书局1987年版，第28页。
② 康有为：《孟子微·中庸注·礼运注》，中华书局1987年版，第9页。
③ 康有为：《孟子微·中庸注·礼运注》，中华书局1987年版，第167页。
④ 康有为：《孟子微·中庸注·礼运注》，中华书局1987年版，第167页。
⑤ 康有为：《论语注》，中华书局1987年版，第128页。

将来发展至太平社会应该实施民主与共和。康有为的历史哲学致力于推动变法改制,因为西方世界已经进入升平之世,实施新的政治制度,中国应该赶紧向西方学习,接受君主立宪,从而顺应时代发展潮流,《孟子微》中提到的升议院,开国会,恰是当下中国应该马上实施的。但是当时中国依然处于专制体制之中,如果一味墨守成规,故步自封,抱残守缺,食古不化便会产生亡国灭种之危。

对于"三世"进化论所达到的最终理想,康有为根据"凡大地皆自小并至大,将来地球亦必合一,盖物理积并之自然之理",预言"将来必混合地球,无复分别国土,乃为定于一大一统之征,然后太平大同之效乃至也"①。康有为用历史上的中国和其他国家的统一过程为例,证明人类的历史是走向融合的历史,国家的界限正在消除,世界正趋向统一。人类未来的理想社会便是大同社会,尽管大同思想来自儒家的《礼运》,但在康有为看来,这种大同社会不是西方的,也不是东方的,大同社会从社会建构到伦理道德,到经济生活完全是超越国际的,因此大同世界是一种世界主义的视角。萧公权称:"康氏在此并不是维护中国价值或是移植西方思想,而是要为全人类界定一种生活方式,使人人心理上感到满足,道德上感到正确。在此,他的社会思想中的'世界化'阶段表露无遗。"②

最后,康有为的进化论思想既是一种价值体系又是一种渐进主义的方法论。他强调制度的变革必须采用渐进的方式,经过温和、逐步的改革逐步通向未来的大同社会,康有为反对历史幻想派的"毕其功于一役"的做法,"君子无欲速,欲速则不达",其渐进主义根底便是"三世"进化主义的论调。

四 古代井田制与西方现代经济制度的融通

康有为在援西学释经学的解读中,《孟子》的井田制也是发挥的重点之一。康有为在《孟子微》中多次强调井田制的重要性,"《孟子》一书,言义理自仁始,言人伦自父子始,言制度自井田始。"③"孟子发

---

① 康有为:《孟子微·中庸注·礼运注》,中华书局1987年版,第78页。
② 萧公权:《康有为思想研究》,新星出版社2005年版,第297页。
③ 康有为著,吴熙钊、邓中好校点:《南海康先生口说》,中山大学出版社1985年版,第2页。

挥孔子,全讲井田。时井田之制尚未行,故孟子屡言之。"① 井田制作为孟子的一种理想主义土地制度,作为恒产来保证百姓的恒心,借此而实现仁政。康有为对井田制进行了充分的发挥,将西方近代社会主义的均平经济观念赋予到井田制之中,并且结合大同社会的经济公有与均平,对未来的社会进行设想:

> 田产平均,人人无甚富贫,升平之制也。孟子学孔子,开口即言仁政,及叩仁政之实,告齐滕,改旧制,而力行以救生民者,则只此升平之制也。英人傅氏言资生学者,亦有均民授田之议。傅氏欲千人分十里地以生殖,千人中士农工商之业通力合作,各食其禄,此则孔子分建之法,但小之耳,终不能外孔子之意矣,盖均无贫,安无倾。近美国大倡均贫富产业之说,百年后必行孔子均义。②

康有为在用公有制来解读未来的经济模式时,并没有脱离具体的社会现实,他尤其强调私有制是不可跨越阶段。大同社会经济制度为公有,天下为公,但现在处于升平世,不应该马上跳跃到公有制之中,康有为指出孟子的八口之家、百亩之田具有公私兼顾的特点,这种模式为康氏所推崇,如果盲目公有则会"程度未至,而超越为之,犹小儿未能行,而学逾墙飞瓦也,若夫未行立宪,而超入共和,则是小儿慕飞船之悠扬天空,而遽欲学焉,未有不颠坠而死者矣"③。但是鉴于私有制也可能带来弊端,只顾短期利益的事实,政府应该从全局方面来把握经济局势和发展趋势,经政府认可的私人企业来实施一些经济方面的投资和生产。政府领导主要是激发私营企业而非取代,在经济发展中作指导性角色,做好配合工作,比如培养企业精神,开放创新能力,提供技术指导。而私人企业的规模与管理完全成熟之后达到大同社会时才可以逐步取消私人成分。

康有为还强调经济制度的重商主义。中国传统社会以农业为立国之

---

① 康有为:《孟子微·中庸注·礼运注》,中华书局1987年版,第10页。
② 康有为:《孟子微·中庸注·礼运注》,中华书局1987年版,第11—12页。
③ 康有为:《不忍》《国会叹》,收入《康有为政论集》,中华书局1987年版,第882页。

本，崇本息末，打击商人，先秦时代作为农耕文明的中国，重视耕读传家，所以孟子的"五亩之宅，树之以桑"在儒者的理想国中安居乐业。但是康氏结合现代西方经济学知识认识到现代社会的工商价值，为孟子的井田制注入重商主义的精神：

> 近美国大倡均贫富产业之说，……但据乱世人少，专于农田；升平世人繁，兼于工商，然均平之义，则无论农工商而必行者也。古者地荒，以农立国，故专言农事，今则当增工商矣。此皆拨乱之论，今近升平世，亦少异是。补不足，助不给，尊贤养老，则平世不能外者矣。①

康有为指出古代社会为据乱之世，以农业为立国之基。但随着社会的发展变化，发展至升平之世，时移世易，应该大力发展现代商业。因此他强调在不损害农业重要性的前提下，提出多项具体的重工商的政策，诸如引进西方矿、工商业知识、技术，发展工商需要现代的科技教育，并且西方的自然科学知识也必须受到重视。康有为与以往儒家提倡寡欲的不同，指出重视工商应当承认人们欲望的正当性，因为在康氏看来只有正常的消费欲望才会有对生产的需求刺激。不过这些理论出自20世纪初的中国，当时引起学界一片哗然。

康有为在诠释孟子经济制度的一个基本点是藏富于民，"百姓匮乏，国无以富也"，应该坚持国家与人民利益并重，不能因为只强调国家而忽略百姓的利益，他尤其反对晚清洋务运动中"官进民退"的经营管理方式。康氏根据孟子井田制中的描述，指出应该兼顾公田与私田两者利益，并且从中探讨中国当时的环境下的经济利益的公平分配问题，如果普通民众的基本经济条件得不到保证，民贫则国亦不会富。因此他充分发挥孔子的"富而后教之"思想，《论语》中"既庶矣，又何加焉？"曰："富之。"曰："既富矣，又何加焉？"曰："教之。"孟子强调恒产对于恒心的重要性，毕竟"无恒产而又恒心唯士为能"。康有为深感西方国家的富裕状况："观今欧美风俗，富者动舍财数千百万，为一学堂医院，或养狂病老之人。吾游其间，整洁壮丽，饮食衣服，坐

---

① 康有为：《孟子微·中庸注·礼运注》，中华书局1987年版，第23页。

起操作，优游皆法度，国无乞丐，皆由民富致然。"① 百姓富足对于社会的回馈也是大有裨益的，有很多慈善福利事业就是由民间机构来承担，民众富足，回馈社会，形成良性循环，趋向大同社会。康有为充分认识到富民的重要性，因此主张藏富于民的经济政策。而富民政策与减税有密切关系，因此提倡薄税政策。康有为在解读"廛而不征，法而不廛，则天下之商皆悦，而愿藏于其市矣"（《孟子·公孙丑上》）时指出：

> 孟子一生心术全在于民，其言政法，全在悦民，尊贤使能。市廛而不征，法而不廛，关讥而不征，耕助而不税，廛无夫里之布，五者皆孔子仁政。……天下古今无比之者，士农工商旅安得不悦？②

康有为强调减免税收的做法有利于减轻农工商的负担，调动他们的劳动积极性，从而实现富民。当然康有为也充分认识税收制度作为现代经济制度的重要性，完全免税或薄税在现代经济制度中并不可行。康有为进一步从孟子的经济思想中引申出拓展税收的合理性，现代社会与农耕时代是不可同日而语，需要承担多项的公用事业，而这些经济来源只能来自税收。因此，康有为在诠释"贡、彻、助"《孟子·滕文公》时指出：

> 孔子凡立一制，皆预为三者，以待后人变通。贡、彻、助三法，亦皆孔子税法，分作三种，听后世度时地行之。而孟子于三法之中，以助为善于贡者也。……唯吾中国税千之一，中国税于民极薄，然不足以立国养兵，兴学劝业，修道卫生恤贫皆不能举，国体薾然，是亦不尊孔法，而为貊法矣。③

当年孟子也曾经斥责过度薄税的治国方式为貊法，因为蛮夷之国无

---

① 康有为：《孟子微·中庸注·礼运注》，中华书局1987年版，第93页。
② 康有为：《孟子微·中庸注·礼运注》，中华书局1987年版，第94页。
③ 康有为：《孟子微·中庸注·礼运注》，中华书局1987年版，第85页。

礼乐祭祀，不用税收，而中国为礼乐之邦，必须有一定的经济来源来支持这些开支，况且在现代社会的国防、外交、教育、公用事业等方面完全超出据乱世时代的需求，皆需要大量资金来源。因此现代的税收制度不可或缺，国家也必须协调好薄税与加税的调节阀。社会治理区域完善，政策调整之后，自然就会使民富而后好礼，这样便实现了儒家的"百姓足，君孰与不足"的仁政。

康有为从孟子对上古时代的井田制的观点中，创新出现代西方的经济制度，尽管这种现代分科的解经方式有牵强附会之嫌，但是其努力尝试探讨引申把中西古今融会贯通，使孟子思想中沉睡千年的经济乌托邦焕发出新的时代价值。

五 康有为对现代孟学思想的开创性贡献

在传统社会《孟子》拥有垄断学术话语权经学地位，康有为的重新解读也基本上局限在经学的框框之中进行考证与阐释，而经过清末民初的经学式微与解体，面临向现代孟学的转变。康有为通过援西学入经学的方式来诠释孟子。《孟子微》观点奇特，思想新颖，完全是一种新的孟学解读模式，在学术界虽谈不上振聋发聩，但确实掀起不小的波澜。此开现代孟学之先河：

首先，康有为拓宽了孟子的外王学。两千年来学界围绕《孟子》进行诠释，主要集中于内圣方面，孟子研究的外王思想却一直隐而未彰。孟学史上仅有赵岐之《孟子注》、林慎思的《续孟子》、王安石的《孟子解》涉及外王学，其他关注者寥寥。康有为处于清末民初积贫积弱之中国，尝试以外王学的路径来诠释孟子，把孟子的"经世致用"的思想予以彰显，从而实现救亡图存的目的。其将孟子思想中的民本主义、春秋三世、大同之教等沉睡两千年的外王思想给予西学的诠释，寻找中西融合的契机。儒家的外王主要涉及经世思想，这种安民济世的天下情怀是儒者担当精神的主要体现，孔子的修己以安百姓、孟子的仁政、荀子的富国与王霸都是经世的表现。张灏称宋明之后的经世思想至少包括三个层次：具有积极入世精神的价值取向层次，重视道德与政治关系的治道层次，强调规章制度建设的治法层次。[①] 而《孟子微》涉及

---

① 张灏：《宋明以来儒家经世思想试释》，收入《近世中国经世思想研讨会论文集》，中央研究院近代史研究所1984年版。

这三个层次的理解：第一层面，强烈的入世精神具备；第二层面，康氏对于治道的层次尤为着力，学界在民主制中到底要不要道德基础分歧很大，有人倾向于民主制度可以摆脱道德约束，但是康氏极力反对这种抛开伦理道德的民主制度，坚持即使在民主制中也必须以良知作基础，主张构建大同社会与升平世社会的道德与政治；至于第三方面，康氏提出具体的政治制度（君主立宪）、地方自治、经济模式，在《孟子微》中把孟子的国人参政引申为"开国会、升议院"制度，把井田制引申为现代的均平主义制度。因此，康有为完全以经世致用的外王学为出发点来诠释孟子。

其次，现代孟学涉及儒学的现代转换。近代以来，学界存在一种误解即儒学与现代性的二元割裂，认为儒学是一种农耕时代的思想，与现代性不兼容，其代表的只是君主专制时代的宗法价值，因此儒学饱受质疑。而《孟子微》的诠释恰意味着"西学东渐"带来的异质文化并没有使儒学变得消靡，反而激起儒学中的现代性因子，康有为正是以孟子作为古今中西的会通点，通过发现和挖掘孟子思想具有现代性因子，以之为基础兼收并蓄吸纳西方思想，加以咀嚼、消化，然后推动儒学的创造性转化。尽管在康有为这种对民主的嫁接稍有牵强附会之嫌，而确实在思想界影响巨大，后来的学者也是从孟子的民本出发来接纳民主。因此，康有为是儒学现代转换的探路人之一。

最后，康有为通过"援西入儒"融通经学与西学来解释孟子，以今文经学的经世致用糅合西方的现代价值体系，探索和发现孟子思想中的现代性价值，这种西学化风格是现代孟学研究的典型特征。康有为认为中西方尽管文化差异很大，但是两种文化还是有共同之处，这种共同不是专属于东方或西方，而是尝试会通中学与西学，能够在现代性价值方面得以会通的共同。当然也有人指出康氏的论调还是步"中体西用"的窠臼，其实不然，康氏的思想体系已经深深地触动了中学的体系，康有为无论从哲学构造还是到维新改制，在清末民初绝不是无关痛痒地"用"了，康氏对于西学的用也早已超出器物的层次了。因此，客观而论，康有为已经超出"中体西用"的窠臼。

康有为有关中西融合比较的观点突出表现在当时极具代表性的观点

中，而当时尤以萧公权的观点具有典型性①，他曾经评价清末以来思想界对西方文化分为三类：一类是保守派，泥古不化，完全排斥西方文化；另一类与前一类相反，认为中国传统一无是处，唯一出路便是无条件西化，后来演变为五四时期的西化派；在这两派中间有两群人，其中一部分认为"中国之学"有些问题，建议部分的西化，而另一小部分人认为中西之别仅仅是表面，可通过因革损益，改变过时的政治、经济、文化制度，从而实现人类的和谐，康氏显然应该归为最后一类，即中西综合论的人。康有为追求将中国文化提升至世界共同水平，尽管有些学者斥责这种世界主义者为不切实际者，但这并不能否认这种中西文化综合论者对文化融合追求的愿望和探索。康有为调和经学与西学的立场从未改变，在诠释和挖掘孟学的现代性因素中，他调适上遂，但并不泥古。比如尽管他非常认同孟子的民本思想，但是对于孟子的人性论不太认同。对于西学康有为在向往的同时也是持扬弃的态度，他含蓄地吸纳西方的现代价值，而摒弃其中不适合中国的理论，因此不应该把康氏归为西化。萧公权在晚年将康氏定义为综合论者更合乎情理，康氏弟子梁启超曾评价康有为为"不中不西，亦中亦西"，亦颇为中肯。

当然，学界对于康有为的评价可谓众说纷纭，见仁见智，"誉未满天下，谤已盈寰宇"。比如，钱穆曾经评价康氏的儒学诠释是一种"用夷变夏"，认为康有为的思想表面上是儒学而实际上完全西化的思想，钱氏的评论为很多儒学内部的人所认同。萧公权作为研究康氏的大家，将康有为定位为以西学印证中学，萧公权曾称"盖康氏自幼深受孔学熏陶，先入为主……其后旁览西书，虽多掇采，不过资以补充印证其所建造之孔学系统。非果舍己从人，欲逃儒以归西学"②。康有为理解的西学思想确实存在一些争议，当时处于清末民初的动荡时期西学思想色彩斑驳，康有为往往把某些普通自然知识当作真理对待并快速吸收入自己思想之中，难免会产生牵强比附之嫌。因为，多元文化的会通一定要在对两种不同文化体系完全掌握之后，尝试推动内在逻辑的融合，但是康氏在融合中学与西学时主观性太强，甚至有主观臆断之嫌，往往将西学中的一些未深入理解概念进行主观评判、格义，因此《孟子微》中

---

① 萧公权：《康有为思想研究》，新星出版社2005年版，第404页。
② 萧公权：《中国政治思想史》，商务印书馆2011年版，第454页。

也体现出这种进退矛盾的问题。还有西方的有些理论只是普通自然科学知识,不应将之作为真理,譬如进化论在西方是生物学的术语,后被引入社会学之中,而康有为将进化论作为真理来诠释儒家经典,虽然是建构自己哲学体系的权宜之计,但是不应该夸大进化论的意义,因为20世纪进化论对中国的负面影响很大,而进化论在中国的推动中,康有为应有一份责任。

尽管康有为会通经学与西学处于初级阶段,但在孟学诠释史上开现代孟学之先河,对20世纪的孟学研究影响很大。这种援引西学入儒学的路径为20世纪所因袭,后来的西化派、唯物史观和文化保守主义都遵循中西会通的模式,尤其是新儒家基本上都是以孟学为基础吸纳西学重建道德理想主义,而"援西入儒"的历程由康有为发轫。

第三节　康有为《易》学诠释研究

康有为《易》学的变易思想对其维新变法的理论建构具有统摄性作用,其政治主张与学术活动都与《易》有着千丝万缕的联系。纵观康有为的一生,研习易学、阐发易理并将易经引证到其学术著作与思想体系当中是其矢志不渝的追求。康有为援《易》入政的努力具有重要意义,是对传统易学思想的创新与发展,客观上促进了易学的现代转型。

晚清以降,随着西方发达资本主义国家的殖民扩张,中华神州大地遭遇西方文明的严峻挑战,面对"三千年未有之变局",中华民族陷于空前的危机之中。康有为为挽救时局,怀揣着救国救民的理想,立足于儒学传统并积极向西方学习,以寻求救治中国的药方。他依循经世致用为特质的今文经学的治学理路诠释经典,尤其对于儒家经典之易经的阐释,具有重要价值。"康氏将'三统'与《易》合在一起看成是孔子经世之学的核心,显然在强调变易,因革易新"[①],其深邃的思想至今闪耀着智慧的光辉。康有为一生经历了"以西化儒""援西入儒""儒西

---

① 马永康:《从"三统""三世"到"三世三重"——论康有为的思想》,《华东师范大学学报》(哲学社会科学版)2010年第3期。

并尊"到"儒西并尊"四个阶段的思想转变,但他无一例外的都是以"尊孔""尊儒"为出发点,而《易》之"变易"思想的核心精义对康有为一生思想递变具有重要的统摄性作用。康有为服膺孔子,他认为删定《易》学是孔子的经典之作,"孔子藉先王之书而删定之;至《易》与《春秋》,则全出孔子之笔。"① 康有为认为《诗》《书》《礼》《乐》均为孔子早年所编,而《易》与《春秋》两经则为孔子晚年的定论。其中《易》言天道,《春秋》言政事与人事,两者共同构成了康有为一生思想的主线,康有为借助于孔子素王的权威,开启了今文经学的新纪元,为其今文经学思想的形成创造了条件。

一 援《易》入政以服务现实政治的设计

康有为是近代思想史上绕不开的一座高峰,其变法维新思想在清末民初沉闷的思想界可谓是一股清流,开启了思想解放的潮流。在晚清的大变局当中,"廖平、康有为、皮锡瑞诸经师,皆汲汲于探寻独立的经学价值,重建经学的中心地位"。② 在这样的大背景之下,作为维新派的领袖人物,对儒家重要经典进行创造性诠释具有重要价值。康有为利用《易》的"变易"特质阐发维新变法等政治主张,开启了援《易》入政的先河。

在今文经学发展史中,自汉代立五经博士以来,《易》与其他诸经一直与政治有密切的关联。发展至西汉末年,今文经学家对儒经的解释距"六经"原义渐行渐远,加之西汉政权的风雨飘摇,今文经学相对于用先秦古文著成的古文经学渐渐失去往日的风采,而古文经学不以神学附会经学,进而把孔子看成是史学家、教育家、思想家,试图通过对经文原典的训诂探求其原义。今古文经学争论的焦点在于"已经立于学官的势力不想失去既得利益,而力图恢复古制的一方又不甘退让"③,最后经过东汉郑玄的努力,古文经学在汉代今古文之争中以胜利的结局结束了这场争论。魏晋时期,王素依靠司马氏的势力开始向郑玄经学发难,遵循今文家法的"王(素)学"又再次占了上风。唐代也是如此,从经学诠释的角度来说,唐代学者对于经学的解读则以"政治为中心,

---

① 康有为著,姜义华等校:《长兴学记》,《康有为全集》(第1集),中国人民大学出版社2007年版,第349页。
② 陈壁生:《经学的瓦解》,华东师范大学出版社2014年版,第108页。
③ 张文智:《孟、焦京易学新探》,齐鲁书社2013年版,第59页。

尤其是以国君与大臣为核心"①。宋、元、明时期倡导"儒经取仕"的同时,又用"'经义论策'来择取群臣"②,亦即依傍对儒经的阐发以解决现实问题策略得到当政者的支持。到了清代,由庄存与开其端,刘逢禄的发扬光大,今文经学对改革弊政方面发挥重要作用,直至魏源、龚自珍主张"通经致用"思想让今文经学焕发了生机,"至清末今文意识勃兴,刘逢禄、康有为等攻刘歆伪篡《左氏》,乃至遍伪群经矣。"③特别是在戊戌变法前后,公羊学说风靡一时,"清季公羊今文之学是学术所尚,流被深广"④。而康有为今文经学的贡献在于面对甲午战败的困局,促成了清廷朝野的共识,那就是渴求变革现状的士大夫阶层,"认可龚自珍以来的'自改革'主张,合乎孔子学说的原教旨"⑤。每个时代都是千差万别的,但无一例外的是都把关注的着眼点放在政治问题的讨论上,特别是到了近代,"从变法(维新运动)到革命(推翻清朝),政治斗争始终是先进知识群兴奋的焦点。"⑥大陆新儒家的代表人物蒋庆对以公羊学为指导思想的今文经学做出评价:"为中国政治秩序合法性寻找形上本原的努力就只能回到中国自己的历史文化传统资源上来解决。从中国的历史文化传统来看,只有儒家文化考虑这一问题;而在儒家文化中,又只有公羊学的大一统思想非常深入系统地考虑这一问题。"⑦因此,康有为构建今文经学的努力具有重要的政治意义。

《易》作为"六经"中重要的组成部分,当然也成为康有为实现其政治目的的重要手段。他对《易》作了重要的阐释。康有为在《示诸子》一诗中充分肯定了《易》经的重要地位,康有为认为处于"据乱世"的中国虽"大同道隐",但儒家道统的"礼经"依然没有断续,需要像他一样的有志之士担负起复兴"礼治"的重任。康有为虽然认为"未济占成易说亡",但康有为所谈及的"未济"卦是"既济"的综

---

① 张兴:《经学视野下的〈大学〉学史研究》,中国社会科学出版社2019年版,第246页。
② 郑杰文等主编:《经学十二讲》,人民出版社2007年版,第44页。
③ 曾亦、郭晓东:《春秋公羊学史》(上),华东师范大学出版社2017年版,第203页。
④ 陈其泰:《清代公羊学》,上海人民出版社2011年版,第256页。
⑤ 朱维铮:《中国经学史十讲》,复旦大学出版社2008年版,第179页。
⑥ 李泽厚:《中国现代思想史论》,生活·读书·新知三联书店2008年版,第3页。
⑦ 蒋庆:《政治儒学——当代儒学的转向、特质与发展》,生活·读书·新知三联书店2003年版,第337—338页。

卦，作为六十四卦最后一卦，以渡河失败为例来暗喻事情尚未完成，有待后续的努力，借以阐明"物不可穷"的道理。而康有为站在《易》经"变革"的视角，试图从儒家经典中寻求维新变法的理论依据。康有为在诗中提到的"两司马"亦即司马迁的《史记》以及司马光的《资治通鉴》，而二者都是依循正统的儒家理路，按照正史的著史手法，这就是其所谓的"良史莫如两司马"。康有为这里极为推崇"两司马"是站在家国情怀的儒家立场，站在今文经学援"经"入政的积极的正统思想的立场，即为"传经只有一公羊"的说法。儒家的所谓的"大同"理想就是"仁"学思想追求的最为臻美的境界，就是《易》经的"乾元大统"之世，此才是人间之正道。① 受廖平《辟刘篇》与《知圣篇》的影响，康有为的《示诸子》一诗清楚地表明当时的康有为在学术思想立场上的根本性变化，已由古文经学转移到今文经学的治学路向。康有为认为只有通经致用，从儒家经典中寻找变法图强的理论根据，才是当务之急。康有为也想撰写《论语注》《孟子微》以及《中庸注》等专著一样拟著《大义微言》，但终未完成，"先生乃拟著《大易微言》一书，然今犹未成。"② 因此，对康有为《易》学思想的探究也只能散见于《新学伪经考》《孔子改制考》《康子内外篇》《长兴学记》等著作，以及他断续的诗文、书信和上奏光绪帝的政论文中去归纳、总结。不同时期对于儒家经典所称谓的"五经""六经"甚或是"十三经"中，《易》都是其不可或缺的重要组成部分，可见《易》经在中国儒家经典的重要地位。《易》学思想重在对事物变化发展的阐发，主张万事万物都是在阴阳两种势力相互作用下进行的永不止息的矛盾运动。如在《周易·系辞下》提到的"变动不居，周流六虚""不可为典要，唯变所适""穷则变，变则通，通则久"以及"日新之谓盛德，生生之谓易"等阐述，突出表现了《易》经思想求"变"的特性，而所有这些特质都成为康有为阐发其政治主张，建构其经世致用思想体系的重要

---

① 康有为著，姜义华等校：《门人陈千秋、曹泰、梁启超、韩文举、徐勤、梁朝杰、陈和泽、林奎、王觉任、麦孟华初来草堂问学，示诸子》《康有为全集》（第1集），中国人民大学出版社2007年版，第175—176页。原诗为："圣统已为刘秀篡，政家并受李斯殃。大同道隐礼经在，未济占成易说亡。良史莫如两司马，传经只有一公羊。群龙无首谁知吉，自有乾元大统长。"

② 梁启超：《饮冰室合集·文集之六》，中华书局1989年版，第69页。

理论支撑。

康有为对《易》的创造性阐发主要源自政治上的需要，基于此，康有为对《易》思想进行选择性的吸收与阐发。晚清社会内忧外患、国际局势纷繁复杂，对《易》的"变易"思想进行系统挖掘以寻求救国之良方是一如康有为一样为寻求救国救民为己任的知识分子最强烈的追求。《易》中"穷则变，变则通，通则久"的思想精髓也恰好迎合了清末民初求变、求强、求富的诉求，康有为利用今文经学通经致用的特质，旨在达到参与时政、时事以及变法改制的政治目的。

> 以皇上之明，观万国之势，能变则全，不变则亡，全变则强，小变仍亡。皇上与诸臣诚审知其病之根源，则救病国之方，即在是矣。①

康有为援《易》求"变"、保国的思想也得到了当朝光绪皇帝的认可，康有为上书光绪帝，综观世界各国形势，变法乃当前之第一要务，因此，康有为发出号召："能变则全，不变则亡"，而且极力主张"全变则强，小变仍亡"的全变论。康有为认为孔子制作《易》《春秋》的目的就是目睹"礼崩乐坏"的春秋乱世，希冀通过变法改制重回西周"礼治"时代，"孔子之为万世师，在于制作'六经'，其改制之意，著于《春秋》。"② 这里康有为重在借助孔子作为"素王"的权威阐发其"维新变法"理论，认为"变""易"乃宇宙间的普遍规律。康有为用"新"代表"革变"，"旧"代表"守旧"，对国家的形势作了具体的阐发：

> 故新则和，旧则乖；新则活，旧则板；新则疏通，旧则阻滞；新则宽大，旧则刻薄。自古开国之法无不新，故新为生机；亡国之

---

① 康有为著，姜义华等校：《上清帝第六书》，《康有为全集》（第4集），中国人民大学出版社2007年版，第17页。
② 康有为著，姜义华等校：《长兴学记》，《康有为全集》（第1集），中国人民大学出版社2007年版，第349页。

法无不旧,故旧为死机。①

另外,康有为援自然界"寒""暑""昼""夜"以及"火山""沧海"的变化凸显"变"的不可逆性,借以阐发人类社会"变易"的重要性:

> 盖变者天道也。天不能有昼而无夜,有寒而无暑,天以善变而能久。火山流金,沧海成田,历阳成湖,地以善变而能久。人自童幼而壮老,形体颜色气貌,无一不变,无刻不变。《传》曰:逝者如斯。故孔子系《易》,以变易为义。②

在这里康有为认为"变"是一种普遍永恒的现象,借天、地、人,世间万物的变化来论证"变"是事物存在的特定形式,以"无一不变,无刻不变"的道理来阐明"孔子系《易》,以变易为义"的深刻内涵。

康有为转向今文经学通经致用的治学道路,伴随着他对《易》学认识的不断深入,《易》的"穷变通久"的精髓成为其维新变法理论的重要思想来源。在公羊"三世"理论认为"三统"是由"黑统""白统"到"赤统","三统"相互更替、无限循环发展的过程,所谓的"三世"也是由"据乱世""升平世"进而到达"太平世"三个阶段的社会演进。而康有为引入《易》经的变易思想,把"三统""三世"说与《易》经进行有机融合,从而克服了公羊"三世"说无限循环的局限,这一思想的转变标志着康有为的变易观开始从"天人合一""天人交感"的循环论中解脱出来。因此,康有为利用今文经学经世致用的基本原则,援《易》入世以达到干预现实政治的一种尝试。

中国传统的《易》经"变易"思想是康有为公羊"三世"说的前提和基础,《易》经变易思想的精髓贯穿于康有为维新变法思想的始终,而且具有统摄性的地位。"孔子系《易》曰:立天之道,曰阴与

---

① 康有为著,姜义华等校:《外衅危迫分割洊至急宜及时发愤大誓臣工开制度新政局折》《康有为全集》(第4集),中国人民大学出版社2007年版,第13页。
② 康有为著,姜义华等校:《进呈俄罗斯大彼得变政记序》,《康有为全集》(第4集),中国人民大学出版社2007年版,第35页。

阳；立地之道，曰柔与刚；立人之道，曰仁与义。"① 在康有为看来，"五经"中的《春秋》与《易》是孔子托古改制思想的核心，前者言"改制"，后者重"变通"，都是孔学中的精髓部分。由是，《春秋》和《易》也成为康有为维新变法思想的理论核心："《春秋》发明改制，《易》取其变易，天人之道备矣。"② 康有为还详细分析了两者的区别与联系，康有为认为：

> 孔子改制损益三代之法，立三正之义，明三统之道，以待后王。犹虑之不足以穷万变，恐后王之泥之也，乃作为《易》，而专明变易之义，故参伍错综，进退消息，观其会通，以行其典礼。圣人盖深观天道以著为人事，垂法后王，思患而豫防之，孔子之道至此而极矣！③

康有为在《毛诗礼征》中也有关于"卜筮"的篇目。就"筮"的字面意思来讲，它本是用草木类预测吉凶的一种方式。而康有为也有自己明显的侧重："尝之日，莅卜来岁之芟。祢之日，莅卜来岁之戒。社之日，莅卜来岁之稼。所以兴来而继往也。谷熟而谋，陈祭祀而卜矣。"④ 康有为在这里重在强调"卜筮"的重要性，只是后来"卜筮"的内容有所扩充而已，而广义的"筮"则是一种起卦手段，这里不仅指用草木占卜，也包括使用非草木为手段的起卦类型，这里涉及的是"神道"的问题，"'神道'是《周易》的重要组成部分，且与天道、人道相互贯通。"⑤ 对此，康有为也有自己独到的理解：

---

① 康有为著，姜义华等校：《长兴学记》，《康有为全集》（第1集），中国人民大学出版社2007年版，第342页。
② 康有为著，姜义华等校：《变则通通则久论》，《康有为全集》（第2集），中国人民大学出版社2007年版，第30页。
③ 康有为著，姜义华等校：《变则通通则久论》，《康有为全集》（第2集），中国人民大学出版社2007年版，第30页。
④ 康有为著，姜义华等校：《毛诗礼征·卜筮》，《康有为全集》（第1集），中国人民大学出版社2007年版，第126页。
⑤ 张文智：《〈周易〉神道思想与儒学宗教性的内在关联》，《南京大学学报》（哲学·人文科学·社会科学）2019年第1期。

> 龟曰卜。允，信；臧，善也。建国必卜之，故建邦能命龟。田能施命，作器能铭，使能造命，升高能赋，师旅能誓，山川能说，丧纪能诔，祭祀能语，君子能此九者，可谓有德音，可以为大夫。①

在这里，康有为重在突出"卜筮"的重要性，"建国""建邦"皆需要用《易》作预测，这也是康有为援《易》入政的一种特殊的表达方式。

> 汉儒笃守《春秋》，知所尊矣，然三统之义，亦罕有心知其意。惟《易》明穷变通久之理，求孔子经世之学，亦以《易》为归焉。②
> 至于《易》者，义理之宗，变化之极，孔子天人之学在是，精深奥远，经学于是终焉。皆著其大义，发经世之实效，开二千年之蔀，庶几孔子之学复明于天下。③

可以说，在康有为看来，儒家六经中的《易》与《春秋》两部著作尤为重要，两者分别代表了"天道""人事"与"政事"三方面的内容。很显然，"天道"是本，而"人事""政事"为末，因此，《易》经较之于《春秋》经则具有了更为优先性的地位。康有为还特别强调《易》之"体"为"义理之宗"，其"用"可谓"变化之极"。循其"大义"，可"发经世之实效"。因此，《易》经思想在康有为思想体系中有十分重要的价值，而其对于《易》经的创造性解读也是为了达到服务现实政治的目的。

二 《易》学新解重塑孔子权威的努力

康有为处在清末民初波云诡谲的巨变时代，面对内忧外患的时局，

---

① 康有为著，姜义华等校：《毛诗礼征·卜筮》，《康有为全集》（第1集），中国人民大学出版社2007年版，第126页。
② 康有为著，姜义华等校：《长兴学记》，《康有为全集》（第1集），中国人民大学出版社2007年版，第348页。
③ 康有为著，姜义华等校：《长兴学记》，《康有为全集》（第1集），中国人民大学出版社2007年版，第350页。

他一直孜孜以求地寻求救国救民的道路。一方面康有为积极学习西方的科学知识，另一方面又试图从传统儒学中寻求治国安邦、救亡图存的理论支撑。他在中西交汇、古今相接中承受着巨大的思想压力，涤荡着他最脆弱的神经。因此，康有为立足于多元视角，站在传统与现代之间，成为博古通今、统摄中西的先进的中国人。而康有为对儒家经典的诠释的目的都是为了建构其今文经学思想体系，而今文经学的一个重要的方面就是要树立孔子的权威，康有为对《易》经诠释也不例外。

（一）否定刘歆重新界定"三《易》"

夏、商、周三代关于"三《易》"的存在问题一直众说纷纭，也成为学界的一桩公案，为此，康有为也予以了重点关注，他站在今文经学的视角提出了自己独到的见解。康有为首先肯定《易》在"六经"中的地位，"虽文起周代，而卦肇伏牺，既处名教之初，故《易》为'七经'之首。"[①] 但是他却对《周礼》的权威性提出异议，《周礼·春官·太卜》中关于"三《易》"有明确的记载："太卜掌三易之法：一曰连山，二曰归藏，三曰周易。"他认为《周礼》系刘歆作伪的结果，因此，《周礼》关于"三《易》"的说法应该予以否定。

> 《史记·儒林传》及西汉以前经子传记，无言"《易》有三"者，至刘歆伪撰《周官》，始著三《易》，然其为《艺文志》，不敢著也。[②]

康有为认为"三《易》"为刘歆的伪作，其实也另有其缘由：一是西汉之前的典籍中有关"三《易》"的记载基本没有，尤其是作为标志性的纪传体史书《史记》也没有关于"三《易》"阐述；二是康有为认为"三《易》"之名源自《周礼》，既然《周礼》系刘歆之伪作，更不足为据；三是班固的《汉书·艺文志》的重要参考是《七略》，而《七略》的作者是刘歆，书中却并未提及"三《易》"之说，是因为班固并不愿意将伪证写入《汉书》，所有这些都起源于刘歆作伪"三《易》"。

---

① 康有为著，姜义华等校：《新学伪经考》《经典释文纠谬之十》，《康有为全集》（第1集），中国人民大学出版社2007年版，第460页。

② 康有为著，姜义华等校：《新学伪经考》《经典释文纠谬之十》，《康有为全集》（第1集），中国人民大学出版社2007年版，第460页。

但事实上，东汉时期的诸多学者肯定"三《易》"的存在。"桓谭就能指出过《连山》《归藏》的字数以及藏处，王充、郑玄等都对'三《易》'有所论述。"① 当然，康有为之所以否定"三《易》"的存在，也有其极富逻辑性的推断：

> 《连山》久亡，《归藏》不行于世。《隋志》云：《归藏》十三卷，晋太尉参军薛真撰。又云：《归藏》汉初已亡，按晋《中经》有之。则东汉人述古学者所为无疑也。《隋志》又云：唯载卜筮，不似圣人之旨，以本卦尚存，故取贯于《周易》之首，以备《殷易》之缺。则《隋志》已了其伪，但未决之，较德明似稍有知识也。②

这里康有为旨在通过晋太尉参军、晋《中经》以及唐人作《隋志》的例子阐明其中的相互抵牾之处，指明《隋志》较之陆德明的《经典释文》"似稍有知识"的说法。但康有为的主要目的是要说明刘歆伪造《归藏》和《连山》的事实。当然我们今天知道"三《易》"并非子虚乌有，1993 年在湖北省的江陵王家台秦墓中发掘了《归藏》的竹简，内容皆与传世《归藏》本相契合，也足以证明"三《易》"之说证据确凿。③ 康有为之所以要否定刘歆，也是其《新学伪经考》的一贯逻辑，他一任主观，坚持"三《易》"之说系刘歆伪造也纯属个人的主观臆测，他秉承着今文经学"六经注我"的释经方式，试图打掉刘歆的权威，为其尊"孔子"为素王作铺垫，达到阐发"微言大义"的目的。

（二）驳斥"异说"断定《易》为孔子自著

《周易》一书包括《经》《传》两部分内容，《经》部的内容主要是由八卦衍生的六十四卦和三百八十四爻组成，而卦和爻各分为卦辞、爻辞。《易传》也称《十翼》，是对《经》的注释之作，著作内容包括《彖》《象》《系辞》各自的上下部分以及《文言》《说卦》《序卦》《杂卦》四篇，共有十篇，合称为《十翼》。而康有为坚持《十翼》为

---

① 张绪峰、李智著：《康有为易学思想研究》，知识产权出版社 2013 年版，第 72 页。
② 康有为著，姜义华等校：《新学伪经考》《经典释文纠谬之十》，《康有为全集》（第 1 集），中国人民大学出版社 2007 年版，第 460 页。
③ 林忠军：《王家台秦简〈归藏〉出土的易学价值》，《周易研究》2001 年第 2 期。

孔子所撰的观点，对于伏羲画卦之说，康有为继承前人的观点没有异议，康有为在《太昊帝庖牺氏》中提到：

> 先圣仰观天文，俯察地理，图画乾坤，以定人道，民始开悟，知有父子之亲，君臣之义，夫妇之道，长幼秩序。于是百官立，王道乃生。①
>
> 伏羲仰观象于天，俯察法于地，因夫妇，正五行，始定人道，画八卦，以治天下。天下伏而化之，故谓之伏羲也。②

这里通过康有为论述，可以看出他的基本观点与《系辞下》有关伏羲画卦的说法基本吻合。③ 但是康有为对伏羲画卦的观点又进行出色发挥，伏羲所处的时代正处于母系氏族公社与父系氏族公社的过渡时期，作为母系与父系重要的分水岭，康有为认为伏羲画卦对人类社会发展具有重要的里程碑意义。对于八卦到六十四卦的重卦之说一直以来有诸多争论，康有为沿袭前人的研究成果，也基本赞成从《系辞》到汉代郑玄之前学者们普遍认为的重卦之人为文王的说法。康有为在《经典释文纠谬第十》指出：

> 《史记·周本纪》：西伯盖即位五十年，其囚羑里，盖益《易》之八卦为六十四卦。《日者传》：自伏牺作八卦，周文王演三百八十四爻而天下治。《法言·问神篇》：《易》始八卦，而文王六十四，其益可知也。《汉书·杨雄传》：是以伏牺氏之作《易》也，绵络天地，经以八卦，文王附六爻，孔子错其象而象其辞。《汉书·艺文志》：《易》曰：伏牺氏仰观象于天，俯观法于地，观鸟兽之文，与地之宜，近取诸身，远取诸物，于是始作八卦，以通神明之德，以类万物之情。至于殷、周之际，纣在上位，逆天暴物，

---

① 康有为著，姜义华等校：《民功篇·太昊帝庖牺氏》《康有为全集》（第1集），中国人民大学出版社2007年版，第65页。
② 康有为著，姜义华等校：《民功篇·太昊帝庖牺氏》《康有为全集》（第1集），中国人民大学出版社2007年版，第65页。
③ 注：《周易·系辞下》："古者包牺氏之王天下也，仰则观象于天，俯则观法於地，观鸟兽之文，与地之宜，近取诸身，远取诸物，于是始作八卦，以通神明之德，以类万物之情。"

文王以诸侯顺命而行道，天人之占可得而效，于是重《易》六爻。①

这里可以看出康有为的基本观点是"文王附六爻"，而孔子所做的重要工作是"错其象而彖其辞"。康有为以《史记·周本纪》《日者传》《法言·问神篇》以及《汉书·艺文志》等来佐证其所持有的重卦之人为文王的说法。不仅如此，康有为对于否定文王重卦的观点也进行了驳斥。一方面，他对《周易正义·论重卦之人》进行驳斥并认为以《周易正义》利用《说卦》《周礼》《书序》为论据证明伏羲为重卦之人的说法是错误的。康有为认为"伪《孔序》""伪《周官》"不足为证据：

"作《易》者其有忧患乎"，《孔疏》固以为文王、周公矣。按：从来无谓伏牺造书契者，伪《孔序》、伪《周官》不足据，冲远附会之，益谬矣。②

从另外一个侧面来看，康有为利用权威易学家的研究成果驳斥孔颖达有关重卦之人为伏羲的说法。康有为强调文王为重卦之人重在强化文王的重要地位，进而达到重塑孔子权威的目的。在《论语·子罕》篇就有孔子对文王的崇拜：

子畏于匡。曰：文王既没，文不在兹乎？天之将丧斯文也，后死者不得与于斯文也；天之未丧斯文也，匡人其如予何？（《论语·子罕》）

对于卦爻辞的作者问题，康有为也基本没有异议，文王既是重卦之人，也是卦爻辞的作者。《汉书·艺文志》认为："文王以诸侯顺命而行道，天人之占可得而效，于是重《易》六爻，作上下篇。"因此，文

---

① 康有为著，姜义华等校：《新学伪经考》《经典释文纠谬第十》，《康有为全集》（第1集），中国人民大学出版社2007年版，第461页。
② 康有为著，姜义华等校：《新学伪经考》《经典释文纠谬第十·注解传述人》，《康有为全集》第一集，中国人民大学出版社2007年版，第463页。

王作爻辞说基本上是传统的说法,后来也有一种说法认为是周公"子承父志"才作的《爻辞》。故有:

> 明文王本有此意,周公述而成之,故系之文王。然则《易》之《爻辞》,盖亦是文王本意,故《易纬》但言文王也。①

康有为坚持今文经学立场阐发试图重塑文王的权威。因此,孔子开创的儒家学派一直以回到西周的文王、周公时代为最终极的理想。康有为力挺文王也是其重塑孔子权威重要的一环。

(三) 由"阴阳变化"到"社会功用"的转变

康有为的得意门生梁启超认为其授业恩师的孔教复原工作具有重要价值,也折射了康有为一生的不同时期对于《易》的不同理解。康有为的《新学伪经考》《孔子改制考》《春秋三世义》等著作集中反映了康有为对《易》经阐释以及他对儒学改造以求《易》的经世致用的特点。"二曰经世之学。《易》曰:吉凶与民同患。孔子曰:吾非斯人之徒与而谁与? 既不能不与,则同其患,当经营之。"②梁启超认为康有为关于《易》经不同时期的诠释,也代表了他对康有为易学思想的理解。梁启超认为康有为神化孔子的过程主要从《孔子改制考》《大同书》以及给学生上课"口说"的《大易微言》③为代表,也基本上代表了康有为尊"儒教"为"孔教"工作的全部过程。

> 先生以为《论语》虽孔门真传,然出于孔门弟子所记载,各尊所闻,各明一义,不足以尽孔教之全体,故不可不推本于六经。六经皆孔子手定。然《诗》《书》《礼》《乐》,皆因前世所有而损益之。惟《春秋》则孔子自作焉,《易》则孔子系辞焉。④

---

① 《周易正义卷首·论卦辞爻辞谁作》,上海古籍出版社1997年影印阮刻《十三经注疏》,第10页。
② 康有为著,姜义华等校:《长兴学记》《康有为全集》第一集,中国人民大学出版社2007年版,第345页。
③ 康有为原有《大易微言》的专著,但尚需进一步搜求。(全集第一集,第7页)梁启超说过:"先生乃拟著《大易微言》一书,然今犹未成,不过讲学时常授其口说而已。此为孔教复原之第三段。"(梁启超:《饮冰室合集·文集之三》,中华书局1989年版,第69页。)
④ 梁启超:《饮冰室合集·文集之六》,中华书局1989年版,第68页。

透过梁启超对其师关于"六经"的理解,他认为要想探求孔子最本真的思想需要从《易》中去寻求依据:"故求孔子之道,……《易》为魂灵界之书,"① 因此,梁启超强调,"故孔子系《易》,以明魂学"②,旨在阐明"易学为魂学,易学为天人相与之学。"③ 在这里梁启超也认为易学为孔学思想中最精微、最有价值的部分,而康有为对《易》经的诠释也无不体现了这个宗旨。其高足梁启超也强调《易》与《春秋》的重要性:"孔门之教"可分为两个层面:一是《诗》《书》《礼》《乐》为代表的普通之教;二是以《易》与《春秋》为代表的特别之教。

> 特别之教,曰《易》《春秋》,非高才不能受焉。得《春秋》之传者为孟子,得《易》之传者为庄子。普通之教,谓之小康;特别之教,谓之大同。④

梁启超继承其师关于《易经》为孔子之作的观点。"而自秦汉以至今日,儒者所传,只有小康一派,无怪乎孔子之真面目不可得见也。"⑤ 另外,康有为认为孔子得《易》之《坤乾》⑥ 一书具有重要意义。

> 于宋,仅得言《易》之《乾坤》一书。……道阴阳,而《易》出于殷。……夫礼以时为大,《易》以变为宜。阴阳旋转,时运穆穆,百王因时运而变,大礼亦因时运而迁,可以是推之。⑦

---

① 梁启超:《饮冰室合集·文集之六》,中华书局1989年版,第68页。
② 梁启超:《饮冰室合集·文集之六》,中华书局1989年版,第69页。
③ 翟奎凤:《论梁启超的易学思想》,《哲学研究》2015年第2期。
④ 梁启超:《饮冰室合集·文集之三》,中华书局1989年版,第56页。
⑤ 梁启超:《饮冰室合集·文集之三》,中华书局1989年版,第56页。
⑥ 这里涉及的《坤乾》在《康有为全集》第五集《礼运注》中为《乾坤》,应该是康有为的笔误。在《礼记·礼运》篇有关于《坤乾》的记载:"孔子曰:'我欲观夏道,是故之杞,而不足征也,吾得《夏时》焉;我欲观殷道,是故之宋,而不足征也,吾得《坤乾》焉。'"另外还有:"郑玄注'吾得《坤乾》焉'一句云:'得殷阴阳之书也',其书存者有《归藏》,这里也是明确将《归藏》与殷商相联系。"以及"还有学者认为《周礼》所称《归藏》必出现于先秦时,而《礼运》所称'坤乾'绝非乾坤一词的倒置,而是与《归藏》有渊源关系的卦书……"(辛亚民:《〈归藏〉殷易说"考辨》,《中国哲学史》2017年第1期。)
⑦ 康有为著,姜义华等校:《礼运注》《康有为全集》(第5集),中国人民大学出版社2007年版,第557页。

康有为认为出于殷之《易》主要演"阴阳"之道，孔子得"《易》之《乾坤》"始撷取其"阴阳变化"之精髓的"《易》以变为宜"，康有为的目的就是要宣扬孔子对于《易》学的重要贡献以树立孔子的权威。"孔氏之微言真传，万国之无上宝典，而天下群生之起死神方哉！"①

三 《易》学新解进行维新变法的理论建构

清末民初，中国国势衰微，逢"三千年未有之变局"，西方列强觊觎环伺，中华民族面临着亡国灭种的危险。旧制、旧法已经不能适应晚清形势的需要，"《易》曰：穷则变，变则通"。②康有为认为只有"变法"才能"图强"，才是挽救国家社稷最可行的途径，"取日新以图自强，去因循以厉天下而已。"③康有为把公羊学与《礼记·礼运》的"大同""小康"以及《易》的"变易思想"进行有效融合，认为清末的社会形势正处在"群龙无首"的黎明前的黑暗，黎明时刻终将到来。《易·乾》中提到，"大哉乾元，万物资始，乃统天"。康有为认为《易》经所谓"乾元大统"的社会理想之境即将到来，康有为旨在利用《易》经智慧为儒家内圣外王理想提供理论支撑，亦即"《周易》哲学可以为'内圣外王'说提供本体生成论依据。"④

（一）追溯天人之故

康有为援《易》对"天""人"以及"孔子之道"的诠释客观上促进了《易》学的发展。康有为学贯中西、通古博今，他所服膺的孔子是厚植于其内心深处的高悬价值，是无可逾越的一座高峰。孔子之所以被称为"素王"是因为只要人类的历史文化存在，他不需要土地和臣民，仅凭其高尚的德行就足以成为一个真正、有权势的王。因此，他试图借助孔子"素王"的权威对动荡的时局、时事进行政论，并借此为其政治目的服务。"得《易》之阴阳之变、《春秋》三世之义，曰：

---

① 康有为著，姜义华等校：《礼运注》，《康有为全集》（第5集），中国人民大学出版社2007年版，第553页。
② 康有为著，姜义华等校：《殿试策》，《康有为全集》（第2集），中国人民大学出版社2007年版，第66页。
③ 康有为著，姜义华等校：《殿试策》，《康有为全集》（第2集），中国人民大学出版社2007年版，第65页。
④ 张文智：《〈周易〉哲学视野下的"内圣外王"之道——兼论"内圣开出新外王"说之相关问题》，《中国哲学史》2019年第5期。

孔子之道大，虽不可尽见，而庶几窥其藩矣。"① 这里康有为旨在强调"《易》之阴阳之变"，而《易》经之"变"的特质也正好迎合了其利用孔子"素王"的权威、利用"微言大义"以达到托古改制的目的。因此，《易》经的变易思想也是康有为从古文经学转向今文经学的原动力。康有为对《易》经的诠释凸显了儒家"外王"理想的价值追求，而他站在今文经学的视域对天人之故的解读，也彰显了他浓厚的知识化、工具化的倾向。《易》经文本与其他典籍最大的相异之处是其具有一套体系完备、排列整齐、逻辑严密的符号语言，而这套语言是对万事万物的推演与模拟，并"整体地表达了世界的意义"。② 因此，康有为结合自己的人生感悟，对《易》经思想作了最为出色的阐发：

> 康子深思天人之故，叹曰：呜呼！《易》其至矣。《易》始于《乾》，《坤》，中于《咸》《恒》，而终于《既济》《未济》，《易》其深于理矣。夫有天地，而有万物；有万物，而有男女，而有君、臣、父、子，而礼义措焉。虽然，《剥》则有《复》，《泰》则有《否》，治乱相乘，有无相生，理之常也。③

在这里，康有为用六十四卦的最后一卦"未济"表达他对"天人之故"的感叹，事物都在不断地向前发展，阐明"物不可穷"的道理。事物自有其产生、发展以至于消亡的一般规律，"人力"的作用在"自然"面前显然太渺小，都是不以人的意志为转移的规律使然。康有为撰写《康子内外篇》的时候是在戊戌变法前夕的1886年，康有为通过为《易》之"理"的解读，一方面，表达了他对即将策动的戊戌变法前途未卜的焦虑与无奈："故曰：《易》终《未济》，深矣哉！"④ 然而从另一方面也表明康有为在变法之前的一种"审慎""理性"的态度，

---

① 康有为著，姜义华等校：《礼运注》，《康有为全集》（第5集），中国人民大学出版社2007年版，第553页。
② 林忠军：《论〈易传〉的解释学：交感与会通——兼论〈易传〉解释学与西方解释学之异同》，《周易研究》2008年第5期。
③ 康有为著，姜义华等校：《康子内外篇·未济篇》，《康有为全集》（第1集），中国人民大学出版社2007年版，第99页。
④ 康有为著，姜义华等校：《康子内外篇·未济篇》，《康有为全集》（第1集），中国人民大学出版社2007年版，第99页。

要尊重"万物"生生不息的客观规律性,顺势而为。这才是《易》"通变之谓事,阴阳不测之谓神"(《周易·系辞上》)所涵的丰富内容,遵循此道、此性而各遂其生,依循"天行健,君子以自强不息"的君子之道容纳万有,"生生之谓易"为万物之根,康有为之所以要追溯天人之故的根本原因是想利用《易》经智慧以达到经世致用的目的。

综上所述,所谓的"追溯天人之故",在康有为看来,他反复论证"天变""道变"的目的是要阐发"人"必须也随之改变的目的。这就是康有为在《上清帝第一书》中想要给光绪帝表达的:"今之时局,前朝所有也,则宜仍之,若知为前朝所无有,则宜易新法以治之。夫治平世,与治敌国并立之世固异矣。昔汉臣魏相专主奉行故事,宋臣李沆谓凡人士上利害,一切不行,此宜于治平之世也。"① 这里我们可以看出,康有为直陈"时局"已变,"前朝"所"无有"者,需尽"人变"之力。这是"治平世"与"治敌国并立之世"的根本区别。

(二) 通古今之变

康有为所倡导的戊戌变法运动以《易》的"变易"思想与今文经学阐发"微言大义""托古改制"思想相结合,以达到通经致用、参与政治并改变现实的目的,康有为的这种努力具有重要的现实意义。清代庄存与、刘逢禄到龚自珍、魏源等开启了清代今文经学通经致用的学风,使今文经学一度成为清末民初思想界的"显学"。政治与经学之间,政治不必一定要符合经典最本真的精神,而是要使经学成为服务其政治的一种工具才具有现实的价值,这种理念无疑对戊戌维新变法运动起到积极的推动作用。与此同时,今文经学重视"微言大义",以及"托古改制"的特质虽然遭到顽固守旧势力的围剿,但康有为借今文经学的形式宣传西方科学,利用"微言大义"阐发其维新变法主张,引领了思想解放的潮流,让古老的今文经学具有了"通古今之变"的效果,援《易》以达到改革变法"穷变通久"以及"维新之用"的目的。康有为在给光绪帝上书的时候提到:

若夫广遣亲王大臣游历以通外情,大译西书,游学外国以得新

---

① 康有为著,姜义华等校:《上清帝第一书》,《康有为全集》(第1集),中国人民大学出版社2007年版,第184页。

学，厚俸禄以养廉耻，变通科举以育人才，皆宜先行者。犹虑强邻四逼，不能容我从容图治也。且我民穷国匮，新政何以举行？闻日本之变法也，先行纸币，立银行，财源通流，遂以足维新之用。①

诚以积习既深，时势大异，非尽弃旧习，再立堂构，无以涤除旧弊，维新气象。若仅补苴罅漏，弥缝缺失，则千疮百孔，顾此失彼，连类并败，必至无功。②

可以看到，康有为在上清帝的奏折中认为清廷"积习既深"致使"时势大异"，只有"涤除旧弊"以求"维新气象"才能"补苴罅漏，弥缝缺失"。因此，康有为积极主张变法易新法以治之，他以"病变则方亦变"的说法做出一个最为形象的比喻，"时既变而仍用旧法"，只会导向亡国、灭国的命运。因此，康有为得出《易》之"穷则变，变则通"的结论。对此，康有为也有诸多的论证：

夫治国之有法，犹治病之有方也，病变则方亦变。若病既变而仍用旧方，可以增疾，时既变而仍用旧法，可以危国。董子曰：为政不和，解而更张之，乃可以理。《吕览》曰：治国无法则乱，守而弗变则悖。《易》曰：穷则变，变则通。③

当变不变，鲜不为害。法《易》之变通，观《春秋》之改制，百王之变法，日日为新，治道其在是矣。④

康有为认为《易》的精髓在于经世致用，在"法《易》之变通"，进而达到通古今之变的目的。在这里康有为旨在阐释《易》之"经世"致用，"经营"社会的重要作用。

康有为为了援《易》以达到通古今之变的目的，他对"三统"与

---

① 康有为著，姜义华等校：《上清帝第六书》，《康有为全集》（第1集），中国人民大学出版社2007年版，第20页。
② 康有为著，姜义华等校：《上清帝第四书》，《康有为全集》（第2集），中国人民大学出版社2007年版，第83页。
③ 康有为著，姜义华等校：《上清帝第一书》，《康有为全集》（第1集），中国人民大学出版社2007年版，第183页。
④ 康有为著，姜义华等校：《变则通通则久论》，《康有为全集》（第2集），中国人民大学出版社2007年版，第30页。

《易》经的关系作了重要阐释。康有为认为推本"六经"当以《易》为旨归,经学义理传统的阐释当以《易》学变易思想为核心,唯有如此,才能通达孔子通经致用之学的要义。

> 然古今递嬗,事变日新,故《春秋》立三统之法以贻后王。汉儒笃守《春秋》,知所尊矣,然三统之义,亦罕有心知其意。惟《易》明穷变通久之理,求孔子经世之学,亦以《易》为归焉。①

在这里康有为坚信《春秋》经是孔学以及"三统之义"之根本,然"三统之义"在康有为这里亦具有统摄性的地位,但其弊端是缺少"心知其意",而今人蒋庆对"三统"也有其独特的理解,"公羊既大一统,又通三统。大一统则万国同风共贯,一律合度,总摄于天,普施于人,使世界有一共认之标准与共存之秩序,犹今之一体化也。通三统则各国自有其统,各奉其正,各服其色,礼乐不同,制度各异,犹今之多元化也。"② 因此,康有为将"三统"与《易》两者进行有机融合并看作是孔子经世之学的核心,显然是要强调《易》学中古已有之的变易精神——因革易新,以达到"通古今之变"的目的。在这里康有为显然是要强调《易》经中古已有之的变易精神——因革易新。康有为谈及《易》是要辨明"明穷变通久之理",其目的是想把《易》作为其思想的切入点,以《易》经的"易理""易道"为宗对孔子之学进行阐释,重撑孔子"复古改制"的改革者的形象以推行其一以贯之的变法维新思想。

> 有为所谓改制者,则一种政治革命、社会改造的意味也,故喜言"通三统"。"三统"者,谓夏、商、周三代不同,当随时因革也。③

康有为之所以把"三统"作为其鼓吹变革改制的理论基础,是因

---

① 康有为著,姜义华等校:《长兴学记》,《康有为全集》(第1集),中国人民大学出版社2007年版,第348页。
② 蒋庆:《公羊学引论》,辽宁教育出版社1995年版,第373页。
③ 梁启超著,朱维铮导读:《清代学术概论》,上海古籍出版社1998年版,第79页。

为他试图利用"改制"所带来的"太平世"的美好愿望，想以此刺激统治者自觉选择符合社会治理方式以改变中国僵死的政治模式，因而康有为把"三统"说与《易》学的变易思想进行有机结合。

康有为对公羊"三世"说与《易》经的关系的阐发，也是为了达到通古今之变的目的。康有为认为公羊"三世"说中蕴含比较明显的进化论倾向，但其阐发的重点还是在于《易》的"变易"思想。康有为在变法期间上奏光绪帝的奏折中对公羊"三世"说进行系统阐发，旨在强调《易》经"变易"思想的重要性，阐明"《易》通阴阳"以凸显"变"的特质。康有为认为要鼓"天下之气"以匡扶、安定"天下之本"，要想成就中国不败于天下之强势，唯有"变法成天下之治而已"。① 关于变法以强国的问题上，康有为始终坚持"变易"的重要性。康有为在上奏光绪帝的奏折中反复提及变法的重要性：

> 若孙叔敖改纪，管仲制国，苏绰立法，此宜于敌国并立之世也。今但变六朝、唐、宋、元、明之弊政，而采周、汉之法意，即深得列圣之治术者也。②
>
> 而"六经"为有用之书，孔子为经世之学，鲜有负荷宣扬，于是外夷邪教，得起而煽惑吾民。③

他在《"变则通，通则久"论》一文中也反复提到这些内容：

> 天不能有阳而无阴，地不能有刚而无柔，人不能有常而无变，昔孔子作"六经"，终以《易》《春秋》。《春秋》发明改制，《易》取其变易，天人之道备矣。④

---

① 康有为著，姜义华等校：《上清帝第二书》，《康有为全集》（第2集），中国人民大学出版社2007年版，第33页。
② 康有为著，姜义华等校：《上清帝第一书》，《康有为全集》（第1集），中国人民大学出版社2007年版，第183页。
③ 康有为著，姜义华等校：《上清帝第二书》，《康有为全集》（第2集），中国人民大学出版社2007年版，第43页。
④ 康有为著，姜义华等校：《变则通通则久论》，《康有为全集》（第2集），中国人民大学出版社2007年版，第30页。

康有为在治国方略上，他极力主张应该以主动出击、积极有为的方式治理国家，就是其所谓以"开创之势"而不是以"守成之势"治天下。"盖开创则更新百度，守成则率由旧章。列国并立，则争雄角智；一统垂裳，则拱手无为。言率由则外变相迫，必至不守不成；言无为而诸国交争，必至四分五裂。《易》曰：穷则变，变则通。"① 康有为这里重在引出其维新变法主张，一方面不合时宜"祖宗之法"需要摒弃与破除，另一方面认为"太宗文皇帝"之法需要继承和发扬。以"八贝勒旧法"需要摒弃为例，他认为清廷要想达到长治久安的治世局面，就需要随着继承有利的"旧法"，革除不利的"弊政"才时当务之急。因此，康有为对当时之弊政进行激烈的批评：

> 不变法而割祖宗之疆土，驯至于亡，与变法而光宗庙之威灵，可以大强，孰轻孰重，孰得孰失，必能辨之者。②

康有为是要借助阐发《易》经通天人之变的论证来达到维新变法、挽救清王朝的目的。

（三）顺应时运、自强有为

康有为援《易》之变易思想进行维新变法的初衷是要"顺应时运"以达到"自强有为"的目的，进而为清王朝寻找一条中西结合、切实可行的治国之道。因此，康有为立足于今文经学经世致用传统，对今文经学之孔子"微言大义"，尤侧重于对其"托古改制"和《易》经"革变通久"核心思想的阐发。这是其矢志不渝的追求。康有为为适应现实需要，他对《易》的核心思想创造性发挥旨在为其维新变法思想提供理论支撑。康有为"六经注我"的治学阐经方式，未免掺杂了他对儒家经典著作进行的牵强附会式的解读甚至对儒学本有的精神进行故意的误读等，但其目的都是为其政治与议论的辩护。应该说，康有为利用牵强、附会经典的方式以达到其主观的目的，是其失误的地方，但是应该把康有为还原到那个特定的时代之中，时代的巨变、国家的支离破

---

① 康有为著，姜义华等校：《上清帝第二书》，《康有为全集》（第2集），中国人民大学出版社2007年版，第37页。
② 康有为著，姜义华等校：《上清帝第二书》，《康有为全集》（第2集），中国人民大学出版社2007年版，第37页。

碎能够留给他的时间已经不多，处在那个天崩地裂的年代，正值壮年的康有为，指点江山、激扬文字，确实为复兴中华做出了不懈的努力。

康有为一直注重自强有为，强调修养身心的重要性："《易》曰：君子以独立不惧，遁世无闷。"① 甲午战争之前，康有为曾多次撰文或者上书光绪帝，以"天变"之名义来示警皇帝，认为必须改变清廷坚守的"天不变道亦不变"的僵死的祖宗之法。康有为认为在这种亡国灭种的危难时刻只有顺应《易》之变易思想进行维新变法，才能顺乎天意民情以拯救任人宰割、积贫积弱的中华民族。康有为一直拿中国的近邻日本作案例，他认为日本之所以能够迅速崛起原因是当年进行了明治维新的改革，是彻底"变革"的结果。这也是造成中国远远落后于日本的最根本的原因。康有为看出清廷闭关锁国、夜郎自大的弊病；康有为对割让"尺土寸地"的不满，也表达了对于当朝者的控诉，从而引出《易》经之"其亡其亡，系于苞桑"的精髓：

> 即幸而天命眷顾，仅能图存，设令敌人割我尺土寸地，皇太后、皇上何以对列祖、列宗乎？《易》曰："其亡其亡，系于苞桑。"②

《易传》中有关于"其亡其亡，系于苞桑"的详细解读。孔子说："危者，安其位者也；亡者，保其存者也；乱者，有其治者也。是故君子安而不忘危，存而不忘亡，治而不忘乱，是以身安而国家可保也。《易》曰：'其亡其亡，系于苞桑'。"（《易传·系辞下》）对于注解《周易》的否卦，学界分歧较大，"苞桑"在这里不能理解为"稳固"的意思，应该是因"苞桑"柔韧，因而不够稳固；因其不稳固，形势严峻，才需要警惕、防范各种危险情境的发生，言下之意是要告诫人们抓住有利时机，要心怀戒惧、谨慎之心。康有为想要表达的是"今皇太后、皇上"只有存有戒惧、谨慎之心，"如履薄冰，如临深渊"，顺应时运，才能达到保国、保种的目的。康有为提到《孟子》的"盘乐

---

① 康有为著，姜义华等校：《长兴学记》，《康有为全集》（第1集），中国人民大学出版社2007年版，第344页。

② 康有为著，姜义华等校：《上清帝第一书》，《康有为全集》（第1集），中国人民大学出版社2007年版，第184页。

怠敖，是自求祸。"意在提醒当政者如果一味地恣肆作乐，不务正业，不问国事，那是自取灭亡。

> 伏愿皇太后、皇上念列圣托付之重，答天心警示之勤，无忘庚中之变，震悼祖陵之灾，特下明诏，引咎罪己，警戒群下，恐惧修省，求言图治，则宗庙幸甚，天下幸甚。①

这也是康有为利用《易》学智慧对当政者的劝诫，以谋求国家的长治久安。康有为非常强调《易》经自强不息、顺应时运、"顺为阴德"等《易》学精神的重要性。康有为指出："自强为天行之健，志刚为大君之德。《洪范》以弱为六极，大《易》以顺为阴德。"②然后康有为劝诫皇上要"历鉴覆辙"，要"深畏天命"，要遵循《易》的发展变化规律，奋发图强，念及天下百姓苍生，才不会轻易相信佞臣的谗言，才不会被谄媚之流俗所迷惑，才能成为一个明君，保护好自己的江山社稷。

> 皇上若历鉴覆辙，深畏天命，思祖宗之付托，虑社稷之凌夷，夙夜震动，念兹在兹，早朝晏罢，讲求自强，某事未举，某事未除，某才未用，某法未善，邦交未固，国本未坚，刻日程功，义在必办，必能赫然奋发，不能自已者。伏乞皇上远鉴《诗》《易》之所戒，近鉴俄、土之兴衰，独揽乾纲，破除旧习，勿摇于左右之言，勿惑于流俗之说。③

《易》学思想"以其卓异的慧见，深深影响了中华文化和中华传统民族精神的形成与衍展，而且至今仍具有深值我们玩味和借鉴的价值与

---

① 康有为著，姜义华等校：《上清帝第一书》，《康有为全集》（第 2 集），中国人民大学出版社 2007 年版，第 184 页。
② 康有为著，姜义华等校：《上清帝第二书》，《康有为全集》（第 2 集），中国人民大学出版社 2007 年版，第 45 页。
③ 康有为著，姜义华等校：《上清帝第三书》，《康有为全集》（第 2 集），中国人民大学出版社 2007 年版，第 80 页。

意义。"① 康有为作为一代大儒,对诸多经典有过精深的研究,而对《易》的继承和发展在近现代思想史上有着重要价值,其变通的思想对于易学的现代转型具有重要意义。

  窃惟为治之道,在审理、势。势本无强弱,大小对较而后分;理难定美恶,是非随时而易义。昔孔子既作《春秋》以明三统,又作《易》以言变通,黑白子丑相反而皆可行,进退消息变通而后可久,所以法后王而为圣师也。不穷经义而酌古今,考势变而通中外,是刻舟求剑之愚,非阖辟乾坤之治也。②

作为政治家的康有为,虽不是《易》学研究专家,但他对《易》学的创新和发展有诸多独特之处。近代中国的传统学术处在以西方话语体系主导下被肢解、断裂,再次重生的过渡时代,他一方面"尊儒""尊中",坚守着儒学本位,坚决捍卫中国传统文化中的合理因素,又不断吸收、接受西方的自由、民主、平等、科学等先进理念,让《易》学在新的时代焕发生机。康有为对《易》学较为精深的思考和研究,成为易学近现代发展史上一个不可忽视的环节。

四 结论

康有为一生中不同阶段对《易》都有不同的感悟,研习易学、阐发易理并将《易经》引证到其维新变法思想体系之中是他矢志不渝的追求。应该说,在康有为维新变法思想起中枢地位的是《易》经的"变易"思想。康有为不是一个专注于纯粹经学研究的学问家,而是一个援《易》入政的政治家。在政治家看来,政治因素、眼前的现实利益才是其关注的焦点。因此,康有为的"六经注我"的解经方式为了达到其固有之目的,不免会有曲解甚至故意肢解经典之嫌疑,康有为对《易》经的解读就是明证。但今文经学的特点就是托古改制、利用经典的"微言大义"、利用孔子作为素王的权威来为现实政治服务。"在今后中国政治文化的重建上,我们既要发扬光大中国传统的政治智慧,又

---

 ① 王新春等:《〈易传〉"人文化成"的价值理想》,《山东大学学报》(哲学社会科学版)2000年第4期。
 ② 康有为著,姜义华等校:《上清帝第四书》,《康有为全集》(第2集),中国人民大学出版社2007年版,第81页。

要努力吸取西方现代的政治智慧，这才是不卑不亢地解决中西文化问题的应有态度，是建设未来的中国政治文化的康庄大道。"①

早年在长兴学舍讲学之时，康有为就以《易经》与现实政治相结合的方式教授学生。"《易》为天命之书，学《易》可以'知幽明之故'，'知死生之说'，'知鬼神之情状'。"② 晚年在青岛天游堂时，又以"陈诗聆国政，讲易剖天心"条幅挂于书房表明心意。可以看出，康有为援《易》议政，以《易》救世的初衷依然未改，这也构成了康有为《易》学思想的又一特色。"受康有为的影响，梁启超早年以易学为'魂学''天人相与之学'，笼统地认为《易传》为孔子所作，其思想是孔子人生与社会理想的终极归宿。"③ 康有为将传统《易》理和"与时进化"相结合的有益尝试，又将"《易》为君子谋"的旧观念向平民化身份的转换。康有为通过对公羊学的"三统""三世"理论的创造性发展，克服了传统春秋三世说循环论的弊端。康有为以"三世进化"论为工具企图构建"大同之世"的理想社会摹本的努力具有重要的方法论意义，而他试图在传统《易》经中渗入西方的民主、自由、人权等新思想的政治建构便有了现实层面的意义。康有为着眼于中国古代具有变易精神的《易》经作为其变法思想的根基，将他对政治变革的建构以及大同理想的设计建立有效的勾连，是对传统的易学思想的创新与发展，为《易》学提供了又一种可能性的发展方向。

在政治与经学之间，与其说是政治需要符合儒家经典的基本精神，毋宁说是经学必须充当服务于现实政治的工具，而这一点在康有为这里表现得更为突出。但是不可忽视的一点是经学需要依托经典才能达到借"微言大义"，达到参与政治的目的。经典所涵咏的原创性、权威性、法典性的特点，也必然要求原典的基本精髓必须成为解经的第一法则，否则，极度曲解的今文经学一定会遭到质疑与反对，因而历代今文经学家无不以标榜"本义""正义"等为其辩护，康有为就是一个最典型的例子。相对而言，囿于当时政治文化的现状，现实政治对经学的发展尽管具有很大的影响，但终不能决定经学的发展道路，时人章太炎站在古

---

① 蒋庆：《政治儒学——当代儒学的转向、特质与发展》，生活・读书・新知三联书店2003年版，第341页。
② 林忠军：《〈易传〉与孔学》，《山东师范大学学报》（社会科学版）1990年第4期。
③ 翟奎凤：《论梁启超的易学思想》，《哲学研究》2015年第2期。

文经学的角度对康有为的攻击就是最好的明证,经学发生、发展的过程,影响最为深远、起决定性作用的依然是经典所蕴含的信仰导向与价值理念。即使现实政治歪曲了经学发展的方向,但经典的力量最终也会引导经学复归正途。因此,康有为对《易》经进行今文经学的解读,一方面掺杂了经学与现实政治的附会的成分,具有一定的局限性,但也彰显了《易》经变易思想的智慧与魅力,客观上促进了《易》学的转型与发展。

"在今后中国政治文化的重建上,我们既要发扬光大中国传统的政治智慧,又要努力吸取西方现代的政治智慧,这才是不卑不亢地解决中西文化问题的应有态度,是建设未来的中国政治文化的康庄大道。"①

但是康有为对《易》的解读更多地强调了《易》之"变易"观点,构建其维新变法理论具有重要价值,却忽略了《易》所强调的"变易"其最终的目标是在现实社会实现"天地交而万物通也,上下交而其志同也"(《易传·彖传上·泰》)的"常保其态""保会太和"的状态,这就势必要求约束皇权,实行民主,而这一点却恰恰与君主专制制度相抵牾。因此,康有为并没有把握住《易》之"变易"思想的真谛,也注定了康有为维新变法运动的失败,其所建构的今文经学体系必然走向式微的命运。

第四节 康有为《尚书》诠释研究

康有为认为,历代封建统治者所尊崇的"古文经学"诸如《尚书》《左传》等儒家经典系西汉末年刘歆伪造,应该统统被斥为"伪经"。刘歆作伪经的目的是为王莽政权辩护,故此,古文经学只是新莽政权的一朝之学。康有为著《新学伪经考》的初衷是为《孔子改制考》作铺垫,是要把孔子塑造为一改革家,为其维新变法的政治服务。

涉及康有为《尚书》辨伪的部分主要集中在《新学伪经考》一书中,全书共计十四卷,初刊于1891年,它和《孔子改制考》一书并称

---

① 蒋庆:《政治儒学——当代儒学的转向、特质与发展》,生活·读书·新知三联书店2003年版,第341页。

为"两考"——一"破"一"立",其主旨是打着"公羊学"的旗号,宣扬其托古改制、维新变法等思想,《新学伪经考》重在从经学着手,对传统经典诸如《尚书》《春秋》等儒家古文经进行猛烈攻击。康有为认为东汉以来的经学系刘歆伪造,而非孔子之典籍,其目的是反对当时流行的乾嘉学派(汉学)与程朱理学(宋学),使汉、宋学失去存在的依据,为变法维新扫清障碍,为其政治目的服务。

一 康有为《尚书》诠释的背景分析

在中国经学发展史上,从汉代开始就出现过用隶书以及先秦古文两种文字写成的儒学经籍,二者分别被称为今文经和古文经。所谓的"伪经"只是康有为对古代经文的一种断定而已,他认为古文经籍根本不是先秦留存下来的原本,而是刘歆为帮助王莽夺取政权而蓄意编造的。作为六经之一的《尚书》,早在康有为之前的清代学者那里就开始了辨伪工作。譬如阎若璩(1636—1704)辨东晋《古文尚书》和《孔安国尚书传》之伪。清代学者对《尚书》辨伪仅限于治经的范围,是要在学术上使经学更为真实可靠,而康有为的辨伪工作显然不是对前人的继承,而是出于一种特殊的政治目的。

《新学伪经考》是康有为的辨伪之书,其目的就是要破除两千年的封建思想根基,他直陈全部的古文经书皆刘歆伪造,"二千年之学,皆新学,皆伪学"。康有为认为:"始作伪乱圣制者自刘歆,布行伪经篡孔统者成于郑玄。阅二千年岁、月、日、时之绵暧,聚百、千、万、亿衿缨之问学,统二十朝王者礼乐制度之崇严,咸奉伪经为圣法,诵读尊信,奉持施行,违者以非圣无法论,亦无一人敢违者,亦无一人敢疑者。"[①] 康有为认为刘歆作伪的目的是取媚于新莽政权。可以看到康有为的解经方式有着惊人的胆略,或者说他有着超乎常人的自信。甚至当出土文物与其学术、政治主张相抵牾的时候,他断言"出土之钟鼎彝器,皆刘歆私铸埋藏以欺后世"。[②] 因此,他如此大胆的"学术研究"可以设想其"学术价值"的含量是十分有限的。只不过清代今文经学家自魏源起重在对"经世致用"之学的阐发,已不再是对学术价值的

[①] 康有为撰,姜义华、张荣华编校:《新学伪经考》,《康有为全集》(第1集),中国人民大学出版社2007年版,第355页。

[②] 梁启超:《清代学术概论》,《专集三十四》,《饮冰室合集》,中华书局1988年版,第56页。

追求，而是对政治价值的掘发。这一极富成效的研究理路，梁启超在总结《新学伪经考》曾给予了充分的肯定："第一，清学正统派之立脚点根本摇动；第二，一切古书，皆须重新检查估计。此实思想界之一大飓风也。"① 这样康有为就为他日后的维新变法思想做了铺垫，既然古文经学皆刘歆伪造，那么想要探求孔子最正宗的"微言大义"，便只有从其建构的今文经学理论中去找寻了。康有为认为："孔子之为万世师，在于制作六经，其改制之意，著于《春秋》。孔子早而从周，晚暮道不行，思告后王，于是改制。"② 所有这些改制的前奏工作，都以康有为的《新学伪经考》为前提。

"当一种文明需要被阐明和弘扬时，往往意味着正处于面临危机之际。正如康有为在《意大利游记》中承认的那样，中国文明在近代已出现了'退化危弱'之象。"③ 可以说康有为在早年接触过西方先进的科学技术知识，也看到了西方国家的强大。在康有为看来，建立在先进的工业文明和现代化生产方式之上的西方世界，挟持着全球性资本扩张气势汹汹地与古老中国遭逢，两种文明——中国古老的小农文明与西方的现代工业文明之间产生的激烈碰撞与冲突，使前者陷入前所未有的困境之中。在这个"千年未有之变局"当中，古老的中国传统文明如何走出困境并重获生机，便成为近代先进中国人思考问题的核心所在。康有为试图通过对欧美先进的文明成就进行系统的移植以使中国文明再现汉唐的辉煌，并以新的形象融入人类未来的世界文明。而所有这些目标的实现就要先破除风靡两千年的"无一人敢违""无一人敢疑"封建教条，于是康有为把矛头指向了以《尚书》为代表的儒家经典上来。康有为《新学伪经考》的目的是"破"，其后来的《孔子改制考》是"立"，是要彰明孔子权威以重塑孔子作为改革者的形象。

晚清康有为通过对《尚书》等儒家经典辨伪举起的公羊学大旗客观上促成了维新运动的发动并起到了思想解放的潮流，推动了社会的发展。自龚自珍至康有为，都代表社会进步力量，他们以"公羊三世说"

---

① 梁启超：《清代学术概论》，《专集三十四》，《饮冰室合集》，中华书局1988年版，第56页。
② 康有为：《长兴学记·桂学答问·万木草堂口说》，中华书局1988年版，第19页。
③ 张荣华：《文明本质及其发展的探索与构造——康有为〈春秋笔削大义微言考〉述论》，《学术月刊》1994年第7期，第65—74页。

作为武器对处于统治地位的顽固派的僵死观点进行了殊死的搏斗，这同时也是中国哲学观点演进的重要模式。

康有为通过对《尚书》等儒家经典的辨伪，开启了疑古、融会西学以及重建经学体系的开端。正是康有为以今文经学的通经致用、托古改制以及变法维新等学说的建构，从根本上瓦解了传统经学的本质而将其锻造成变法维新的思想武器，最终完成了古典儒学的终结；通过对《尚书》等儒家经典辨伪而著成的《新学伪经考》以及《孔子改制考》前期理论建构的完成，加之他对西学、西政的吸收使康有为实现了从复古更化的政治哲学之维到救亡图存、保国保教的政治现实之维的转变。

二 康有为《尚书》诠释的主要内容

康有为今文经学建构的核心在于其《新学伪经考》与《孔子改制考》的"两考"之中。因此，对《尚书》等儒家经典进行辨伪成为其一生思想的出发点。此以《尚书》为例，来剖析康有为基本逻辑思路。

首先，康有为直陈刘歆作伪的动机问题。康有为认为刘歆对儒家经典作伪主要基于两个层面的考量：一方面出于学术上的目的，即为"以伪经篡孔学"[①]，"至于后世，则亡新之亡久矣；而歆经大行，其祚二千年，则歆之篡过于莽矣。而歆身为新臣，号为'新学'，莽亦与焉，故合歆、莽二传而辨之，以明新学之伪经云。"[②] 康有为认为刘歆主要是对孔学的篡改，以达到其随意解释经学的目的，"于是夺孔子之经以与周公，而抑孔子为传；于是扫孔子改制之圣法，而目为断烂朝报。"[③] 康有为对刘歆的这种做法从道德层面与国家层面上分析了其恶劣的性质，"是上为圣经之篡贼，下为国家之鸩毒者也。"[④] 另一方面康有为认为刘歆是出于政治上的目的，他主要是为王莽篡汉做理论上的准备，"时莽未有篡之隙也，则歆之畜志篡孔学久矣。遭逢莽篡，因点窜

[①] 康有为撰，姜义华、张荣华编校：《新学伪经考》，《康有为全集》（第1集），中国人民大学出版社2007年版，第428页。
[②] 康有为撰，姜义华、张荣华编校：《新学伪经考》，《康有为全集》（第1集），中国人民大学出版社2007年版，第429页。
[③] 康有为撰，姜义华、张荣华编校：《新学伪经考》，《康有为全集》（第1集），中国人民大学出版社2007年版，第355页。
[④] 康有为撰，姜义华、张荣华编校：《新学伪经考》，《康有为全集》（第1集），中国人民大学出版社2007年版，第355页。

其伪经，以迎媚之。"①

其次，关于《尚书》的存案问题。康有为认为《尚书》并没有在秦朝的"焚书坑儒"中亡佚，故此，《尚书》一直留存着，康有为说："伏生者，济南人也。故为秦博士。孝文帝时，欲求能治《尚书》者，天下无有，乃闻伏生能治，欲召之。是时伏生年九十余，老不能行，于是乃诏太常，使掌故晁错往受之。秦时焚《书》，伏生壁藏之。其后兵大起，流亡。汉定，伏生求其《书》，亡数十篇，独得二十九篇，即以教于齐、鲁之间。学者由是颇能言《尚书》，诸山东大师无不涉《尚书》以教矣。伏生教济南张生及欧阳生，欧阳生教千乘儿宽。"②康有为认为伏生的《尚书》版本虽然有所亡佚，但是仍可以称为"孔子所传之经"。康有为又言及欧阳生及其"千乘儿宽"，旨在证明伏生继承了《尚书》的正宗，虽"亡数十篇"仍"以教于齐、鲁之间"。同样对于伏生保存有《尚书》一事还有相关描述："伏生故秦博士，秦焚书，非博士所职悉焚，则博士所职不焚，然则伏生之《书》，为孔子所传之经确矣。博士以《尚书》为备，以其传授有绪，故比之二十八宿也。欧阳、大小夏侯传今文者无异辞。"③然后康有为又附一按语："齐、鲁儒生千百，而治《尚书》者唯伏生为首，藏书之禁仅数年，藏书之刑仪城旦，不能害也。然则伏生之《书》为孔子之正传确矣。"④也意在证明伏生之《尚书》乃"孔子之正传"。

为了证明伏生之"真"与刘歆之"伪"，康有为对《尚书》与《古文尚书》进行进一步的界定："《尚书古文经》四十六卷，《经》二十九卷。《经》者，即伏生二十八篇，并后得《秦誓》之本。《古文经》四十六卷，二十九卷外并得多十六篇，计之尚缺一卷，必合《序》数之乃足，然则《序》与十六篇同出无疑。欧阳、大小夏侯皆不言《序》，后汉古文大行，注《尚书》者遂皆注《序》，则《序》出于歆

---

① 康有为撰，姜义华、张荣华编校：《新学伪经考》，《康有为全集》（第1集），中国人民大学出版社2007年版，第429页。
② 康有为撰，姜义华、张荣华编校：《新学伪经考》，《康有为全集》（第1集），中国人民大学出版社2007年版，第365页。
③ 康有为撰，姜义华、张荣华编校：《新学伪经考》，《康有为全集》（第1集），中国人民大学出版社2007年版，第382页。
④ 康有为撰，姜义华、张荣华编校：《新学伪经考》，《康有为全集》（第1集），中国人民大学出版社2007年版，第365页。

之伪古文明矣。"① 康有为对于世间对刘歆、伏生的评价，给予了还击："直谓'伏生阙谬'，可谓无知而悍犷矣。然古学盛行，于是，五百余年积非成是，盗憎主人，奚足记哉！唯'不别记'，则今文遂亡，德明不能无罪焉。"②

再次，关于刘歆伪经的后果分析。康有为直陈自汉武帝立"五经"博士之后的百余年，今文经学盛极一时，但是其弊端也随之出现，伪古文经取代今文经的重要的原因在于：第一，今文经学的"一经之说，至于百余万言，五字之文，至于二三万字，繁冗至此，……"③，因此，烦琐累赘是其最大的弊病；第二，伪经传授者皆为当时的名士，有很大的学术影响力。影响力越大，其破坏性及其造成的恶劣后果就越严重："盖歆之所以得行伪学者，通其一艺即征诣公车，前后千数，以广伪学，壹异说。于是，天下皆诵歆学，而孔子之学绝矣。……盖歆以博闻强识绝人之才，承父向之业，睹中秘之书，旁通诸学，身兼数器，旁推交通，务变乱旧说而征应其学。训诂文字既尽出于歆，天文、律历、五行、谶记、兵法又皆出之，众证既确，城壁愈坚。当时既托古文之名，籍王莽之力以广其传，传之既广，行之既久，则以为真先圣之遗文矣。"④

因此，康有为对刘歆作伪进行了猛烈的攻击："学者不正其心术，而以博闻强记造说立端，其祸等于洪水猛兽，可不惧乎！《昏义》：三夫人，九嫔，二十七世妇，八十一御妻。若非歆伪窜者，则三公、九卿、二十七大夫、八十一元士之命妇乎！若以为后宫有是，则断断无是也。"⑤ 康有为认为，正是因为刘歆的影响力之大，学术造诣之深，其作伪造成的破坏性作用在之后的两千年里，"莫有发难者也"。康有为

---

① 康有为撰，姜义华、张荣华编校：《新学伪经考》，《康有为全集》（第1集），中国人民大学出版社2007年版，第384页。
② 康有为撰，姜义华、张荣华编校：《新学伪经考》，《康有为全集》（第1集），中国人民大学出版社2007年版，第460页。
③ 康有为撰，姜义华、张荣华编校：《新学伪经考》，《康有为全集》（第1集），中国人民大学出版社2007年版，第428页。
④ 康有为撰，姜义华、张荣华编校：《新学伪经考》，《康有为全集》（第1集），中国人民大学出版社2007年版，第432页。
⑤ 康有为撰，姜义华、张荣华编校：《新学伪经考》，《康有为全集》（第1集），中国人民大学出版社2007年版，第437页。

说:"自魏、晋至应其学唐,言术艺之士皆征于歆。寖(浸)淫既久,开口即是,孰能推见至隐,窥其瑕疵乎?此所以范围二千年,莫有发难者也。今《汉书·律历》《天文》《五行志》,皆歆之学,与诸古文经若合符节,月令、兵法亦然。"① 最后的结果是"不知古学刘歆之窜乱伪撰也,凡今所争之汉学、宋学者,又皆歆之绪余支派也。经歆乱诸经,作《汉书》之后,凡后人所考证,无非歆说。征应四布,条理精密,几于攻无可破,此歆所以能欺绐二千年,而无人发其覆也。"②

最后,尊孔、尊儒一以贯之。尊孔,尊儒,尊中贯穿康有为的一生。首先,康有为对孔子之学的独尊地位进行论证。康有为指出:"孔子之学,秦时已立博士"。③ 康有为充分肯定"孔子之学"的重要性,在论证"孔子之学"的重要性之余,康有为又对"儒"做了详细的界定:"凡所云'儒'者,皆与异教对举而言。盖孔子改制后,从其学者皆谓之'儒'。故'儒'者,譬孔子之国号,如高祖之改国号为汉,太宗有天下之号为唐,艺祖有天下之号为宋,皆与异国人言之,至于臣民自言,则云'皇朝''圣朝''本朝',人自明之,不待称国号也。"④其次,康有为又论述"孔子之学"涵盖其他一切学问。"孔子之道,范围天下,子思所谓'上律天时,下袭水土'"。⑤

然后,康有为对具有政治意义的《周官》以及刘歆《古文尚书》根本的《书序》进行辨伪。康有为直陈刘歆之"伪《周官》"之害:"特自伪《周官》,欲托身为周公以皋牢一切,故兼收诸子,以为不过备我学一官、一职之守,因痛抑孔子,以为若而人者,亦仅备一官守,足助顺阴阳、明教化而已,阳与之,实所以夺之者至矣!唐人尊周公为先圣,而以孔子为先师,近世会稽章学诚亦谓周公乃为集大成,非孔子

---

① 康有为撰,姜义华、张荣华编校:《新学伪经考》,《康有为全集》(第1集),中国人民大学出版社2007年版,第433页。
② 康有为撰,姜义华、张荣华编校:《新学伪经考》,《康有为全集》(第1集),中国人民大学出版社2007年版,第362页。
③ 康有为撰,姜义华、张荣华编校:《新学伪经考》,《康有为全集》(第1集),中国人民大学出版社2007年版,第414页。
④ 康有为撰,姜义华、张荣华编校:《新学伪经考》,《康有为全集》(第1集),中国人民大学出版社2007年版,第414页。
⑤ 康有为撰,姜义华、张荣华编校:《新学伪经考》,《康有为全集》(第1集),中国人民大学出版社2007年版,第416页。

也,皆中歆之毒者。"① 康有为又对刘歆之《书序》进行证伪的工作,康有为认为:"《书序》之伪明,百篇之妄袪矣。然篇目真伪杂出,今古淆乱。且真《书》中亦自有辨:有孔子之《书》,有孔子未修之《书》。……刘歆以后,《书序》大行,诸儒征引均祖之。既明《书序》之伪,根本既除,枝叶自去,今置不议。"②

三 康有为《尚书》诠释的时代价值

康有为生活在清末民初社会大动荡的时代,他为实现救国救民的远大抱负,他勇敢地接过今文经学的大旗,康有为由最初坚守的古文经学立场到今文经学的转变缘起于康有为对《尚书》等儒家经典辨伪的《新学伪经考》。康有为《尚书》诠释有着深刻的时代价值。

第一,"经世致用"思想的掘发。康有为在《新学伪经考》中对以《尚书》等儒家经典进行辨伪的目的是要把为封建帝制辩护的古文经学拉下神坛。作为一个有鸿鹄之志的读书人,他闭门苦苦思索,残酷现实使他开始把个人的前途与国家的命运和世界风云变幻局势联系起来,这一阶段他的思想发生了巨大变化。此时的康有为开始"日日以救世为心,刻刻以救世为事,舍身命而为之"。③

树立救民于水火的理想,康有为的决心也像魏源一样,"师夷长技以制夷",就是要学习西方长处,实行维新变法以振兴中华。1891年,康有为在"万木草堂"招徒讲学,建立新型的教学团体,同时也为他日后维新变法的政治团体培养了一批维新变法的骨干力量。"万木草堂"成为他新思想的前沿阵地,特别是1891年和1896年刊行的《新学伪经考》和《孔子改制考》,具有彻底颠覆性的"两考"在中国思想界掀起了一阵"飓风"。1898年的戊戌变法,是康有为维新思想积聚已久的结晶,它是近代史上重要的政治改革,更是一次重要的思想启蒙运动。

《教学通义》和《民功篇》是姊妹篇,《民功篇》强调"民功",

---

① 康有为撰,姜义华、张荣华编校:《新学伪经考》,《康有为全集》(第1集),中国人民大学出版社2007年版,第416页。
② 康有为撰,姜义华、张荣华编校:《新学伪经考》,《康有为全集》(第1集),中国人民大学出版社2007年版,第539页。
③ 康有为:《康南海自编年谱》,《戊戌变法》(四),上海人民出版社1957年版,第118页。

着重阐述物质生产的重要意义,《教学通义》强调"实学",着重阐述发展专门技术的重要意义,两本书在一定程度上摆脱了宋学和汉学脱离实际、无补于事的弊端,贯彻着强烈的"经世致用"精神。康有为性格中充满了忧患意识,在学术上喜欢举一反三、追求"实用"之学,也深感"训诂""考据"之学对于挽救民族危亡毫无用处。特别是在朱次琦门下时,在其师倡导的"通经致用"思想影响下,康有为走向改变现实命运的学术道路。朱次琦以儒家修齐治平为本义,主张读书的目的是明白事理,自我提升,随时应国家需要挺身而出。他不满汉学的琐屑考据和宋学末流空疏的学风以及门户之见,力倡经世致用,兼采汉学。

第二,打掉圣贤光环的滥觞。康有为通过对《尚书》等儒家经典的辨伪,洞开了怀疑儒家经典的先河,动摇了封建统治的政治根基。康有为对于今文经学的主张本意并不在考证辨伪,而在于推倒旧说,试图利用对今文经学的诠释来为他新思想的传播拓展空间,而琐碎的考证本身无助于阐发新思,还会淹没了智慧的灵光。在具体的论证中,《新学伪经考》列出十四篇,每一篇都旗帜鲜明,力避烦琐,他将复杂的考证问题简单化,而这正符合了康有为借考证阐发新思想的目的。康有为利用他深湛的儒学功底,首篇就论述《秦焚六经未尝亡缺考》,根据《史记》《汉书》分析秦代不可以也不会将《六经》焚烧殆尽,开篇就质疑了古文经存在的合法根基,史学界公认的一个观点是,这种做法绝对是康有为的第一发明,仅从学术价值而言,同时代的廖平的著作根本无法同康有为相媲美。因此,康有为从容展开各经典的论说。最后得出结论:自从汉代之后的占有统治地位的古文经典都是伪经。[1] 第四篇《汉书河间献王鲁共王传辨伪》,利用《史记》与《汉书》对河间献王与鲁共王事迹的记载的出入,断言所谓"献王得书、共王坏壁"[2] 纯属子虚乌有,那么据此产生的古文经当然也就失去其存在的合理性,后代经典的叠相传注也成了伪经的殉葬品。

对于以经典安身立命、规范社会伦理的意识形态和治国平天下的不二法门的统治秩序来说,这无疑是当头棒喝。《新学伪经考》从根本上

---

[1] 康有为在《新学伪经考》中指出:"古学皆刘歆之窜乱伪撰也,凡今所争之汉学、宋学者,又皆歆之绪余支派也。经歆乱诸经、作《汉书》之后,凡后人所考证,无非歆说。"(康有为:《新学伪经考》,中华书局1958年版,第16页。)

[2] 佟大群:《清代文献辨伪学研究》,博士学位论文,南开大学,2010年。

动摇了绵延二千年道统的根基，既然经典本身的真伪都成了问题，那么圣经贤传还有何光彩可谈呢？这样，人们不仅可以怀疑经典和道统的真实性，也对整个统治秩序的合法性投以怀疑的目光。这就是《新学伪经考》一书蕴含的革命性意义。不难设想，如果没有《新学伪经考》对旧秩序内部的破坏作用，新文化运动的呐喊恐怕也不会那么及时迅速地得到回应。康有为之所以敢于打破理学传统和考据学传统，是因为他不能接受当时的古文经学作为统治工具的官方思想，认为应当回到原来的、真正的儒家的框架中来。在康有为看来，只要清除刘歆的伪经，再与欧洲、印度之圣经贤传融会贯通，儒学的复兴便指日可待，儒学仍然不失为好的学说。

第三，对维新变法政治思想的皈依。康有为的"两考"一经出版，立即引起轰动，在学界和士大夫阶层广为流传。内容主要是力攻刘歆，谓"六经"皆其伪造。"两考"巧用了古人"经学"的酒杯，浇开了现实社会人们试图寻求"救国良策"的心中块垒，构成了康有为变法维新的两大理论支柱，在当时的知识界和士大夫阶层达到了共鸣。《新学伪经考》翻出了今古文之争的旧案，借题发挥，把汉代以后两千多年的经典都斥为伪经，从根本上动摇了道统的根基，对旧的学术思想及其赖以生存的意识形态具有极大的破坏作用。《孔子改制考》则在《新学伪经考》清算两千年经学传统的基础上重塑道统，将两千年经学历史视为空白，这不管对于原始儒学，还是对于西汉董仲舒对于孔子的解释都是石破天惊之举。康有为执意要把经过历代改造的孔子返璞归真，目的是为了根据自己的需要改造孔子。他把涂在孔子脸上的层层油彩去尽是为了对孔子进行重新打扮，建立新的道统，然后再去打着道统的旗号宣传自己的主张。

康有为通过《孔子改制考》一书，把孔子改造成为先秦时代的最伟大的改革者。他认为孔子出身布衣，但是有着鸿鹄之志，自称素王，把尧舜同文王视为改革的先驱者，并利用他们来强化自己的改革主张，同时又把传统中的尧舜之治加以美化，作为社会发展的目标。经过这番改造，两千多年前的孔子和现在的康有为在实质上已经合一了，这也正是他的目的所在。一方面，他自认为上承孔子的道统而成为当今素王，坚信中国社会将会在他的改造中发生一次深刻的变革；另一方面，他也深知孔子及其儒家道统已经形成至尊地位，以孔子畅行变法会大大减少改革的障碍，争取更多支持者。因此康有为改造孔子的真实目的在于利用孔子以达到改造现实的意图。

康有为认为"六经"是孔子为"托古改制"而作，从而把孔子打扮成一个改革家的形象，主张革新和进步，反对守旧和落后。他肯定《春秋》是孔子改制创作之书，孔子之所以被尊为教主，是因为他写成了不朽的"六经"，他批评前人说孔子"删述六经""述而不作"的说法，因为他把孔子塑造成托古改制的创始人。他认为自己作为一个改革家是对孔子"托古改制"思想的继承和发扬，从而加强了维新变法理论在开明官吏和士大夫中的渗透力和号召力。历史的发展就是沿着这样的发展阶段，是从低级向高级不断向前发展的。他强调从据乱世向升平世发展的必然性，要救国就要太平，就要改制，只有改革才能到达最终的太平世的盛世局面，从而论证了维新变法的必然性。应该指出，康有为在这里只是运用了今文经学的躯壳，而进化论才是其主宰一切的灵魂，因而在康氏那里让人看到的是充满惊世骇俗的新颖理论。这也在处于封建桎梏和学问饥渴中的知识界、思想界引起轩然大波，虽然遭到顽固派的仇视，但是在客观上促进了学术界解放的潮流。

第五节 康有为"大同之世"的理论建构及诠释研究

康有为的《大同书》是对公羊"三世说"以及《礼记·礼运》篇"大同"核心思想的传承与发展；是对西方科学知识与西方空想社会主义思想的吸收与升华；是对佛教慈悲观、儒家仁学思想的熔铸与发展。康有为所建构的"大同之世"的理想社会是一个既有东方文化色彩，又极具世界意识的思想体系，是中国传统文化和西方异质文化充分融合的产物，对儒学的现代转型具有重要意义。

康有为的《大同书》《新学伪经考》与《孔子改制考》被其弟子梁启超称为最具代表性的三部著作，后两部作品基本是对旧学的整理，而"其自身所创，则《大同书》也"。① 虽然《大同书》自问世以来已经

---

① 梁启超著，夏晓虹点校：《清代学术概论》，中国人民大学出版社2004年版，第199页。

过去了一百多年，但其所建构的"大同之世"的理想社会至今依然具有重要价值。应该说，康有为"大同之世"的理想社会是集古今中西思想于一体，是一种更为理想的社会发展形态，充分体现了人类诸多美好的愿望与诉求，所呈现给后人的是一种更为理想的社会模型。学界认为对康有为《大同书》的宗教化倾向、蕴含的科学元素以及对空想社会主义因素等领域的探究都具有重要价值。① 然而，对康有为"大同之世"的理论建构及其现代价值的内在联系等视角研究却鲜有言及。本书旨对康有为"大同之世"的形成背景、基本特征以及儒家价值底色进行阐释，探究其理论建构对儒学现代转型的启示与价值，为儒学由传统走向现代提供又一种发展的可能性。

一 康有为《大同书》的成书背景

康有为处在"传统与现代""君主与共和""保皇与革命"的这样一个"三千年未有之变局"的特殊时代。面对灾难深重的中国，康有为在"保国与保教""儒学与西学""大同与小康"之间通盘思考，试图为中国寻找经世救国方案。自幼饱读儒家经典的康有为不仅儒学功底相当醇厚，而且他也知道要实现国家民族复兴的大任，仅仅依靠诵读经典是不行的，更重要的是要学习西方的自然科学和社会科学知识来补益儒学的不足，受廖平《知圣篇》《辟刘篇》的影响，康有为思想发生重要转向，"形成了其公羊学思想体系"② 为特质的通经致用之学，以达到救亡图存、报效国家的目的。康有为认为儒家"时时以民生、国事为念"的经世致用之学固然重要，但西方科学多"新理"是当时的中国之学最为欠缺的，"西学甚多新理，皆中国所无，宜开局译之，为要事"。③ 康有为"大同之世"的理想社会具有一定的民族主义色彩，他所谓的"大同之世"与民族主义并没有本质的区别，"大同毕竟是未来

---

① 参见范广欣：《康有为〈大同书〉论家与孝：对"毁灭家族"说的重估》，《中国哲学史》2019 年第 1 期；曾奕：《论康有为〈大同书〉中的婚姻、家庭问题》，《社会科学》2015 年第 6 期；曹润青：《〈论语〉与大同》，《读书》2018 年第 11 期；魏义霞：《大同近代形态的两种版本——康有为、谭嗣同大同思想比较研究》，《天津师范大学学报》（社会科学版）2016 年第 6 期等。

② 彭平一：《戊戌前后湖南今文经学的学术播迁及其影响——以王闿运和皮锡瑞为始末》，《湖南大学学报》（社会科学版）2009 年第 5 期。

③ 梁启超著：《康有为传》（附录《康南海自编年谱》），团结出版社 2004 年版，第 101 页。

遥远的前景，救国才是目前的任务"。①

戊戌变法失败后，康有为为避难来到印度大吉岭，此时的康有为不仅对儒家经典进行了全面阐释，还酝酿一部能够思考、规划人类未来等一系列重大社会问题的著作，这就是康有为撰写《大同书》的初衷。应该说，康有为的"大同境界"形成较早，但《大同书》撰写显然是在1902年之后，虽然康有为在其"自编年谱"中提及"吾既闻道，既定大同"②，但《大同书》成书于1884年前后是否属实却值得商榷。③毋庸置疑的是，康有为"大同之世"的社会理想显然是其维新变法思想的重要来源，也"是'大同书'组成的一个主要部分"。④

关于大同思想的由来，在中国古代文化典籍中，就已经保存着丰富的"大同"思想的宝贵资源。诸如《诗经》的"乐土"概念，《墨经》"尚贤""尚同"的政治主张以及《论语》"均无贫""和无寡"的思想主张等。儒家经典《礼记·礼运》篇对"大同"思想更是有过详细的描述：

> 大道之行，天下为公；选贤与能，讲信修睦，故不独亲其亲，不独子其子，使老有所养，壮有所用，幼有所长，矜寡孤独废疾者皆有所养，男有分，女有归，货恶其弃于地也，不必藏于己，力恶其不出于身也，不必为己，是故谋闭而不兴，盗窃乱贼而不作，故外户而不闭，是谓大同。（《礼记·礼运篇》）

这里描写的是一幅未来社会构想的臻美图景，也成为后世儒家文人孜孜以求的最高的社会理想。康有为对"大同之世"的理论建构是对

---

① 汪荣祖：《康有为物质救国论的历史意义》，《广东社会科学》2018年第4期。
② 梁启超著：《康有为传》（附录《康南海自编年谱》），团结出版社2004年版，第100页。
③ 注：康有为作为近代重要的思想家，但其著作中有"倒填年月"的现象也是不争的事实，对于康有为《大同书》的成书年代本文不再赘述，可参见李泽厚：《"大同书"的评价问题与写作年代——简答汤志钧先生》，《文史哲》1957年第9期；张玉田：《关于"大同书"的写作过程及其内容发展变化的探讨——兼与李泽厚、汤志钧二位先生讨论关于"大同书"的估价问题》，《文史哲》1957年第9期；汤志钧：《再论康有为的"大同书"——兼与李泽厚、张玉田二先生商榷》，《历史研究》1959年第8期等文章关于《大同书》的论争。
④ 汤志钧：《关于康有为的"大同书"》，《文史哲》1957年第1期。

清末民初那个灾难深重的中国所做出的最具天才般的设想。《大同书》的奇思妙想,在百年之后的今天仍然发挥着重要作用,诸如建立社会主义公有制,构建社会主义和谐社会以及新时代"为世界谋大同"等,曾经的"空想"已经或者正在变成现实。因此,康有为的"大同之世"的社会构想是一种有效的"乌托邦",康有为"大同之世"的理想社会影响深远,"他的乌托邦构想极具想象力与挑战性,他足列世界上伟大乌托邦思想家之林"。①

就康有为而言,其《大同书》所昭示的对民主共和的反对以及对君主立宪的推崇显然是逆时代潮流而动,这是一个不争的事实。但是也应该看到,康有为对君主立宪的坚守显然有其特定的时代背景,就当时世界各国的政权组织形式来看,除美、法等少数国家之外,日本与西方多数国家也基本上采取君主立宪制的国家政体形式。康有为显然有自己研判时局的思维逻辑,那就是君主立宪政体下所谓的"君主"只不过是名义上的"虚君",只是维系国家统一的象征与标志,这就是康有为所设计的所谓"虚君共和",而国家的"实权"仍然掌握在议会或者内阁手里。因此,康有为认为君主立宪制度在当时之中国是最优方案,渐进式的变革改良与革命的流血冲突相比,君主立宪制度实为更可行、更有效的方式。"以《易》之'生生'释'仁'"②以及《大学》篇所谓"周虽旧邦,其命维新"为其理论的重要来源,也是其主张维新变法和反对暴力革命的重要原因。康有为认为如果在中国推行君主立宪制度,光绪皇帝依然可以做他的皇帝,唯一不同的是他仅仅是象征性的国家元首,这样既可以削弱西方列强对中国的瓜分势头,又可以避免军阀割据,陷入军阀混战的局面。

"大同之世"的社会构想一直是儒家知识分子、士大夫阶层矢志不渝的追求。相对于《礼记·礼运》篇的"大同"理想,康有为在《大同书》中建构的"大同之世"可以看到一个更为具体、更为丰富、更为系统甚至更为美妙的社会理想图景,而这样唯美的境界正是康有为所要实现的终极目标。为了实现这样的理想社会,仅仅停留在空想阶段是

---

① [美]萧公权著,汪荣祖译:《康有为思想研究》,联经出版事业公司1988年版,第451页。

② 唐明贵:《试论罗汝芳对〈论语〉的易学解读》,《周易研究》2019年第4期。

不够的，因此，康有为苦心钻研儒家经典以建构其"大同之世"的理想社会的同时，还积极涉猎西方的算学、物理、化学等自然科学知识。

> 经子之奥言，探佛学之卫旨，参中西之新理，穷天人之绩变，搜合诸教，披析大地，剖析今古，穷察未来。①

康有为是想通过吸纳东传的西方科学知识补益儒学，以构建其"大同之世"的理想社会。康有为有感于国家内忧外患的社会现实，他试图通过钻研儒家经世致用之学，借以"察古今之变""参中西之新理"以达到"穷天人之绩变"的目的。他在1885年"手定大同之制，名曰《人类公理》"②，1887年"推孔子据乱、升平、太平之理，以论地球"③，这些都昭示着康有为一直在为"大同之世"的社会理想而努力。他用"三统说"纵论古之先贤，用公羊"三世说"推演社会的未来，建构"大同之世"的理论，以实现光复中华民族的远大理想。

二 康有为"大同之世"的基本特征

《大同书》对"大同之世"的理论建构是以儒家思想为主体，同时熔铸了西方自然科学、社会科学知识的内涵，并广泛汲取了古今中外先进思想的精华，是一部具有中国特色的空想社会主义的理论著作。康有为所建构的"中国特色"主要体现在其"大同之世"的社会构想，它既有西方异质文化的特质，又具有强烈的儒家文化色彩。《大同书》和先秦儒家的"大同"理念有诸多相通之处，它们无一例外地都以"仁学"为核心，康有为的不同之处是充分吸收西方文化的最精华的部分，试图把"仁"的思想诠释为一种"普遍性价值"。康有为的《大同书》有以下三个层面的特征。

（一）具有宗教般的救世情怀

康有为"大同之世"的社会构想是世世代代中国人孜孜以求的理

---

① 梁启超著：《康有为传》（附录《康南海自编年谱》），团结出版社2004年版，第99页。
② 梁启超著：《康有为传》（附录《康南海自编年谱》），团结出版社2004年版，第100页。
③ 梁启超著：《康有为传》（附录《康南海自编年谱》），团结出版社2004年版，第102页。

想社会，为处在水深火热之中的中国民众描绘了一幅人类社会未来发展的美好图景：

> 大同之世，水有自行之舟，陆有自行之车。今自行之车已盛矣，异日必有坐卧从容，携挟品物不须费力，大加速率之妙。其速率比于今者或伯千倍焉，其可增坐人数者或十百倍焉，或借电力，或炼新质，飘飘如御风焉。①

这是康有为对西方科学技术迅猛发展油然而生的敬意，也是他对未来现代化生活方式的憧憬与向往。康有为自幼被冠以"圣人为"的主要原因是他自认为是一个禀赋不凡之人，骨子里透着不同凡响的灵光，坚信自己能够重新发现孔学的时代价值并最终成为孔子的正宗传人。为此，他深感自己必须担负起救民于水火、引领中华民族进入"大同"盛世的神圣使命。

> 康有为生于大地之上，……又当大地之交通，万国之并会，荟东西诸哲之心肝精英而酣饮之。神游于诸天之外，深入于血轮之中，于时登白云山摩星之颠，荡荡乎其鹜于八极也。②

《大同书》所建构的理想社会有两层含义：一是对现实事务的关注以挽救中华民族的危亡；二是游离于现实之外，神驰于想象空间进行理论建构。康有为更多的是徜徉于两者之间，抑或是同时立足于两者之上扮演着双重角色：实际的改革家以及乌托邦的梦想家。康有为在其"自编年谱"中自谓"其学30岁已成，不求大变"③，这显然与事实不太吻合。康有为的一生经历过多次的思想转变，很多想法在亲身经历不能成行后，他会另辟蹊径，把精力倾注在另外可行的方案上。

---

① 康有为著，姜义华等校：《康有为全集》（第7集），中国人民大学出版社2007年版，第185页。
② 康有为著，姜义华等校：《康有为全集》（第7集），中国人民大学出版社2007年版，第3页。
③ 梁启超著：《康有为传》（附录《康南海自编年谱》），团结出版社2004年版，第149页。

康有为撰写《大同书》的目的是要建构一个理想社会，旨在经营天下，救民于水火。这种浓厚的宗教情结源自他早年接受的佛教思想，但更为重要的是对于儒家思想宗教般的庄严性以及对"大同之世"笃定的坚守。同时，康有为也非常明白当时之中国的宗教文化现状，那就是外来的基督教显然在中国更具渗透力，对于普通民众的内心也更具穿透力，康有为自认为必须承担起这重建儒教的重要使命，构建一种可以与西方基督教相抗衡的宗教力量，可以说《大同书》也是其孔教国教化的重要组成部分。

（二）具有西方科学元素的特质

康有为"大同之世"的理论建构经历了长期酝酿的过程，他的物质救国论的思想主张以及深厚的西方自然科学与社会科学知识是其思想体系最具特色的地方。康有为在《大同书》中所建构的"大同之世"的理想社会是西方科技文明、物质文明与先秦儒家"仁学"思想的道德文明高度发展的产物。这样的"大同之世"是人人平等、人人劳动的最理想的社会形态：

> 大同之人宫室皆建于公，私人几无宫室矣。盖无家则不须有室也。然智士累创新器，得赏甚多。①

凡此种种，充分说明康有为所设计的理想社会不是企图回到原始状态、古人所追求的朴素的"大同"社会，不是洪秀全所谓的天朝田亩制度，亦不是墨家所崇尚的"无差等"的绝对平均主义，而是物质文明和道德文明高度发达的社会发展形态。这样的社会形态只有生产力高度发达，物质财富极大富有的情况下才能实现，而所有这些都必须以先进的科学技术为前提，正基于此，他"从未间断对自然科学的热爱"。②

有感于中国特殊的社会形势，加之遍读西方自然科学和社会科学书籍，经过康有为深入、独立的思考，他对古今中外的思想进行了系统的整合与升华，所有这些都为他建构的"大同之世"的理想社会奠定了

---

① 康有为著，姜义华等校：《康有为全集》（第7集），中国人民大学出版社2007年版，第184页。
② 刘星：《康有为今文经学的嬗变与维新思想的形成》，《湖南大学学报》（社会科学版）2019年第3期。

思想上的基础。康有为还潜心研习数学、几何学等科学知识，受此启发，他著成《人类公理》一书，几经易稿最终形成了具有西方理性思维的《实理公法全书》这一重要著作。《实理公法全书》和《康子内外篇》两部书对康有为构建"大同之世"的理想社会具有重要作用，这两部书中康有为更多地关注道德价值与社会关系，而较少涉及实际事务，特别是把"真理""原则"等核心问题放在突出重要的位置，初步形成了其乌托邦理论的基石。康有为在建构"大同之世"的理想社会的同时，他依然关注社会现实，他从乌托邦的巅峰回归到冯桂芬、张之洞等所坚持的工业救国的道路，所有这些在其《大同书》里都有非常清晰的表达：

"大小舟皆电运，不假水火，一人司之，破浪千里，其疾捷亦有千百倍于今者"。①

"大同之世，什器精奇，机轮飞动。不可思议"。②

在康有为看来，现代工业水平的发展是实现"大同之世"的前提和基础，他认为中国未来的发展要以中国固有的道德文明为"体"，以西方工业化道路为"用"，只有中西方道德文明与物质文明的强强联合才是中国未来发展的必由之路。

以工业化为基础的近代西方社会对中国自古以来根深蒂固、自给自足的农耕经济为主的传统社会而言，单就科学发展水平、工业化先进程度来说都具有碾压之势，西方国家在"科学""工业"与"物质"的带动下，展示其旺盛的生命力以及更为广阔的发展空间。其得意门生梁启超在对西方科学有了更为深刻的认识之后也"倾向于科学万能主义，并站在科学的立场来评判儒学"。③ 因此，康有为认为中西方存在巨大差距，并指出中西方差距的根源在于西方科学技术的发达。"好古，敏

---

① 康有为著，姜义华等校：《康有为全集》（第7集），中国人民大学出版社2007年版，第185页。
② 康有为著，姜义华等校：《康有为全集》（第7集），中国人民大学出版社2007年版，第186页。
③ 苗建荣：《论梁启超对儒学与西方科学的态度》，《科学技术哲学研究》2019年第4期。

以求之者也"(《论语·述而》),康有为试图建构"大同之世"的社会理想是对传统思想中"大同"思想的继承和发展,不仅凸显了其"好古""敏求"的一面,更重要的是他不再像《礼记·礼运》那样仅仅局限于从远古时代寻找梦幻中的海市蜃楼,而是立足当下,从西学、西政中汲取养料,凭借自己对西方自然科学、社会科学知识的潜心学习、深度探究,并结合独具特色的公羊"三世说"理论,构建其关于整个人类社会进化的理论体系与"大同之世"的社会理想。

(三)具有空想社会主义的性质

戊戌变法失败之后,动荡时局使康有为陷入万念俱灰的痛苦深渊,开始漠视这个令他迷惘的世界,转向一个超脱现实的领域,到达一种"无邦""无国"的臻美之境,甚至幻想一种没有道德价值判断、没有人际关系牵绊的唯美境地。康有为在 1926 年著成的《诸天讲》一书中重在对"乌托邦"的憧憬与阐发,而其所谓的"乌托邦"不是"重建的乌托邦",而是"逃避的乌托邦"。① 康有为在印度大吉岭完成的《大同书》,是对公羊"三世说"推演的典范之作:

> 《几何公理》和"三世"说糅合在一起,创造性地发展了大同学说。后来在"万木草堂"时,他又将其一分为二,依照"几何公理"写成了《实理公法全书》,然后又用"三世说"写成了《大同书》。②

康有为也非常清楚地知道,中国的发展仅仅停留在理论、思想层面是不够的,还要依靠强大的经济基础做保障,康有为的物质救国论思想成为他建构"大同之世"的社会理想不可或缺的组成部分。"今天下车同轨,书同文,形同伦"(《礼记·中庸》第二十八章)是对理想中"大同之世"的无限向往。康有为大同思想的建构,显然具有理想的成分,在他所谓的大同理想中人类社会已经实现了世界各个种族的同化,世界不同民族、种族之间都生活在统一的国度里,接受统一政府的管

---

① [美]萧公权著,汪荣祖译:《近代中国与新世界——康有为变法与大同思想研究》,凤凰出版传媒集团 2007 年版,第 311 页。
② 房德邻:《儒学的危机与嬗变——康有为与近代儒学》,台湾文津出版社 1992 年版,第 237 页。

辖，人人享有平等的权利、使用统一的语言、共享同等的精神文明，人类还可以在星际间畅游，永生不死。康有为对大同理想描写非常具体：

> 圣者因人情之所乐而乐之，则为创出世之法，炼神养魂之道，长生不死之术，以求生天证圣之果，轮回不受，世界无边。①

虽然这样的图景只是一幅粗糙的乌托邦，是一种幻想而已，但它却是《大同书》中"大同之世"理想社会的雏形。康有为从根本上表现出一种既想拥抱儒家又试图摆脱儒家的思想倾向，显然是受到佛教中佛法平等和基督教所倡导的在上帝面前"人人平等"等观念的影响。总之，康有为早期的"大同之世"的社会构想是融合了佛学、儒学和西方科学知识的精华，不仅是对古代"大同"思想的继承和发展，也是在新的历史形势下进行的传承与创新。

《大同书》中继承和发展了先秦儒家的朴素的"大同"思想，并且吸收了基督教、佛教以及美国作家贝拉米的空想社会主义思想的精华，描绘出了一幅华丽的乌托邦图景。康有为选择在1913年刊出《大同书》的部分篇章，其目的显然不是说已经到了"升平世"的阶段，而是为了配合其孔教运动不得已而为之。他旨在向世人展示一幅人类至高理想的美妙画卷作为人们心灵世界的精神依托，是想让人们相信只要信奉孔教就一定能够实现"大同之世"的理想社会，就能过上一劳永逸、殷实富足的生活。

三 康有为"大同之世"的儒家价值底色

康有为的思想历程经历了"以西化儒""儒西并尊""以儒化西"三个阶段的转变。康有为逃亡后期，提出了"儒西并尊"思想，而1913年归国之后终归于"以儒化西"的"尊儒"立场。同样，康有为思想历程的转变在《大同书》也有具体的表现。

（一）"中学中理"优于"西学西理"

在完成"儒西并尊""以儒化西"思想转型之后，康有为开始对"孔子之学"的"中学中理"优于"西学西理"判断进行论证阐释，旨

---

① 康有为著，姜义华等校：《康有为全集》（第7集），中国人民大学出版社2007年版，第7页。

在建立"统摄文、史、哲的国学学科"①,为"中学中理"本土化的发展建构一种未来前进的方向。《大同书》一书中充斥着对"西学西理"的贬抑以及对"中学中理"的光大与发扬,可以说《大同书》是对"中学中理"优于"西学西理"阐释的典范之作。康有为在论及"老寿之苦"的时候对欧美自私自利的人性论与养老制度等进行了无情的挞伐。

> 欧美人人自立,然老而贫者,子更不养,穷独无告;老而富者,亲戚毒之以分其产,寡得保首领以没者。②

康有为认为西方社会的老人得不到善终,"是故贫贱而寿,则有沟壑断弃之忧;富贵而寿,则有死丧疾病之苦"。③ 这里康有为重在强调中华民族优秀的传统美德、古已有之的"父慈子孝"的价值观优于西洋之"人人自立""自私自利"的价值观。康有为系统阐释了西方国家一直承受着兵祸之灾,诸如埃及、巴比伦、腓尼基、希腊等国时战时和、争斗不止,这无异于中国的春秋战国的乱世局面:

> 大破奥而割其地,且并荷兰。复以五十五万人攻俄,死者三十万。……统欧洲自罗马以还,大战八百余,小战勿论,其膏涂原野,惨状何可言耶!④

因此,西方世界所盛赞的国家主义造成的只是打打杀杀、尸横遍野的蛮夷境况,是自己承受战乱,同时又把战争推延至其他国家的罪魁祸首。因此,他们远远落后中国传统儒家思想所秉持的"天下为公"的天下主义。康有为在《大同书·第二》中论及世界种族问题的时候指

---

① 张少恩:《从经学到国学:近代以来孟子学诠释的学科演进与范式转型》,《深圳大学学报》(人文社会科学版)2019 年第 4 期。
② 康有为著,姜义华等校:《康有为全集》(第 7 集),中国人民大学出版社 2007 年版,第 28 页。
③ 康有为著,姜义华等校:《康有为全集》(第 7 集),中国人民大学出版社 2007 年版,第 28 页。
④ 康有为著,姜义华等校:《康有为全集》(第 7 集),中国人民大学出版社 2007 年版,第 127 页。

出,在百年之前的美国有数百万之巨的土著印第安人已经被白人驱赶、杀戮,所剩无几,而檀香山的土著居民也面临灭顶之灾,今亦零落为数万人,据此得出结论:

> 以此而推,今若非洲之黑人虽有万万,千数百年后皆为白人所夷灭,此天演之天可逃者也。①

康有为认为西洋人表面上高举"民主""人权""平等"的口号,但实质上却在推行种族灭绝、种族歧视政策,是表里不一的表现。同时,他认为只有到了"大同之世"的时候,人类才能达到真正的平等状态。"夫大同太平之世,人类平等,人类大同,此固公理也。然物之不齐,物之情也。"② 在论及"欧美人子之薄报"时,康有为认为如今的欧美诸国自认为是文明的国度,虽然在子女教育方面较之以溺爱子女为特点的中国父母有其称道的地方,但欧美之人最突出的问题在于其"薄情"的一面,孩子一旦成家立业就基本断绝了同父母的联系。

> 父母贫病而不见侍养,人子富贵而不预欢游,父子既不同居,祖孙更如陌路。吾与欧美人游,盖未尝见有抚其孙者。况曾、玄乎!乃至老父寡母,茕独寡欢,穷困之无养而亦听之。③

康有为指出西洋人的"薄报"远不及中国人的"厚报",以此说明西洋人的文明程度远不及中国人的文明程度。康有为认为"西学西理"只是服务于"升平世"的一个阶段而已,它是通达"太平世"的必要工具,而"中学中理"却能够立足于"小康""太平"之上,终至"大同"之境。"西学西理"和"中学中理"是工具理性与价值理性的关系,于是康有为得出"中学中理"优于"西学西理"的结论。

---

① 康有为著,姜义华等校:《康有为全集》(第7集),中国人民大学出版社2007年版,第44—45页。
② 康有为著,姜义华等校:《康有为全集》(第7集),中国人民大学出版社2007年版,第45页。
③ 康有为著,姜义华等校:《康有为全集》(第7集),中国人民大学出版社2007年版,第84页。

至于十岁后，则就学于远方万数千里之高等学、大学，从此长于学堂。至于冠岁，皆与父母远矣。父母间两三岁至学堂一省视之。及既出学，则自谋业，自娶妻，与父母不相见焉。其娶妇必别居室，无有与父母同居者。其就业移居于千万里外者无论矣。①

在论及中西方在亲亲之间、亲子之间谁最文明的问题时，康有为认为文明是要用事实说话的，只有文明之名，而无文明之实的说辞都是站不住脚的。中国古谚就有"百善孝为先"，只有遵守"孝道"才是文明的开始。而欧美等国的"孝道"无法与中国以儒家伦理纲常为特点的"孝道"相媲美。同时，其作为耶稣虔诚的信徒谓人人皆为"兄弟姊妹"但却实非如此的双重价值标准也正是世界动乱的症结所在。西方宗教信仰是西方世界纷争的主导因素，从这个意义上来讲，耶教也无法与孔教相提并论。

（二）致力于"以儒化西"的努力

《大同书》重在对儒式"普遍性价值"的阐发，无论是"西学西理"还是"中学中理"，康有为都遵循着"合则尊之，违者抑之"的释读原则，其价值指向都是要达到"以儒化西"的目的。

> 诸圣群哲乃恝然焦然，思有以拯救之、普渡之，各竭其心思、出其方术施济之，而横览胥溺之滔滔，终无能起沉痼也。②

康有为怀揣着救民、救世情怀，对百姓欲"拯救之、普渡之"。因此，康有为认为只有实现"大同"才是王道，才是减少"生人之苦"的根本途径。"大同之道，至平也，至公也，至仁也，治之至也。虽有善道，无以加此矣"。③ 在论及"中西族制"之得失的时候，康有为认为"中国祠墓"传统、中国族制方式是世界族制的楷模。

---

① 康有为著，姜义华等校：《康有为全集》（第7集），中国人民大学出版社2007年版，第83页。

② 康有为著，姜义华等校：《康有为全集》（第7集），中国人民大学出版社2007年版，第6页。

③ 康有为著，姜义华等校：《康有为全集》（第7集），中国人民大学出版社2007年版，第7页。

> 夫中国祠墓之重，尊祖追远之义至美矣；其不祭祠墓者，是谓忘本，至不孝矣，而大地各文明国咸无之。①

康有为直指印度等国风俗是"焚其先骸而无墓"，相比较而言，中国在"祠墓"方面做得更好，欧美等国家就相对欠缺。在论及中国之"祠庙"时，康有为指出这是其他"万国所无"的。康有为谈及中国的"敬宗收族"之事也做得最好，中国的宗法制度是本族人所敬奉的根本，是其他西方国家所没有的。"就收族之道，则西不如中；就博济之广，则中不如西。"②康有为在这里旨在阐发中国的宗法制度完善，优势在于不忘本、不忘族，其劣势是自亲其亲。而欧美国家没有了家族的羁绊，更能够"博济之广"。谈到祭祀的时候，康有为指出："中国长于自殖其种，自亲其亲，然于行仁狭矣，不如欧美之广大矣。"③中国的祭祀之制是西方国家所无法比拟的，但由于我们是自亲其亲，以至于"行仁狭"，不如欧美之广大，因此中西两相比较，各有所长。

康有为在《大同书》中一方面讲"西不如中"，另一方面又纵论"中不如西"，其主要目的是为了表明"儒""西"各有千秋，康有为是要建构"儒西并尊"的思想格局。康有为谈及中国家庭的时候，他认为一般家庭不管家境贫富，父母都是竭尽全力地养育子女，让其免除饥寒、饮食得宜、衣裳保暖等，在这样的家庭中的孩子都能"神明畅朗，身体健强，常龀诵数，童幼入学，得闻圣贤之训"。④而欧美等国虽然谈"独人自力"之说，"欧美今大发独人自力之说，然求至太平世之人格，实未能也"。⑤康有为认为中国与欧美国家对于子女教育，培养的多是"据乱世"的人格特征，都未能通达"太平世"的人才要求。

---

① 康有为著，姜义华等校：《康有为全集》（第7集），中国人民大学出版社2007年版，第81页。

② 康有为著，姜义华等校：《康有为全集》（第7集），中国人民大学出版社2007年版，第81页。

③ 康有为著，姜义华等校：《康有为全集》（第7集），中国人民大学出版社2007年版，第81页。

④ 康有为著，姜义华等校：《康有为全集》（第7集），中国人民大学出版社2007年版，第90页。

⑤ 康有为著，姜义华等校：《康有为全集》（第7集），中国人民大学出版社2007年版，第90页。

康有为认为只有回到孔子之道，才是真正可行的发展模式，其对孔子的"仁学"思想极为重视，"故仁智同藏而智为先，仁智同用而仁为贵矣"。①

（三）《大同书》展现的儒家价值底色

从《大同书》的基本内容来看，它被看作是康有为诠释儒式"普遍性价值"的一部典范力作。其颠覆性无异于《新学伪经考》，其建设性又堪比一部更高层级的《孔子改制考》。这里所谓的"普遍性价值"就是"太平"或"大同"，康有为试图重建的价值体系就是推行有别于西方普遍性文明的儒式的价值底色。康有为在《大同书》的结尾首先得出"耶教""回教"均不能和"儒教"同日而语的论断，他认为此二教"一入大同即灭"。谈到"佛教"时，康有为虽肯定其价值，但也确信佛教不适合中国的现世社会。

> 若佛学之博大精微。至于言语道断，心行路绝，虽有圣哲无所措手，其所包容尤为深远。……佛学者不生不灭，不离乎世而出乎世间，尤出乎大同之外也。②

也就是说"佛教"也不适合于"大同"社会，只有孔子之学才是"大同之世"的价值底色。康有为所谓"普遍性价值"的主体不是"西学西理"，而是"中学中理"，他旨在彰显"中学""儒学"的重要性。

> 大同太平，则孔子之志也，至于是时，孔子三世之说已尽行，惟《易》言阴阳消息，可传而不显矣。盖病已除矣，无所用药，岸已登矣，筏亦当舍。③

康有为撰写《大同书》的目的是要建构一个以"儒学""儒教"为

---

① 康有为著，姜义华等校：《康有为全集》（第7集），中国人民大学出版社2007年版，第4页。
② 康有为著，姜义华等校：《康有为全集》（第7集），中国人民大学出版社2007年版，第188页。
③ 康有为著，姜义华等校：《康有为全集》（第7集），中国人民大学出版社2007年版，第188页。

"普遍性价值"的"大同之世"以应对中国面临的"耶教""回教"以及"佛教"等其他宗教流派的冲击。在康有为心中,"西学西理"还包括西方的自然科学和社会科学知识,诸如达尔文进化论、星云假说等知识体系。康有为认为,"西学西理"只能代表"升平世"的价值,到了"太平世",也就是"大同世"阶段,"西学西理"终将走向灭亡的命运。康有为试图建构一个无限祥和、无限臻美的"大同之世"的理想社会:

> 故太平之世,人人皆色相端好,洁白如玉,香妙如兰,红润如桃,华美如花,光泽如镜。今世之美人尚不及太平世之丑人也。①

因此,康有为的"普遍性价值"就是他所建构的"大同之世"的理想社会,而这种理想便是"人无所思,安乐既极,惟思长生,而服食既精,忧虑绝无"。② 这既是康有为希冀利用"西学西理"走上现代工业化的道路的向往,又是以达到物质财富极大富有为预设的畅想,更是对"孔子之学""圣人之学"的继承和发展,"大同之世"的理论建构又从另一个侧面彰显了儒学的内在张力与根本动力。

四 康有为"大同之世"对现代儒学转型的启示

清末民初是儒学思想现代转型的重要时期,康有为立足儒学,站在"尊儒""尊中"的立场大胆接纳东传之西方科学以构建"大同之世"的理想社会,其做出的努力客观上促进了儒学的现代转型。康有为从强调公羊"三世说"到"转向自由奔放、畅说理想、设计人类未来的《大同书》"③ 的努力具有重要的现实意义。他是继龚自珍、魏源之后又一个更全面、更系统地关注现实并力图改变社会现状的先进中国人。康有为既是现实的,又是理想的,"理想主义与现实主义在康有为身上的高度结合,的确表现了'人类秉性之奇诡'"。④ 康有为对儒学的改铸为

---

① 康有为著,姜义华等校:《康有为全集》(第7集),中国人民大学出版社2007年版,第187页。
② 康有为著,姜义华等校:《康有为全集》(第7集),中国人民大学出版社2007年版,第188页。
③ 茅海建:《戊戌时期康有为"大同三世说"思想的再确认——兼论康有为一派在百日维新前后的政治策略》,《社会科学战线》2019年第1期。
④ 王钧林:《康有为的大同理想与孔学》,《文史哲》1997年第1期。

近代儒学的发展提供了另外一种可能性。

第一，《大同书》彰显的入世诉求为儒学的现代转型奠定了理论的基础。残酷的社会现实以及动荡的时局一直困扰着康有为，作为一个救世心切的儒家文人，他的当务之急是如何让内忧外患、灾难深重的中国摆脱困境以应对"三千年未有之变局"。康有为的《大同书》为当时之中国提供了一个极具价值的宏伟蓝图，虽然囿于时代的局限，康有为未能找到通往大同的道路①，但是其思想却对近代以来的中国人具有重要的启迪作用。康有为通过吸收与发展了今文经学的公羊"三世说"、西方的"物质"救国思想以及对西方科学知识，建构其独特的"大同之世"的理想社会，对当时中国社会的发展具有重要意义。

"儒学是入世干政之学，必须回应时代的挑战，解决如何治国平天下的政治实践问题"②，通过康有为《大同书》对人类现实苦难的控诉，揭露了旧有的封建制度存在固有的矛盾，即便是当时如日中天的资本主义制度依然存在着不可调和的矛盾。康有为批判矛头不仅指向中国旧有的封建制度，同时也指向欧美等西方资本主义制度。康有为以中国传统的儒家思想为指导，建构其"大同之世"的理想社会，试图解决这些最为棘手的问题。他认为传统的儒家思想与近代西方社会在本质上是相容的，是有着更多的契合之处的，问题的关键是如何发挥西方科学的优势，用"中学中理"来匡扶其正确的发展方向。康有为"援西入儒""以儒化西"的努力为儒学的现代转型提供了又一种可能性。

康有为在《大同书》中直陈以儒学为内核的中国文明本身缺乏"物质"的元素，只有"援西入儒"，积极汲取西方的自然科学知识与社会科学知识，才能从根本上改变"儒学"固有之不足。康有为提出"物质救国"主张旨在凸显"物质"之力对于救亡图存的重要意义，中国改革开放几十年取得举世瞩目的成就充分表明了"物质"之力的重要性，进一步佐证了马克思经济理论中"经济基础决定上层建筑"的重要结论。康有为"大同之世"的理想社会的功绩在于提供了一种对待中西方文化、中西方文明的崭新思考：那就是在保证儒家思想至上性

---

① 参见毛泽东：《论人民民主专政》，人民出版社1960年版，第5页。毛泽东在1949年撰写的《论人民民主专政》一文提到："康有为写了'大同书'，他没有也不可能找到一条到达大同的路"。

② 王钧林：《儒学的传承与创新》，《孔子研究》2017年第1期。

的同时，积极汲取西方有益成分为我所用，建构"大同之世"的理想社会，为儒学的优先性与至上性提供了理论支撑。

第二，《大同书》对本土化资源的深度挖掘为儒学的现代转型提供了思想的养料。康有为进行的"孔教运动"是其作为儒家知识分子的一种文化救亡、文化自主运动。他的原始动机在于：面对来势汹汹的耶教所被迫进行"兵来将挡，水来土掩"的自救活动，是面对西方宗教的入侵力图捍卫儒家正统地位的一种努力。与其说康有为是一位文化保守主义者，毋宁说他是一位文化激进主义者，他试图借助基督教立教、传教等形式实现儒学的宗教化转变以达到"师夷长技以制夷"，以儒教对抗耶教之目的。

在欧美等国十六年的海外经历，康有为深谙西方文明的优势与不足，在他看来，西方文明并不可怕，他们除了先进的机械设备与科学技术之外再没有能够凌驾于中国之上的东西。西方的经济制度、政治体制催生的贫富分化是一切不平等的根源，康有为试图运用西方的科学和技术来补益儒学之不足，并深度发掘以儒家思想为特质的中华文明的内生性的价值，以儒学为本位并从儒学内部开显出一条适合中国未来发展的道路。康有为始终坚持"尊孔""尊儒""保国"与"保教"的宗旨，旨在保存以儒学为主体的中华民族精神的精髓，延续儒学最深沉的、更核心的价值。"事实上，孔教运动尊孔而不复古，它视孔教运动从始而终，一直是儒学的革新运动"。[①] 康有为是要让儒教由原来知识分子的单一信仰一跃成为全民族的"普遍性价值"，他旨在向世人昭示：他是"尊孔""尊中"而不是"保守"和"复古"，"大同之世"的理想社会是"以传统价值理念来锚定人类社会未来的发展方向，并融合西学，呈现了一个中国式的未来社会想象"。[②] 康有为认为他所建构的"大同之世"再辅之以"物质"的进步，中华民族的复兴指日可待。

第三，《大同书》超越本土化的世界意识为儒学的现代转型开辟了一种发展的方向。康有为立足儒学，博采中西、古今之精华，进行儒西合流的努力开了"以儒化西"的先河。"中华民族长期被维系，一个非

---

① 颜炳罡：《孔教运动的由来及其评价》，《齐鲁学刊》2004 年第 6 期。
② 马永康：《大同的"发明"——康有为〈礼运注〉析论》，《中国哲学史》2019 年第 4 期。

常重要的因素就是在于以儒学为代表的中国文化"①，儒学不是一成不变的僵死教条，它必须随着时代的转换而转换，要积极吸收最先进的文明成果返本以开新并寻求自身的转型与发展。康有为"大同之世"的理论建构是以传统儒家的政治哲学思想为依傍并试图对其进行超越性的尝试。面对西方宗教——耶教凌厉的攻势，儒学不可避免地面临着时代的挑战，康有为提出"援西入儒"，致力于把"孔教"发展为"国教"的努力具有重要的现实价值。作为儒者的康有为，他在《大同书》中所开显的"大同之世"的社会理想有着强烈的复兴儒学的志向，也诚如牟宗三对康有为的评价："一个国家是须要有一个共同所信念之纲维以为立国之本。此意识他们是有的。此亦可说是一个识大体的意识"。②这里牟先生一方面对康有为的思想提出异议，另一方面又不得不承认他所具有"一个识大体的意识"。作为20世纪中国政治思想史上重要的思想家，康有为从折中中西思想的视角推动儒学现代化伟业的重建具有重要意义。因此，他是"从儒家新解中努力调融中西思潮的学者"。③

康有为的"大同之世"的理论建构是基于对西方资本主义社会种种弊病的无情揭露以及对西方近代文明的无限"失望"，由此他试图从儒家"大同"思想中汲取养分并找寻救治中国的良方，而这种对于儒家传统思想的坚守，也势必会让他把儒家思想摆在无可比拟的优越性的位置上。在康有为看来，"大同之世"的理想社会所涵具的道德价值早已雄踞世界文明之巅。

康有为进行"大同之世"的理论建构尽管带有明显的空想社会主义色彩，但它却是连接着空想社会主义与共产主义的桥梁和纽带。它对中国两千多年"王者至尊"的封建宗法等级制度吹起了战斗号角，彰显了"大同之道，至平也，至公也，至仁也，治之至也"④ 的"大同之世"的理想社会，是对"天下为公，是谓大同"境界的无限向往，又是对"天予人权、平等独立"的社会政治信念宗教般庄严性的坚守。

---

① 王学典：《对话，文明相处的最好的方式》，《把中国"中国化"——人文社会科学的近期走向》，上海人民出版社2017年版，第363页。
② 牟宗三：《生命的学问》，台北三民书局1970年版，第109页。
③ 黄俊杰：《从〈孟子微〉看康有为对中西思想的调融》，《近代中国经世思想研究会论文集》，台北中央研究院近代史研究所1984年版，第578页。
④ 康有为著，姜义华等校：《康有为全集》（第7集），中国人民大学出版社2007年版，第293页。

可以说，康有为处在"传统与现代""君主与共和""保皇与革命"之间，他是那个时代通盘考虑国家民族危亡等重要问题并拿出整套建设方案的先进中国人，康有为在《大同书》中建构"大同之世"的努力客观上促进了儒学的现代转型。

第四章 康有为儒家经典诠释研究的现代价值

透过对康有为儒家经典诠释文本的系统研究，可以窥见其借助儒家经典以达到作为儒者改革家建构维新变法思想的政治目的；亦可见通过对东传之西方自然科学知识与社会科学知识的整合与会通建构其今文经学体系的努力。康有为对儒家经典的诠释建基在"通经致用"的阐经方式以及一以贯之的"尊儒""尊孔"的特质，客观上促进了儒学的现代转型，也成为新儒家的源头活水。尽管康有为"我注六经"的解经方式具有一定局限性，但是就其儒学嬗变的客观结果来看，康有为诠释儒家经典的努力掀起了一场声势浩大的思想解放的潮流，极大地推进了五四运动的发展。

第一节 康有为儒家经典诠释研究与维新思想的形成

康有为儒家经典诠释所凸显的"通经致用"特质是近代儒学从传统走向现代的重要标志，透过对康有为儒家经典文本诠释的深度解读，可以窥见近代中国进行变法维新的历史必然性。无论是在思想层面还是在制度层面，康有为对近代中国的设计都具有重要意义，康有为今文经学"经世致用"的价值指向促成了其维新变法思想的形成。受东传之西方科学的影响，康有为对清代由刘逢禄、庄存与发扬光大的今文经学思想进行了重构与改造，并使之成为其维新变法思想的理论武器。康有为的主观愿望在于利用东传科学对今文经学进行重构以求达到"通经致用"的现实目的，并为其维新变法提供理论支撑，成为一位儒者的改革家。

一　康有为儒家经典诠释及其"经世致用"思想的形成

康有为生活的世界，是一个传统的儒家世界，通过康有为与同时代其他儒者的关系谱系可以看到康有为根深蒂固的儒家思想背景。与康有为同时代的儒者当中，有两个人对康有为产生了重大影响：一个是其老师粤中大儒朱次琦，另一个是与他有着复杂纠葛的今文经学家廖平。其师朱次琦的"经世致用"思想以及对社会现实的高度批判精神都深刻地影响着康有为，可以说，年轻的康有为基本上继承了其师朱次琦今文经学的衣钵。从康有为对儒家经典诠释的理路来看，他在今文经学的道路上较之以其师朱次琦先生而言，不管是在学术造诣上，还是在社会影响上，都走得更远，正可谓"青出于蓝而胜于蓝，冰水为之而寒于水"（《荀子·劝学》）。师徒二人虽然在对待韩愈的问题上，由于学术观点存在较大分歧，最终导致师徒二人分道扬镳，尽管如此，康有为在很多场合还是表达了他对老师的尊敬与感激之情，正是朱次琦的教诲，奠定了他学术思想的雏形，成为一代思想上的宗师。另一个重要人物是今文经学大师廖平先生。对于廖平，康有为对他的态度一直很复杂，虽然康有为没有对此做出正面的回应，但是康有为的《新学伪经考》和《孔子改制考》两部代表作显然受到廖平《知圣篇》和《辟刘篇》的影响，也正是因为他与廖平的会面奠定了康有为今文经学的学术理路，而"通经致用"的特质是康有为今文经学的又一创获。①

（一）康有为对先贤儒学思想的综合与升华

康有为对诸多重要的儒家学者都发表过或褒或贬的评价，但唯一让他心悦诚服的就是孔子本人，因为对于康有为而言，他所服膺的孔子是高悬于他内心深处的那个神圣的孔子，正由于一心倡导儒教的缘故，其言谈评论中难免带有教主的口吻，因此造成了诸多观点的偏颇。但无论他对孔子还是其他儒学大家的评价是出于怎样的一种考量，但无一例外地都凸显了他试图借孔子的权威对当时的人或事进行评论，并借此为自己的政治目的服务。通过了解康有为对待同时代儒者的态度，可以窥见出他不同于常人的处世、为人的立场。

在孔子诸多门徒之中，康有为更偏爱子思与孟子，但是对曾子却颇有微词。因为子思是《中庸》的作者，故康有为对《中庸》情有独钟

---

① 刘星：《康有为今文经学的"通经致用"思想》，《自然辩证法研究》2016 年第 2 期。

并坚定地认为《中庸》是孔学中最经典的一篇。对于孟子其人,康有为也倾注了更多的关注,"孟子乎,真孔门之龙树、保罗乎!"①不过他对孟子的"性善论"持保留态度甚至持批评的立场,他不以孟子的"性善说"为意,反而觉得荀子"性恶说"更具现实价值,也更能适应现实社会。康有为显然赞同荀子"化性起伪"的道德教化观。这样一来,康有为不仅把道德看成是人为的,而且把道德的修为高悬于认知价值的基础之上。在他看来,子思与孟子的"性善"属于"天命"的范畴,在修为上重"存心养性",显然又具有先验主义路向的特点;而荀子在个人修为上侧重"化性起伪",无疑凸显出荀子经验主义路向的特质。不管是荀子的"性恶论""隆礼重法"还是其"强国裕民"思想,无一例外地凸显出儒家"外王"理想的价值追求。就这一点来看,康有为与荀子有异曲同工之妙,康有为的今文经学体系同荀子"外王"思想一样有着浓厚的知识化、工具化的倾向,但是在追求"成圣"理想以及对贵族气质、品格的追求上又同孔子的理念一脉相承。

在康有为看来,曾子及其《论语》皆非孔学之"大宗正统","论语只为曾门后学辑纂,但传守约之绪言,少掩圣人之大道,而孔教未宏矣"②,他认为曾子只是"守约之徒"而少有创获,未尝闻孔子之大道。他甚至觉得朱熹所谓的《大学》是曾子之作的说法是值得存疑的,认为像曾子这样"未尝闻孔子大道"的门徒无论如何也写不出如此重要的儒家经典。但康有为却对董仲舒推崇备至,这也源于他尊崇的董子有功于春秋"公羊学",而《春秋繁露》便是明证。书中论及"公羊学"和其他诸如今文经学的许多代表性的观点,康有为钟爱有加,充分表达了他由衷的赞美之情。

对宋明理学,康有为并不完全赞同。他"排斥宋学,以其仅言孔子修己之学,不明孔子救世之学也"③,但他也坦陈朱熹、张载等大儒对儒学做出的重要贡献。相比较而言,康有为则尤为喜好心学一派的王守

---

① 康有为著,楼宇烈整理:《孟子微》,中华书局1987年版,《孟子微序》第2页。
② 康有为撰,姜义华、张荣华编校:《论语注》,《康有为全集》(第6集),中国人民大学出版社2007年版,第377页。
③ 梁启超著:《康有为传》,团结出版社2004年版,第45页。

仁和陆九渊等学者。① 康有为认为陆王"明诚、活泼、有用",因此,"自修及教育后进者,皆以此为鹄焉"②。宋明理学中理学与心学对立的尖锐性与不可调和性,无论是从尊德性还是从道问学的进路出发,二者都面临着无法统一的悖论。其实这涉及儒学自古以来就存在的理想与现实并重的双向关怀,而这一关怀的交叉地带既是儒学得以发展的内在张力又是其具有旺盛生命力的根本所在。康有为认为这种工具理性与价值理性的不可调和的矛盾性依然可以用"尊德性"与"道问学"的歧义来把握。因此,对理学与心学对于价值理性与工具理性不同的价值取向给康有为打开了遮蔽已久的心门。实际上,陆王心学给康有为提供了反对程朱理学的灵感,并引导他恢复所谓的"纯"儒之学。同样康有为对陆王之学也不是照单全收,因为他们并不关心"通经致用"的今文经学与春秋"公羊学",而这些又是康有为认为最有价值的地方。

(二) 康有为对时儒、先儒"今文经学"的理论总结

朱次琦对待儒家思想中不同学派的观点采取兼收并蓄、折中调和的态度深深影响着康有为,这也是他能折中中西、古今思想,做到博采众长的原因所在。朱氏引导他向原初儒家的孔子那里追寻真理。1878年,康有为在思想认识上遇到瓶颈,在立身处世上也遭遇前所未有的危机,更为致命的是,也正是这一年,他与授业恩师分道扬镳致使师生关系破裂。此一危机成为康有为思想的转折点,他开始脱离经书,转向对印度大乘佛教、现实政治以及东传科学之自然科学的研究。尽管如此,他却从未放弃过儒学,继续执着于其思想境界的拓展并奠定了以儒学为根基折中其他哲学的基础。③ 经年之后,康有为又重新回到儒家经典中来,所不同的是他改换了一种全新的眼光来审视所谓的"故纸堆"并使之成为一种"经世致用"的学问,至此,他才全身心地致力于春秋"公羊学"。

提到廖平其人,我们知道这是一个和康有为有着复杂纠葛的重要人

---

① 梁启超:《南海康先生传》《饮冰室合集·专集之七十三》,中华书局1986年版,第61页。

② 梁启超:《南海康先生传》《饮冰室合集·专集之七十三》,中华书局1986年版,第61页。

③ [美] 萧公权著,汪荣祖译:《近代中国与新世界——康有为变法与大同思想研究》,凤凰出版传媒集团2007年版,第49页。

物。康有为和廖平都属于"公羊学"一派，但是康有为对于廖平今文经学的一切学术成就均未做说明，一直保持缄默，在他的著作中也从未谈及廖平。康有为因此事常遭后人诟病，认为他对于廖平的《知圣篇》和《辟刘篇》有抄袭之嫌。廖平本人就曾指控康有为在广州与他做过一次长谈并取其书一册，是否是因为这个原因才有了后来的《新学伪经考》和《孔子改制考》也未可得知。当然对于后人给予康有为的批判，也得到时人叶德辉的支持和赞同，后来钱穆先生也认为康有为有抄袭别人学术成果的嫌疑。所以，"康拒绝提廖平，因他不以廖为他的先驱，虽接受廖的一些见解，但不以他为'真理'的共同发现者"①，如是而已。

  对于孔子来说，他极少论及鬼神，对其一直采取十分审慎的态度，"未能事人，焉能事鬼？"（《论语·先进》），"未知生，焉知死？"（《论语·先进》），但他一直都极为相信天命。在古代，《易经》基本上是一本占卜之书，对于年龄问题，孔子在《论语》中两次谈到五十岁的问题：一次是"五十而知天命"（《论语·为政》），另一次是"加我数年，五十以学《易》，可以无大过矣"（《论语·述而》）。而《中庸》也谈鬼神之德，强调"祸福将至，善必先知之，不善必先知"。② 所以，董仲舒以及其他的公羊家们一直阐释着"微言大义""谶纬神学"的精髓，演绎着古之天神之说并不断渲染占卜的重要性。时至康有为，他承袭董仲舒今文经学传统，任意恢复自然界的"征兆"，相信所谓的"地势""风水"之说就成为顺理成章的事情。对于宗教问题，康有为认为禁欲的宗教是没有前途的宗教。他在 1904 年撰写的《意大利游记》中发表了自己的看法：马丁·路德之所以能够创立新教，是因为他冒天下之大不韪，敢于迎娶尼姑为妻；日本的亲鸾之所以会成为日本"本愿宗"的教主，也是因为他敢于娶亲和吃肉。所以，在他看来，随着大同世界的到来，一切加诸人欲的限制都将不复存在。康有为对于儒学的重建或者说是对儒学的重新诠释带动了清末民初影响深远的思想革新运动，因此康有为认为现有的政治制度必须进行大幅度的革新，儒家经典

---

  ① ［美］萧公权著，汪荣祖译：《近代中国与新世界——康有为变法与大同思想研究》，凤凰出版传媒集团 2007 年版，第 52 页。
  ② 《中庸》第十六章，第二十四章。

必须和现实社会相结合才能凸显其"经世致用"的价值。①

（三）"尊儒""尊孔"是康有为社会、政治活动的主线

时人叶德辉作为维护传统文化思想的主要代表，他斥责康有为"其貌则孔也，其心则夷也"。自宋以降，儒家大部分文人把意见相左的政敌斥为异端，基本上把他们驱逐于正统儒学之外，这成为其排斥敌手最有效的手段，也是儒家自宋明理学之后近千年儒学作为官方意识形态的不二法门。由于康有为不仅"尊孔""尊儒"还援"西学""西政"入儒来阐释儒学，因此，他被叶德辉斥为"非儒"这件事就不足为奇了。康有为一如他的许多前辈和同辈一样自称是儒者，只不过他是一修正者，而非泥古者罢了。儒家学派开创者诸如孟子、荀子、董仲舒、朱熹、陆九渊和王守仁等也都是修正派。这些儒学大家在解释经典时也许不及康有为之大胆，但是他们和康有为一样，毕竟给儒家传统赋予了崭新的内容。②

康有为的今文经学思想具有空前的颠覆性，它不仅怀疑儒家典籍的可靠性，更热衷于"公羊学"之"谶纬神学"等奇谈怪异之论。更重要的是他广泛吸取其他非今文经学学派的有益资源，甚至把外来的西洋思想——"西学""西政"注入儒学，这种解释经典的方式绝不是康有为的独创，无独有偶，宋代大儒们也同样是吸收、借鉴外来的印度佛学思想与儒学合流，进而发展成博大精深的宋明理学。所以，不能因为康有为反对古文经学就否定他是一位儒者。康有为给予孔子以无限的敬仰，深信儒学的道德效力能够历久而弥新。"他深信真正儒学的道德效力并未被几百年来的伪经损坏殆尽，仍然可以恢复，不仅可为中国人，而且可为整个人类服务。他的这一信念与时俱增。……因此，他不难用儒家之'经线'与西方之'纬线'来编织一件综合的哲学织品。此一哲学并未产生康有为所要的结果。但是说康有为仅以孔子作为虚饰则过分低估了康氏的心智，对要使儒学现代化的他也太不公平了。"③

---

① ［美］萧公权著，汪荣祖译：《近代中国与新世界——康有为变法与大同思想研究》，凤凰出版传媒集团2007年版，第31页。

② ［美］萧公权著，汪荣祖译：《近代中国与新世界——康有为变法与大同思想研究》，凤凰出版传媒集团2007年版，第33页。

③ ［美］萧公权著，汪荣祖译：《近代中国与新世界——康有为变法与大同思想研究》，凤凰出版传媒集团2007年版，第73页。

"中国传统社会的一个重要特征是家国同构,家是缩小的国,国是放大的家。"① 康有为的大同理想有主张取消家庭的内容,他的一生不断地为儒学摇旗呐喊,不断地呼吁政府和同时期的学者"尊孔""尊儒"。不论世事如何变迁、不论时局如何剧变,"他都坚持孔子是最伟大的圣人,他的学说可为人们社会和道德生活的最佳指针。民国之后,他因感到保存中国最好的国粹比社会和经济的现代化更要紧,故对孔子也愈为景仰"。② 在一个巨变的时代,康有为坚持认为有道德价值的儒家比具有工具理性的科学更为重要,也体现了康有为对于儒家的坚守有着宗教般的庄严性。"康有为作为一乌托邦哲学家,他是超越儒家的;但作为一实际的改革家,他仍然在儒家的范围之内。"③

二 康有为儒家经典诠释"通经求变"的内在理路

从近代中国思想史的角度来反观康有为,不难看出,康有为与"新知识分子"的基本立场有着十分密切的联系。康有为在1905年撰写的《物质救国论》及其他同时期的著作中,都坦陈东西方"文明"的内涵包括两个相等且不可分割的因素——以西方见长可以触手可及的"物质之学"和中国见长不可触及的"道德之学"。康有为虽然相信中华文明在"道德"上优越于西方,但是他并不认为正确的、先进的伦理思想比西方的科学知识来得重要。当然他也不认同道德无用论或者认为科技高于一切的论调。④ 这其实又涉及工具理性与价值理性不可调和的矛盾性。

(一) 对西方自然科学的崇拜

萧公权先生认为,康有为的物质之学取自物理、数学等自然科学之原理,是西方科技的基础以及西方之谓"富甲天下"的秘方。⑤ 19世纪80年代以后的康有为已遍览大量的西学书籍。康有为在25岁时"舟

---

① 刘冰莉著:《唐宋义兴蒋氏家族文化研究》,中国社会科学出版社2020年版。
② [美]萧公权著,汪荣祖译:《近代中国与新世界——康有为变法与大同思想研究》,凤凰出版传媒集团2007年版,第33页。
③ [美]萧公权著,汪荣祖译:《近代中国与新世界——康有为变法与大同思想研究》,凤凰出版传媒集团2007年版,第35页。
④ [美]萧公权著,汪荣祖译:《近代中国与新世界——康有为变法与大同思想研究》,凤凰出版传媒集团2007年版,第411页。
⑤ [美]萧公权著,汪荣祖译:《近代中国与新世界——康有为变法与大同思想研究》,凤凰出版传媒集团2007年版,第411页。

车行路,大购西书",回家之后"大讲西学,始尽释故见"。① 1884 年,康有为还宣称自己正在进行天文学及西方先进的科学仪器设备的试验与研究工作。康有为盛赞显微镜与放大镜的功效:"视虱如轮,见蚁如象,而悟大小齐同之理。"② 此后康有为对西方自然科学的兴趣持续了多年,直至他临死前一年仍然借助天文望远镜来夜观天象,可以说,康有为从未间断对于自然科学的热爱。

康有为对于近代科学的认识并非是肤浅的,他的著作中留下了诸多自然科学的影子,而且得出迄今为止仍然发人深省的结论:道德和思想的进步受制于科技的进步。1905 年,他在《物质救国论》中提到,由于西方国家的物质进步,令"道德、人群皆一新"。③ 康有为指出,现代技术和现代工业根植于现代的自然科学的发展,重视科学精神的英国学人开启了现代的新纪元。"英国以物质最昌明之故,故自雍、乾之间,不过为欧洲小国,地不及德、法三分之一,人民不过数百万,不数十年而地广数万里,人民数万万,盖十倍于德、法焉。伦敦之人口盖十数倍于昔,为地球都会第一。"④

"博古通今""学贯中西"是康有为今文经学思想最为显著的特点,康有为今文经学体系的复杂性、综合性是中国思想文化从传统走向现代转型的重要标志。面对汹涌而至的东传科学,古老的中华文明面临最严峻的挑战。透过康有为今文经学思想的嬗变,我们可以看到,清末民初中国传统文明在向近代化转型过程中,不管是在思想层面还是在制度层面都经历着痛苦的挣扎与艰难的抉择。

在古代中国,文化与国家之间有着高度的契合性,它是一个高度自给自足的系统。高力克先生指出:"建基于传统宗法农业经济的中国文化是自足的文化系统,具有文化的高度专业化和对环境的高度适应性,在世界历史的大部分时间里,中国一向是整个东亚社会的文化巨人。"⑤

---

① 梁启超著:《康有为传》,团结出版社 2004 年版,第 97 页。
② 梁启超著:《康有为传》,团结出版社 2004 年版,第 99 页。
③ 康有为撰,马洪林、卢正言编注:《康有为集(八卷十册)》政论卷(下),珠海出版社 2006 年版,第 524 页。
④ 康有为撰,马洪林、卢正言编注:《康有为集(八卷十册)》政论卷(下),珠海出版社 2006 年版,第 529 页。
⑤ 高力克:《历史与价值的张力——中国现代化思想史论》,贵州人民出版社 1992 年版,第 14 页。

然而就是这么一个近乎完美的国度,却在近代化的转型中迟滞不前,远远落后于西方。直到鸦片战争的爆发,当西方的坚船利炮轰开了中国的大门,做着"天朝上国"美梦的清政府才如梦初醒。所有这些都是因为近代中国一直停留在灿烂圆熟的农业文明的旧梦里,却不知道西方国家经历工业革命已经有百年之久。没有哪一个国家愿意放弃现有的生活方式去接受外来文明,但是中国的近代史无一例外地都在证明一个不争的事实——落后就要挨打。因此,如何去体认西方先进的科学技术,去效仿、学习西方国家先进的军事和工业也就成了有识之士最为明智的选择。

(二)"托古改制""援西入儒"思想的构想

康有为倡导的维新变法运动固然有其难以弥补的致命缺陷,但康有为将变法思想建基于他所构建的今文经学体系之中,以"托古改制"的方式倡言变革,实在有其难以言状的苦衷,也是他的无奈之举。康有为在给光绪皇帝的奏折中也陈明了他的心迹,那就是非变法不能自保。"中国今当强敌四逼之时,非变法不能自保,而法之不能改,则惟守旧者阻挠之。故凡臣所著书,或旁采外国,或上书圣贤,虽名义不同,务在变法,期于发明新义、传风气,推行新法,至于自强"[1] 然后他又直陈"托古改制"的实质是发扬孔子的变法大义,使守旧者找不到阻碍变法的借口。[2] 康有为之所以将孔子塑造为社会改制的先师,是因为"亦以使守旧之徒无所借口阻挠我皇上新法"。[3] 也许这才是康有为之所谓托古改制最根本的原因所在。

不管是康有为"托古"以"改制",还是"援西入儒"来诠释今文经学,其价值指向都是想借维新变法以改变政局之流弊。当今文经学不能提供变法所需要的具体目标或者措施之时,对于迫切地想推出维新变法以挽救时局的康有为而言,他的目光就自然而然地投向了西方。在"强学会"章程中他开宗明义:"鉴万国强盛弱亡之故,以求中国自强之学"。[4] 所以,不管是康有为利用今文经学倡导的"托古改制",还是"援西入儒"用西方先进的科学文化来改造儒学,其初衷都是为了达到其政治目的以改革腐朽的清政府、改变社会之流弊。

---

[1] 黄明同:《康有为早期遗稿述评》,中山大学出版社1998年版,第316页。
[2] 黄明同:《康有为早期遗稿述评》,中山大学出版社1998年版,第316页。
[3] 黄明同:《康有为早期遗稿述评》,中山大学出版社1998年版,第317页。
[4] 康有为著,汤志钧编:《康有为政论集》,中华书局1981年版,第169页。

中国的传统文化体系是一个高度保守、稳定且自足自给的系统。当时的有识之士已经意识到西方国家"变化的速度非常快，变化的性质是前所未有的"①。这种激变让晚清政府陷入困局而无所适从。可以说，这种让国人难以接受的社会现实对中国传统价值的消解作用几乎是毁灭性的。既然千百年来形成的神圣不可侵犯的文化传统根基已经发生了动摇，中国人原有的"夜郎自大"和"唯我独尊"也就轰然坍塌了。在这个时候，是固守传统还是学习和拥抱西方，这是摆在国人面前必须回答的问题。康有为和其他有识之士一样，既不愿意接受根深蒂固、神圣不可改变的传统文化的光环就此毁于一旦，又不愿意固守传统而甘愿忍受西方列强的恣意欺凌。在这样的背景下，西方国家传进来的东传科学无异于给清末民初沉闷的思想界注入了一剂强心剂。随着西学、西政的传入，重塑和重释神圣的传统文化有了一个千载难逢的机会。此时的康有为开始将目光聚焦在对传统文化重铸的思考上，寻求一种将儒家本根的传统文化进行重新阐释的方法以求"通经致用"便成了康有为最迫切的选择。而廖平的《辟刘篇》和《知圣篇》两部作品洞开了康有为的思路，使他如获至宝，今文经学的"经世致用"思想就成了他苦苦寻找的、借此阐释传统文化的最合适的载体。

康有为坚定地相信今文经学的"微言大义"与西方的自然科学、社会科学知识可以进行有机的结合并成为一种系统的体系为他的政治建构服务，他所期待的今文经学是儒学的正道，是能够博古通今、融会中西的思想系统。康有为极力颂扬西方先进的自然科学和先进的政治制度，同时又极力维护儒家之正统。他试图在二者之间寻求平衡，为灾难深重的中国找寻救亡图存、独立自强的出路。因此在当时国家观念、民族观念深入人心的背景下，利用东传科学来附会儒学、重估经学以达到自己的政治目的，他采取"六经注我"的解经方式，不惜一任主观、随意曲解、武断肢解儒家经典，这在一定程度上也消解了中国传统经典的权威性，当然，这一点也许是康有为始料未及的。

三 康有为儒家经典诠释与维新思想的理论建构

纵观康有为儒家经典的诠释过程，他试图以儒家经典文本为理论依据，认为把今文经学发展到政论层面的先驱是龚自珍、魏源二人。龚自

---

① ［美］费正清：《剑桥中国晚清史》，四川人民出版社1986年版，第15页。

珍自幼跟随外祖父学习"小学",28岁时师从今文经学大师刘逢禄学习"公羊学",穷其一生他都在专治今文经学。他把"穷变通久""三统""三世""五行"等今文经学核心概念与当时的社会现实进行有机结合并发表了大量惊世骇俗的议论,开一代以经学阐发政论的先河。龚自珍大胆而尖锐的政论文字和魏源"力主变革"和"借经言政"的理论撼动了"万马齐喑"的思想界,引领了思想解放的潮流,对于康有为今文经学发展起到思想启迪的作用。

如果说龚、魏二人把今文经学推到政论的高度的话,那么康有为则是把今文经学发展至改革层面的功臣。康有为沿着龚自珍、魏源"以经言政"的道路继续推进并把今文经学发展至一个新的高度,他用今文经学作为变法的理论武器,开启了变法维新的新时代。康有为在1895年著成的《变则通通则久论》一文中写道:

> 天不能有阳而无阴,地不能有刚而无柔,人不能有常而无变。昔孔子之作"六经",终以《易》《春秋》。《春秋》发明改制,《易》取其变易,天人之道备矣。若知守常而不知变,是天有阳而可无阴,地有刚而可无柔也。孔子改制,损益三代之法,立三正之义,明三统之道,以待后王。犹虑三不足以穷万变,恐后王之泥之也,乃作为《易》,而专明变易之义,故参伍错综,进退消息,观其会通,以行其典礼。圣人盖深观天道以著为人事,垂法后王,孔子之道至此而极矣!①

这里康有为旨在为其"尊孔""尊儒"与"变法"寻找理论依据。今文经学发展至近代,它之所以能够屡屡走到风口浪尖并风行一时,是因为它能从孔子"微言"中探究出具有时代精神的"大义"所在。1888年之前,康有为倾向于古文经学立场,因为受到廖平今文经学思想的点化,遂转向专治今文经学以达到变法改革的目的。于是,思想转变后的康有为一改之前的古文经学立场进而转向今文经学治学、治经路向,坚持"扬今(文经学)抑古(文经学)"的立场。他崇尚今文经学

---

① 康有为撰,姜义华等编校:《变则通通则久论》,《康有为全集》(第2集),中国人民大学出版社2007年版,第30页。

不仅出于学术原因，而且是出于政治目的的需要，他的今文经学不只是传统意义上的经学，还是维新派的政治理论依据。清代统治阶级既提倡宋学，也提倡汉学，宋学是官方的意识形态，而汉学是清代学术的主流。针对这种现状，康有为认为汉学乃新莽之学，并非真正的汉学。而宋学也多尊伪经，而非孔子之经。经过康有为的界定，客观上从根本上否定了清代统治者所提倡的汉学和宋学的正统性与权威性。

对于孔子的学说，后世学者的理解并不尽相同，甚至有些水火不容，这主要是因为这些学者处于在不同的时代，各自具有不同的政治立场以及不同的学术风格。康有为企图利用儒家变易思想来抗所谓的"祖宗之法不可变"的顽固、守旧的观点。然而，变易思想并非今文经学所特有，古文经学派也把《易经》列为重要的经典之一。因此，并不崇尚今文经学的洋务派、早期改良派也屡屡引用《易经》中"穷变通久"的观点作为改革变法的主要依据。但是，康有为站在今文经学的立场上，吸收19世纪末期中国所接触到的西方先进自然科学和社会科学知识，把中国的变易思想发展到极致。他以《易经》为变易的哲学，以《春秋》为变法的制度规范，以"三统""三世"说证明人类社会是不断发展、进化的，从而建立起一套系统性的关于自然和人类社会的演化及其规律的理论。康有为利用今文经学的形式，为维新变法运动规划了一套政治纲领，就是让中国率先实现"小康"社会的君主立宪制度，进而实现"太平"和"大同"的民主共和制度。康有为借助经学阐发其变法理论，在社会上产生了"飓风"效应。他的得意门生梁启超在戊戌变法时期就是康有为维新变法运动的狂热的支持者、追随者，就像维新变法旗帜的一面旗帜，进行维新变法的宣传活动。梁启超撰写的那些脍炙人口的宣传口号与文字也大大丰富了康有为今文经学的内涵与内容，并使之具有更加明显的东传科学的色彩。而其他的维新派人士，如谭嗣同、唐才常、夏曾佑和皮锡瑞等也都积极宣传今文经学思想并以今文经学为理论武器进行维新变法活动。"1896年至1898年，以《时务报》、《湘学新报》、《湘报》、《知新报》、《女学报》、《算学报》等报为代表，是维新派办报的第二个阶段。"①

---

① 马琳、李谦盛：《浅析维新派报刊的历史作用及其主要贡献》，《今传媒》（学术版）2014年第8期。

维新派这些报纸都曾宣扬今文学说,在戊戌变法时期,康有为及其他的追随者不遗余力地宣传今文经学,使其一度成为清末民初的"显学",它对于戊戌维新变法运动无疑起到积极的推动作用。与此同时,今文经学重在对"微言大义"的阐发、具有的"托古改制"的性质也遭到了顽固守旧势力的围剿。洋务派原本就不赞成康有为的变法主张,他们攻击康有为今文经学体系及其变法理论也就成了顺理成章的事情。另外,维新变法的支持者内部也有人站出来坚决反对康有为以西学、西政为主导的今文经学,其中章太炎就是其中最具代表性的一员,作为极具影响力的维新变法派旗手的古文经学大师,他极力反对康有为的今文经学体系,对康有为今文经学思想予以猛烈的抨击,对其起到很大的破坏作用。还有一些对西学有着浓厚修养的学者,如黄遵宪、严复等也反对康有为的孔学思想,甚至包括他的得意门生梁启超和谭嗣同也曾与其师产生过巨大分歧。

因此,戊戌变法时期康有为今文经学思想虽然在社会上产生了很大的震动,但是也激起了巨大的反对声浪,并未能真正赢得民心。康有为杂糅西学和今文经学来构造他的变法理论始自1890年前后,那时传播进来的主要是东传科学中的自然科学知识,较少涉及社会科学领域的知识。因此,他所谓变法思想的政治纲领有很多牵强附会的地方。康有为的变法理论以今文经学为外衣,也引来较大的纷争,"今文经学"是否为中国传统文化的正宗,本身就难具说服力。康有为论证今文经学的方法也过于武断,缺乏科学的根据,他倡导今文经学并非出于纯粹的学术目的,而是源自政治的需要。他并不是要创建一种学派,而是要创立一种指导维新变法的政治理论。因此,他所关注的今文经学的重点在于是否有利于政治变革,而不是关心它的学术价值。康有为倡言今文经学主要不是为了发扬传统文化,而是借着今文经的形式来宣传西学,他是想借着今文经的"微言大义"对自己的维新变法理论进行自由阐发。因此,维新运动中,康有为的变法理论采取今文经的形式虽然起到了某些思想解放的作用,但是消极作用非常突出。所有这些,都是戊戌变法失败的重要原因之一。

有关康有为与东传之西方科学的关系,有学者认为,"西方科学对他思想的影响,大都肤浅而无事"[①],其实这种说法是很片面的。其中康有为

---

① 汪荣祖:《康有为论》,中华书局2006年版,第19页。

的《实理公法全书》以"几何公理"为"人类"立法,我们可以洞见西方科学对他的影响是非常深刻的。其中最重要的原因当归功于江南制造局出版的西方译著,这是康有为最初接触到的西学知识。这批书除了宗教和历史地理领域的书籍之外,绝大部分都属于数理工程等自然科学方面的书籍,在康有为心目中,所有这些都是西方科学的精华,康有为自认为这些都是西方实证科学,都可以用之来解答抽象的哲学问题,其实正是这种认识,对康有为起到了误导的作用。康有为的这种认识并不奇怪,在世界范围内也屡见不鲜。17世纪的科学革命,数学方法的成功给西欧哲学家刻上了挥之不去的烙印。诸如,笛卡儿、斯宾诺莎、莱布尼茨以及霍布斯等,在论证其观点理论的同时,他也常常以数学结构予以证明。包括美国的《独立宣言》也留下了《几何原本》的印迹。他们似乎认为,自然科学的成果可以运用到政治、伦理、玄学和神学之中,一切人文现象都有其固有的"公理""法则"。例如,英国的经验论哲学家将心灵的组成部分比作牛顿所说的物理界的粒子,不惜把哲学机械化;启蒙时期的哲学家狄德罗更把社会生活比作一个大工厂的试验场。及至康德,西方哲学家才结束了把哲学变成科学的野心。① 康有为显然对这些西方哲学家并不熟悉,他只是接触西方的自然科学,凭其灵感和臆想,在惊叹西方科学思维严密的同时,不约而同地认为数学乃是最完备的知识体系。于是他试图用几何公理来解释人类平等、人伦关系、礼仪刑罚等社会学以及政治领域的内容。在科学的冲击下,康有为的这种方式无意间暗合了17、18世纪英、法等国哲学家所具有的"知识论上的偏见"的窠臼。西方科学昌明、理性至上,因此,西方的启蒙大师十分乐观,他们认为经过社会的不断进步,人类社会终可臻于完美。同样,康有为惊羡于西方的化学、光电、力学等科学之精美,公理法则之严密,认为沿着这样的一个研究进路不断发展、精进,人类的前途一定是乐观而光明的,所以,康有为才有了大同之世的展望。可以说,康有为在三十岁之前虽然没有形成《大同书》的初稿,但实际上他已经在演"大同"之旨。

从《实理公法全书》《康子内外篇》和《教学通义》来看,康有为字里行间已经展示了西方科学对其思想层面的影响,在他那里,多少带有"以夷制夷"的味道。其用心在于求变、求道、求改革、求维新以

---

① 汪荣祖:《康有为论》,中华书局2006年版,第37—38页。

达到为国家图富强的目的。康有为追求世界大同的诉求和为中国图富强的理想其实并不矛盾，只是分属于不同的阶段和层次而已。康有为作为现实的改革者，实际上是一个向往乌托邦的思想家。康有为一直演绎着一种以"三世"为架构的社会进化观，将"大同"视为进化的极致。因此，《实理公法全书》中已经能窥见康有为《大同书》的旨意。康有为一生的作为不外乎是以改革为手段以达到国家图富强的宏愿，以及向往世界大同的愿景，而所有这些努力，都是对外来入侵的一种本能反应，也显示了近代西方科学文明强大的影响力。

四 本章小结

晚清时期，东传之西方科学传入的途径主要集中在以下几个来源：一是传教士译介的著作、日文翻译的书籍、在通商口岸的个人学习或是通过外交途径的接触等；二是诸如李提摩太在《万国公报》刊载的相关知识和其他出版物介绍的东传之西方科学、技器和经济等知识，所有这些都对康有为产生了深刻的影响。康有为认为应该积极向西方学习，同时也肯定中国并不缺乏具有现代技术和尖端科技能力的科学家。19世纪末到20世纪初中国所做的努力其实成绩斐然，只是相对于西方国家落后了而已，像华蘅芳和徐寿成功制造了第一台蒸汽机，留美的詹天佑成功修建北京到张家口的铁路等例子就是明证。同时，康有为对于经济现代化的认识也有自己的独特见解。他的经济现代化的构想主要来自以下两个方面：一部分取法于19世纪欧美工业革命的发展成果，另一部分则取法于明治维新时期的日本。在康有为看来，一个庞大的帝国要想摆脱贫穷落后，要想获得重生的关键因素就是要维新变法，必须大力发展经济，经济发展起来才是国家强盛的第一要务。有鉴于此，康有为认为要振兴经济，不仅要寄希望于个体、私有企业，更多的是要兼顾到大众阶层的利益以及整个中华民族的利益。

康有为还倡导科举制度的改革，他建议熟悉时务的知识渊博的人士可入翰林，或者授予政府职务；设立特别的考试方式，如考察财政、军事、科学、技术等实用之学，可选派学生出国留学，学习近代西方最前沿的科学知识，例如欧美最为兴盛发达的物质之学等。在教育方面，康有为也有自己天才的构想：要求小学教育要强制普及；教育不仅提供有用的知识，而且要培养新思想、新观念，不受传统的束缚。康有为对于变法有过精辟的论述：

若泥守不变，非独久而生弊，亦且滞而难行。董仲舒曰：为政不能善治，更张乃可为理，譬病症既变而仍用旧方，陆行既尽而不舍车徒，盛暑而仍用重裘，祁寒而仍用絺绤，非惟不适，必为大害。故能变则秦用商鞅而亦强，不能变则建文用方孝孺而亦败。当变不变，鲜不为害。法《易》之变通，观《春秋》之改制，百王之变法，日日为新，治道其在是矣。①

在追求西方知识的同时，不应该放弃中国的文化遗产。可见康有为仰慕西方进步精神，并且认识到科技的重要性，但他并不是盲目崇拜，而是要保存中国的道德价值。总之，康有为虽极力介绍东传科学，但始终坚持传统文化为本位的立场，一直严格要求自己的学生加强对传统文化知识的学习并认为一个健全的教育应是兼收并蓄、中西合璧的。而所有这些最重要的手段就是实行维新变法，可以说，康有为是一个以今文经学为理论支撑的现代改革家。

第二节 康有为儒家经典诠释研究与西方科学思想的融合

清末民初，康有为是在那个动荡时代深刻思考儒学与西学、儒学与科学关系并提出一整套解决方案并企图改变中国命运的重要人物。康有为认为要实现中华民族的伟大复兴，必须利用本土化的儒学思想资源，必须援西方科学为我所用，对儒家经典进行重释以补益儒学之不足，从而开启了儒学现代转向的滥觞。康有为援西方科学对儒学的重构在中国科学思想史上具有突出重要的地位。康有为关于科学与教育、科学与生产力、科学与儒学的诸多关系阐释中，科学都扮演着十分重要的角色，尤其是戊戌维新运动对西方科学在中国的传播、生根发芽发挥着承前启后的作用。康有为对西方自然科学的推崇以及援西方自然科学对其维新变法、物质救国、大同理想以及实理公法等理论的建构发古人之所未

---

① 康有为撰，姜义华等编校：《变则通通则久论》，《康有为全集》（第2集），中国人民大学出版社2007年版，第30页。

发,康有为认为国人要学习、吸收西方的自然科学知识,援西方科学对儒学进行改造,以求儒学的现代转型。

一 西方科学视域下康有为儒家经典诠释的形成背景

西方国家主导的工业革命把人类文明推向了一个崭新的发展阶段,但强大之后的西方国家却把侵略的矛头指向了中国,给雪上加霜的中国带来深重灾难的同时也迫使传统中国发生着深刻的社会变革。有鉴于此,康有为认为只有"师夷长技"以补益中国传统文化的不足,只有学习西方先进的科学知识使中国走向工业化道路,不断吸收、融合以科学为内核的西方现代文明并进行一系列的社会改革,才能实现中华民族的伟大复兴。康有为试图以西学、西政为思想武器,援西方的科学理性思想对儒学进行重构的努力具有重要的现实价值。在社会实践中,康有为的初衷是要利用西方的现代科学知识改造儒学、重释儒家经典以达到强大中国救亡图存的目的。应该说,康有为处在清末民初的特殊时代,面对"数千年未有之变局",立志救国救民的康有为,时代留给他的时间和空间已然不多,时人对他"不中不西""貌孔心夷"的指责是有失公允的,这也是康有为不得已而为之。在康有为那里,他的"尊君""虚君共和"只是在陈述两千年来"君主专制"的这一基本史实而已,而不是仅仅要维护专制政体的时代落伍者。康有为在《教学通义》中明确提出,"然封建已废,井田世禄不行,君日尊,民日远,地日大,虽用'六经'为教,而'六经'之治扫地,是名虽尊孔子,而实非孔子之学矣。"① 面对强大的封建势力以及顽固不化的权贵阶层,他所倡导的自上而下的社会改革的终极目的是要把孔子改造成一个社会改革者的形象,彰显孔子改制的权威以改变两千多年的"尊君"之制,以达到利用西方科学思想改变中国落后现状的目的。

康有为的《康子内外篇》一书重在探讨政治学理念以及宇宙与人生问题,而《实理公法全书》则是对西方科学理念以及科学精神的发掘和利用,而这两部书都是康有为企图利用对儒家经典的重新阐释以传统概念术语和学术框架融摄西方科学思想的努力。而康有为利用西方科学重构儒学的研究路数,无疑大大拓宽了他的学术视野。不仅如此,他

---

① 康有为撰,姜义华等编校:《康有为全集》(第1集),中国人民大学出版社2007年版,第118页。

对西方科学知识的吸纳自不待言，更重要的是接续了其师朱次琦先生"经世致用"的价值指向，援西方科学的"实用性"以及科学改造社会的能力移植到传统儒家思想中来，这种创造性的阐释方式无疑具有更为深远的意义。

综观晚清的学术界，知识分子对西方文明的态度大致有三种倾向：一是保守派，保守派认为中国的传统精粹是中华民族复兴的脊梁，拒绝效法西方文明甚至对包括西方科学在内的西方文明深恶痛绝；二是极端西化派，这部分人认为中国传统思想一无是处并坚持无条件地西化；三是介于两者之间的更具张力的重要群体，他们认为中西之别只是表象，对中国过时的政治、经济、文化、教育以及科技等领域的进行变革，这种变革并不是要去中国化，而是把儒家思想世界化，这是想把中国传统思想提升到世界水平的一种可贵的努力。这个群体才是未来中国的希望，他们无意间洞开了传统思想领域封闭的大门，使中国的传统思想与西方的科学思想做了最有价值的综合，而康有为毫无疑问地成为这个庞大群体中的翘楚。

康有为对西方科学以及西方文明的反应表明了其思想观念的微妙变化。醉心于介绍西方自然科学知识的《万国公报》以及传播西方自然科学知识书籍中的康有为，获取了诸如数学、天文、地理、物理、化学知识以及西方的社会科学知识，所有这些都大大拓宽了他的学术视野。譬如，康有为对几何学及其物理学知识的涉猎，为其研究科技与社会、人与社会等问题提供了有别于传统思想的方法和途径；而西方自然科学知识对其思想的诸多转变让他走向折中中西的一面，摆脱了传统观念的束缚。西方科学对康有为思想产生的冲击作用客观上激发了其援西方科学重估本土文化的热情。可以说，康有为的思想历程开启了一个历史趋势——此趋势的结果导致了20世纪前半叶一系列思想变迁的先声。①

19世纪80年代之前，康有为思想领域并未超越儒学、佛学和道家之学的范畴，自从涉猎西方科学之后便大购西学书籍，尽改之前陈旧的思想观念。于是，他放弃应试，进而把精力放在对西方自然科学知识以及社会科学知识的探求上。应该说，康有为由古文经学向今文经学的转

---

① ［美］萧公权著，汪荣祖译：《近代中国与新世界——康有为变法与大同思想研究》，凤凰出版传媒集团2007年版，第312页。

向显然受到西方科学的影响。正因为惊羡于西方的自然科学成就以及优越的社会制度,才有其援西方科学改造儒学的努力。"康氏重诂儒学实际上是'用夷变夏'。"① 这是萧公权先生对康有为前期思想很中肯的看法。康有为含蓄地附和西方思想并非是要全盘西化,而是吸纳西方科学有益元素为我所用,这种做法其实就是理学家所谓的"天理相通"。康有为作为一位政治家、社会活动家,显然更明白制度和价值层面的重要性,从这一路数出发,他自然而然地将西方优秀的文明成果,特别是西方科学的文明成果纳入儒学系统以会通中西,企图使儒学达到臻美之境。

康有为以西方科学重构儒学的努力,不同于"打倒孔家店"全盘西化的做法,他开辟了19世纪二三十年代思想解放的先声。康有为这一开创性的成就显然根植于儒家传统,康有为并非西化主义者,而是一世界主义者,其初衷是要以渐变的改革方式会通中西以达到改造儒学的目的。就康有为而论,他的世界化意识不仅是对中国传统的批判,同时也是对建基在西方科学背景下所谓西方更高阶段文明的批判。戊戌变法失败之后,康有为逃亡海外,对西方的社会现实有着更为清醒的认识,被西方科学文明深深折服的同时,也消解了他对西方国家所谓"人间天堂"的顶礼膜拜。他在《物质救国论》中用大篇幅对西方物质文明的强大做出阐发的同时,也深刻地认识到中国之所以积贫积弱的根本原因源自中国现代科学技术知识的缺失、匮乏,缺少能够转化成社会生产力的自然科学知识。康有为认为中国未来的发展,就要在坚守以儒家为主体的精神家园的同时,大力发展现代教育,学习西方先进的科学技术,走现代工业化的道路。

二 康有为儒家经典诠释与自然科学知识的融合

康有为认为要救治中国贫穷落后的现状,必须精研西方科学中诸如声、光、热、电、化等自然科学知识。康有为在《日本书目志》中打破中国原有的以"经史子集"为旨归的学科划分方式,而是采取西方的分类标准对中国现存学科进行重新划分,从而把物理学、化学、天文学、气象学、地质学、生物学、人类学和动、植物学一起归到了"理

---

① [美]萧公权著,汪荣祖译:《近代中国与新世界——康有为变法与大同思想研究》,凤凰出版传媒集团2007年版,第313页。

学"的范畴。康有为认为哥白尼发现天文学以及西方先进的测量仪器——浑天仪等对中国地图以及天文历法等产生重要影响，利玛窦等"挟技来游，其入贡有浑天地球之仪，量天缩地之尺，而改中国历宪矣"①，这里康有为重在强调自然科学的重要性。"近世若哥白尼之天文学，斯密亚丹之资生学，奈端之重学，富兰克令之电学，华忒之机器，皆转移世宙，利物前民，致远甚矣"②，康有为在这里旨在说明西方科学强大的社会功用。"以地球开辟之日纪元，……此为最公之法"③，并大赞西方天文历法的精确性，"数学、化学、医学、天文学、地学、格致学以及诸凡艺学之书皆是也"④，这里康有为强调的是西方自然科学作为"专门之学"的重要性。

康有为认为保证经济发展和物质富足的前提是自然科学的高度发展。百姓富足，民风、民俗才会厚重，自然也就可以实行"王道"之治，进而达到"修齐治平"的目的。在这里，康有为涉及马克思主义哲学中经济基础决定上层建筑的基本原理，康有为认为国人只要虚心学习、汲取西方科学的精华就必将迎来国富民强的盛世局面。康有为所谈及的自然科学知识门类众多，对儒家经典诠释的诠释具体体现在以下几个方面：

第一，地质、地理及物理之学。在地质学领域，康有为对地质构造问题做了详尽的界定："积数万年而地质厚数十里也。……积火成石，虫成石，沙成石，泥成石，而地质之学出焉。"⑤ 康有为认为亿万年之前的地球大爆炸产生了"金汁"，而"金汁"冷却之后便是现在所谓的"岩石"。"介虫苔生"经过长年累月的沉积形成岩石层。在这里，康有为利用西方进化论知识以及西方自然科学中诸如地质学、生物学知识予

---

① 康有为著，姜义华等编校：《康有为全集》（第2集），上海古籍出版社1990年版，第169—170页。
② 康有为著，姜义华等编校：《康有为全集》（第2集），上海古籍出版社1990年版，第287页。
③ 康有为著，姜义华等编校：《康有为全集》（第2集），上海古籍出版社1990年版，第292页。
④ 康有为著，姜义华等编校：《康有为全集》（第2集），上海古籍出版社1990年版，第306页。
⑤ 康有为著，姜义华等编校：《康有为全集》（第2集），上海古籍出版社1990年版，第638页。

以论证。

在地理学领域，康有为认为朝廷里的有学之臣以谈论地理之学为尚并以此来彰显自己的学识，而并非是要利用科学知识为社会创造生产力。"自徐乾学、黄子鸿修《一统志》，顾栋高《读史方舆纪要》谈内地之志，然道路未通，图测未精，但烈供考古而已。"① 康有为认为俄国侵占清廷的大量领土，其根本原因在于"学校之教未闻传授。……推原其由，皆学校仅课举业不讲地理之故"。② 在这里康有为旨在说明"地理之学"的重要性，国人只有学习地理学精研地球学相关知识，才不会在与敌人交战中，仅以"吾乡一画山水者任图绘"作为战地的指挥地图，故"于吾地亦茫然不识"③。康有为引经据典，以萧何入关，先取关内地图对秦国的山川、要塞等地形情况进行系统研究，才得以称霸天下为例，说明地球学及精确地图的重要性。

在物理学领域，康有为对西方自然科学的电学、声学以及光学给予高度评价："中土之称电生庶物也。……神气风霆，无所不布濩，将发大力、立大声于人间世矣。"④ 在这里，康有为根据自己对电学的粗浅认识进行大胆的设想。对于光学，康有为也多有谈及，重在对光速、照相机的原理以及用作医学检查之用。由此，康有为得出结论：现今世界之争主要是科学技术的发展之争，科技的发展水平取决于西方国家"电""化"等西方自然科学的发展程度。从而影响到"物质"的强弱。"吾国人欲从事于强国而不事物质，从事物质而不推本电化原理，学电化而不以学校与工场合证，以学士为工人，必不致精新而亦无以强国也。"⑤ 康有为对西方的自然科学知识，特别是对于西方科学仪器的发展给予了高度的评价："因显微镜之万数千倍者，视虱如轮，见蚁如

---

① 康有为著，姜义华等编校：《康有为全集》（第3集），上海古籍出版社1992年版，第682页。

② 康有为著，姜义华等编校：《康有为全集》（第3集），上海古籍出版社1992年版，第682页。

③ 康有为著，姜义华等编校：《康有为全集》（第3集），上海古籍出版社1992年版，第696—697页。

④ 康有为著，姜义华等编校：《康有为全集》（第3集），上海古籍出版社1992年版，第872页。

⑤ 康有为著，上海文物保管委员会编：《康有为遗稿·列国游记》，上海人民出版社1995年版，第176页。

象，而悟大小齐同之理"①。对于西方"电机光学"的发展，康有为同样也洋溢着赞美之辞："因电机光线一秒数十万里，而悟久速齐同之理"②。这里康有为认为显微镜能"悟大小齐同之理"和电机光学的"悟久速齐同之理"都表明了康有为对西方自然科学的崇拜。所有这些又说明了西方科学技术的发达，而这些在当时之中国依然阙如。

第二，医学、生化及进化之学。在医学方面，康有为在《日本书目志》中谈到西方科学家对人体的血管之学已有很精深的研究，"人体血脉皆血管，专主治血"。西方国家医学科学发展的最终结果是"尽变泰西四千年医学之旧"③。虽然康有为对西方医学的解读流于疏浅，但是充分肯定了西方医学科学的重要作用。

在化学领域，康有为对西方自然科学之化学也推崇备至："造化、神化、变化，道莫尊于化矣。凡百学皆由化学也。"④康有为认为，化学具有分析、化合、分离之功能，凡此种种，更加凸显了化学的重要作用。"吾制造局亦译化学书，但不如日本之详，且施之学校也。观其问题试验普通分析之学，骎骎乎逼泰西矣。"⑤康有为强调化学的重要作用以及在学校设置化学科的重要性，充分肯定日本化学领域的发展程度。在生物学领域，康有为试图用进化论理论对生物之学进行论证。康有为指出，泰西之达尔文是创生生物学的先驱，其重要的贡献在于对"道德""人群"的含义进行重新界定。"故大地民众皆蕰萌于夏禹之时。积人、积智，二千年而事理咸备。"⑥康有为一再谈及达尔文进化论的研究成果是两千年来"事理咸备"以及"积智"的结果，从而"树论语，聚徒众，改制立度，思易天下"⑦。康有为通过对西方科学的

---

① 梁启超著：《康有为传》，团结出版社2004年版，第92页。
② 梁启超著：《康有为传》，团结出版社2004年版，第92页。
③ 康有为著，姜义华等编校：《康有为全集》（第3集），上海古籍出版社1992年版，第620页。
④ 康有为著，姜义华等编校：《康有为全集》（第3集），上海古籍出版社1992年版，第634页。
⑤ 康有为著，姜义华等编校：《康有为全集》（第3集），上海古籍出版社1992年版，第634页。
⑥ 康有为著，姜义华等编校：《康有为全集》（第3集），上海古籍出版社1992年版，第11页。
⑦ 康有为著，姜义华等编校：《康有为全集》（第3集），上海古籍出版社1992年版，第11页。

阐发，把西方的生物之学与儒家的《论语》联系起来，这是利用西方生物学来重构儒学的一种可贵的努力。"万物之资生也，人之仆缘八十万里之地，所托莫大焉，岂不宜知耶？"① 诸如此类的论述都是康有为对于生物之学的创造性阐发。

康有为指出所谓"三重者"是"三世之统"的"据乱世""升平世"与"太平世"。"据乱世"指的是内其国而外诸夏；"升平世"是指内诸夏而外夷狄；而"太平世"则指的是内外远近大小若一。"展转三重，可至无量数，以待世运之变，而为进化之法"②。康有为利用达尔文进化思想对西欧诸国进行阐释，"欲知大地进化者，不可不考西欧之进化"③，利用进化论理论证明中国古代"据乱世""升平世"和"太平世"三个阶段的更迭是一个由低级向高级不断发展的过程。康有为利用进化论思想对"人""兽"之别做了出色的阐发，以证明人类社会与自然界一样都遵循"优胜劣汰"的自然规律。"夫兽与人同宗，而才智稍下，遂至全绝，此则天演优胜劣败之极至矣夫。"④ 康有为认为，进化论是自然界和人类社会亘古不变的自然规律，乃"千年用之，称以文明，无有议其变古者而废之"⑤。康有为还把进化论思想引入商业领域，倡言商界之中尤以竞争为重，"优胜劣败乃天则之自然，而生计商业之中尤以竞争为大义"⑥。

第三，数学、几何学以及机械学。在数学、几何学领域，康有为依循数学之"公理"著成《实理公法全书》，这是康有为把数学知识引入社会科学领域的有益尝试。在《日本书目志》中也把数学知识与"治之要道"相比附，"韩信将兵，多多益善，朱子谓其善用分数。一尺之

---

① 康有为著，姜义华等编校：《康有为全集》（第3集），上海古籍出版社1992年版，第638页。
② 康有为著，楼宇烈编校：《孟子微·礼运注·中庸注》，中华书局1987年版，第222—223页。
③ 康有为著，马洪林等编注：《康有为集》（八卷十册）之游记卷，珠海出版社2006年版，第133页。
④ 康有为著，章锡琛等校点：《大同书》，北京古籍出版社1956年版，第290页。
⑤ 康有为著，楼宇烈整理：《孟子微·礼运注·中庸注》，中华书局1987年版，第263—264页。
⑥ 康有为著，章锡琛等校点：《大同书》，北京古籍出版社1956年版，第236页。

棰，削之而无尽，点线之体，析之而无穷，分析是为治之要道哉！"①在机械学方面，康有为指出："自华忒创机汽后，机汽之用增于人力三十余倍，于是欧美新世界之宫室服用器械精奇华妙过于旧世界者亦三十余倍，有机汽之国与无机汽之国其力之比较亦三十余倍"②。康有为认为欧美人在近百年当中使自己的居室宏伟壮观，皆源自于机械发展。"机器之制，精速皆过于人制之器也远矣。……英国尽效而用之，机器大行，英遂大富。"③

康有为强调西方强盛之本在于机器的先进，机器设备的发展高低是一个国家综合国力的标志。"其在欧洲，英汽机力最先最大，故最先强。……而美国变尤速尤盛，故西班牙遂东、西被割于美。"④康有为认为，一个国家的发达程度取决于国家蒸汽力的先进程度。康有为以德国为例，认为德国的地域基本与中国的两个省份相当，但经过数十年的发展，综合国力却远远强盛于中国，都是重"治机汽"的缘故。

三 康有为儒家经典诠释与科学方法论思想的融合

康有为对以归纳、演绎为特征的科学方法极为推崇，其直接来源就是欧几里得的《几何原本》。归纳法是培根建立起来的近代的科学方法，它的推理方法是通过对特殊事物的归纳得出一般规律的方法，从个案中寻找共性并找出规律性的东西。康有为指出，"又作《公理书》，依几何为之者"⑤。康有为归纳法的来源主要是康有为1877年著成的《格致汇编》和1978年《万国公报》上刊登的《格致新法》一文，比较详细、准确地介绍了培根归纳法的内容。

康有为从事物相对性出发，认为宇宙时空的存在具有无限性的特点。他遵从"以元为体，以阴阳为用"的认识论路数，把"元气"看作是宇宙的本体，而"阴阳"的对立统一性则是万物生灭聚散的根源所在。康有为还以"三统""三世"为自创的科学实证的研究方法进行

---

① 康有为著，姜义华等编校：《康有为全集》（第3集），上海古籍出版社1992年版，第284页。
② 康有为著，上海文物保管委员会编：《康有为遗稿·列国游记》，人民出版社1995年版，第236页。
③ 康有为著，姜义华等编校：《康有为全集》（第3集），上海古籍出版社1992年版，第870页。
④ 康有为著，马洪林编：《康有为集》政论卷（下），珠海出版社2006年版，第558页。
⑤ 梁启超著：《康有为传》，团结出版社2004年版，第101页。

论证，最具代表性的是康有为利用"三统"说对先秦诸子的学说进行评判，以"三世"说为蓝本建构其大同理想。他按照几何学原理以及西方的"自然法则"构想未来社会的发展，探求人类社会的发展规律。《实理公法全书》就是康有为在西方科学理性思想背景的指导下，依循其世界观和方法论撰写的一部哲学理论著作。康有为强调理论研究应该用"实测"的方法，而不是"理涉渺茫，无从实测者"。康有为认为"有实测之实，格致家所考明之实理是也。……几何公理之法，则其理较实；出自人立之法，则其理较虚。又几何公理所出之法，称为必然之实，亦称为永远之实。人立之法，称为两可之实。"① 康有为的基本观点是"实测之实"即为当时的科学家所"考明之实理"，"实测"的目的显然是对"虚测"的反动，在康有为看来，国人最欠缺的是"穷理俱虚测，今西人实测"②。在万木草堂讲学之时，康有为就教导学生要充分吸取西方实证主义"实测"的科学方法，要改变儒学长期以来形成的"穷理俱虚测"的治学之道，这是康有为援西方的实证主义方法对儒学进行的补益与扩充。

康有为利用西方科学的"实理"与"公法"作为改造封建王权的武器对其"私理"和"私法"进行猛烈的抨击。"凡天下之大，不外义理、制度两端。义理者何？曰实理，曰公理，曰私理是也。制度者何？曰公法，曰比例之公法、私法是也。"③ 康有为在这里把西方实证主义的"实理"和"公法"凌驾于封建王权的"私理"及"私法"之上，引领了清末民初思想解放的潮流。康有为把物质性的"气"看作万物的本原和归宿，这种观点显然与宋儒倡导的"理在气先"的先验论观点相悖。而康有为认为有"气"才有"理"，"气"在"理"先，"理"是客观世界发展的规律性。"盖既有气质，即有纹理。人有灵魂，知识生焉，于是能将理之所在而发明之"④，康有为利用西方先进的实证主义研究方法对儒学的扬弃，开启了中国近代启蒙主义思想的先声。

---

① 康有为著，姜义华等编校：《康有为全集》（第 1 集），上海古籍出版社 1987 年版，第 277—278 页。
② 吴熙钊：《南海康先生口说》，中山大学出版社 1985 年版，第 278 页。
③ 康有为著，姜义华等编校：《康有为全集》（第 1 集），上海古籍出版社 1987 年版，第 278 页。
④ 康有为著，姜义华等编校：《康有为全集》（第 1 集），上海古籍出版社 1987 年版，第 286 页。

康有为"两考"的创新之处在于采取"注释群经"的方式对"微言大义"进行发挥,这种论证方式已经部分地涉及西方演绎与归纳的方法,虽然是在整理旧作,但是却给沉闷的思想界带来了一股新鲜的空气。因此,康有为运用西方实证主义的研究方法对经典的阐释与批判,可以说是他对儒学的一次创新与发展。康有为模拟欧几里得的"几何公理"以及亚里士多德的"三段论"对各种现实问题进行演绎与归纳,虽有附会牵强之嫌,但却是把西方科学的论证方法与儒家思想进行会通的一种尝试。"实理明则公法定,间有不能定者,则以有益于人道者为断,然二者均合众人之见定之。"① 从这里可以看出,康有为在利用三段论对其理论进行推演的过程中,它的每一章都是按着"实理""公法""比例"的三段式的结构并加以按语来行文的。这里的"实理"相当于几何学上的"公理"和"定理",在康有为看来,这些都是被科学家或者人类社会证明了的真理。"公法"是根据"实理"和"几何"公理推导出来的法则,相当于几何学中的"公式","比例"也是几何学中的专业用语,而"按语"相当于几何学上的"证明",是对"公法"和"比例"所做出的最简要的说明和评语,康有为这样做的目的是让其对自然问题和社会问题的推演更具逻辑性与严密性。可以说,康有为继承了中国古典哲学的精髓,利用西方实证主义的方法与几何学原理对儒学进行重构,对儒家经典进行阐释,是对国人逻辑思维能力的训练与拓展。

在方法论问题上,康有为认为所谓的"经典"知识并不是知识的全部,人类要想认识未知的世界,不能单单依靠"经典"的解释或者解释"经典",重要的是要依靠人的经验知识和抽象的思维能力,摆脱"经典"的束缚从而独立走向知识的海洋。在康有为看来,归纳、演绎得来的方法是形成科学认识论的重要组成部分。逻辑思维能力是中国古代传统文化的短板,而康有为所谓的方法论原则无非是类似于用西方的演绎方法对"经典"进行阐释的学术方法。这种方法可以达到训练逻辑思维的目的,在他看来,没有逻辑思维作为武器进行学术研究或者思辨活动,就不会产生近代的科学。引进西方科学方法对儒学的重构意味

---

① 康有为著,姜义华等编校:《康有为全集》(第1集),上海古籍出版社1987年版,第276页。

着康有为对中国固有的思维传统的怀疑,这种怀疑精神是对中国千百年来形成的认识模式的一种挑战,无意间在中国大地洒下了理性的光辉。

西方科学影响下康有为在思想领域发生了本质的变化。他敏锐地意识到西方的科学方法论思想在本质上是有别于中国旧学的更为先进的学问。正是这样,才有其"大讲西学,尽释故见"[①]之说。西方科学理性思想让康有为在旧哲学内部四处碰壁之时,犹如在漫漫长夜中,看到了一丝光亮。简洁明了的几何学和完备、缜密的公理系统成为他的不二选择。可以说,康有为开启了利用几何公理对人文社会科学理论进行阐释的先河。只是康有为大概不能甚或也不愿意弄明白:几何公理与人类公理之间到底有没有必然的联系?他首创的用几何学论证人类公理的做法是否符合人类发展的一般规律?康有为唯一关注的焦点是如何达到"援西入儒"的目的。康有为对几何推演方法的应用对他的思想发展轨迹产生了重要影响,在中国近代思想发展史上都具有极其重要的象征意义。

四 康有为儒家经典诠释与科学思想的融合

康有为援西方科学思想对儒学的改造具有重要的时代价值。康有为对士大夫阶层"空谈误国"的社会现实提出了强烈的谴责,打破了旨在从经典承袭"书本知识"的局限。同时,康有为还认识到中西之间存在着巨大差距,而消除这种差距最根本的途径就是学习西方的科学技术知识,提倡"科技救国"与"物质救国"。

第一,科学思想是经济发展的先导。康有为不仅著有《金主币救国论》《财经救国论》等著作,对于经济之学康有为也有其独到的见解,康有为认为"六经"之学皆与经济有关:"《春秋》经世,先王之志,凡'六经',皆经济书也。后之'九通',掌故详矣"[②]。对于银行的设立,康有为认为银行对一个国家的重要作用就像是人体的"血脉"一样,血脉通则身体强劲。一个国家亦是如此,国家以财为脉,财通则国富。因此,银行就犹如人体的血脉一样。"塞则精气痿弱,通则精神王

---

① 梁启超著:《康有为传》,团结出版社2004年版,第97页。
② 康有为著,姜义华等编校:《康有为全集》(第3集),上海古籍出版社1992年版,第771页。

长,义之至也。故先王命名为泉,贵流通也。"① 康有为对银行的功能及其作用的揭示,在当时的清末民初的现实社会经济的发展具有重要意义。"以吾此说行也,先定国民银行,以集中央银行之资本公债,而发行纸币于上;各省县乡有组合银行,以交通国民于中;有劝业兴业银行、股票交易所,以裕民于下;有正金银行以平通汇兑,借贷外债于外;有特权银行以辟富源、佐边用于边。数者并举,而中国犹患贫者,未之有也。"② 康有为认为中国资源丰富,但也有其固有之不足,这种不足集中体现在对丰富自然资源的整合与管理,"今四海困穷"需要国家"重以偿币"。康有为认为山西煤铁资源可与英国相媲美,东北漠河的"五金"亦可与美国比肩,中国的西北有良田可垦,东南沿海是渔猎的胜地,而内地更是物产丰富,"若劝农以土化,考工以机器,讲求商学,募兴新艺,通达道路,精治畜牧,官天府地,财富可冠五洲"③。

康有为也极为重视商业之学,他认为中国古代社会以农耕为主,也必以农业立国;而现代社会必以贸易立国、商业立国以及工业立国。"以兵灭人,国亡而民犹存;以商贾灭人,民亡而国随之。中国之受毙,盖在此也。"④ 中国古代不乏盛世局面,诸如"文景之治""贞观之世""开元盛世"和"康乾盛世"等,虽然商业也一度取得巨大的发展,但是一直没有进行银行的创设,他不无遗憾地指出:"以唐太宗、宋艺祖、明太祖及燕王棣之雄武硕画,才臣如鲫,而思不及此,岂不易哉?"⑤ 康有为认为贸易对于国家的发展至关重要,"贸易者,互市也"⑥。诸国之并立,绝不可闭关锁国。如果故步自封,封闭自己,不但不能获得自己所缺少的东西,就连自己的东西也会被别人强行占有。

---

① 康有为著,姜义华等编校:《康有为全集》(第3集),上海古籍出版社1992年版,第893页。
② 康有为著,马洪林等编注:《康有为集》政论卷(下),珠海出版社2006年版,第839页。
③ 康有为著,姜义华等编校:《康有为全集》(第3集),上海古籍出版社1992年版,第129—130页。
④ 康有为著,姜义华等编校:《康有为全集》(第3集),上海古籍出版社1992年版,第91页。
⑤ 康有为著,马洪林等编注:《康有为集》游记卷,珠海出版社2006年版,第203页。
⑥ 康有为著,姜义华等编校:《康有为全集》(第3集),上海古籍出版社1992年版,第894—895页。

"尚欲守一统之旧,坐视人之剖割而自以为至富,此亦不解者也。"① 康有为在这里以美国的纽约为例做了系统性的阐发:"纽约市易,固日日有此,则一市而当吾全国三百六十倍之交易也"②。他的出发点主要是对《道德经》中"小国寡民"理论的抨击与挞伐,其目的是要强调商业贸易的重要性。

第二,科学技术是工业化的核心。逃亡国外十六年的经历,使康有为对欧洲和美国的强盛有了更为深刻的认识,西方国家之所以强盛都是重视物质之学、发展物质之学的结果。谈到欧洲的时候,康有为指出:"欧人之强也,数百年来,学校之间,……终则为物质学"③。而英国之所以能够行霸权之道,被称为"日不落帝国",也是重视物质之学的缘故。"欧洲列强无及之者,即强霸之法亦退缩而远让之,则以英国最讲物质之学、殖产之义故也。"④ 故此,康有为得出结论:物质之学的发展程度与一个国家的兴衰荣辱息息相关。然后他对美国之所以富强的原因进行阐释:"美国之富强也,非其民国得之,而物质为之也"⑤。因此,康有为断言,"有物质学者生,无物质学者死"⑥。"物质之学"就是"道问学"的形下之学,而中国最重形上的"尊德性"的形上之学,一个国家国势之高下依赖于"物质"之学的发展程度。如今国家处在危难之中,号召国人"欲救国乎,专从事于物质足矣"。⑦

康有为认为国家的工业化程度决定着国家的兴衰荣辱,中国落后挨打的根本原因在于中国工业的疲弱,而工业化的发展水平更大程度地取决于科学技术的发展程度。在康有为看来,当时之中国的当务之急是要

---

① 康有为著,姜义华等编校:《康有为全集》(第3集),上海古籍出版社1992年版,第894—895页。
② 康有为著,马洪林等编注:《康有为集》政论卷(下),珠海出版社2006年版,第836页。
③ 康有为著,马洪林等编注:《康有为集》政论卷(下),珠海出版社2006年版,第527页。
④ 康有为著,马洪林等编注:《康有为集》政论卷(下),珠海出版社2006年版,第528页。
⑤ 康有为著,马洪林等编注:《康有为集》政论卷(下),珠海出版社2006年版,第1032—1033页。
⑥ 康有为著,马洪林等编注:《康有为集》序跋卷,珠海出版社2006年版,第253页。
⑦ 康有为著,马洪林等编注:《康有为集》政论卷(下),珠海出版社2006年版,第516页。

提升科学技术的实力。通过在西方诸强国的漫游，康有为深知科技的创新与新机器的普及是其工业化的根本动力。类似的论述还有很多："今无新物质者，无汽无电，无工无商，无兵无炮，何以立于今之竞争之世乎"①，"以吾考之，则吾所取为救国之急药，惟有工艺、汽电、炮舰与兵而已"②，等等。尽管康有为对于科学的概念没有现代意义对科学进行界定的这么精准，但他确信："科学"为工业化的根本。这一认识也是其思想体系的转折点，使他"超越19世纪末自强运动的领导者，而使他成为20世纪'科学主义'的先驱"③。

康有为特别强调"科学"的重要性。康有为以为欧洲强盛最根本的原因在于倡导"物质"之学的科学发达，而不在"哲学""民权"与"自由"。康有为说，"夫百年来欧人之强力占据大地者，非其哲学之为之也，又非其民权、自由致之也，以物质之力为之也"④。康有为发出倡议，要求国人以俄国的彼得大帝为榜样向西方国家学习先进的科学文化知识，不要拘泥于本国的传统而故步自封。康有为认为英国之所以能够打败法国，殖民澳洲，皆因其强大的海军，所有这些都归之于英国科学技术的进步。而德国的传统使之一直致力于哲学没有太大的发展，自从打败法国之后，才把"物质"之学与"科学"作为国家发展的重点，几十年的发展几乎超过了强大的英国。而美国虽然几乎没有诞生几位伟大的哲学家，但是重注科学技术的发展，其取得的成就却举世瞩目。因此，"其所绝无而最缺，而不能以立国者，则在物质之一事也，故吾之于物质学，最为深切而淳淳也"⑤。康有为最后得出结论，即使是最为伟大的先知，如果漠视科学的发展，漠视物质之学，也抵挡不了民族灭亡的命运。

---

① 康有为著，姜义华等编：《康有为全集》（第8集），中国人民大学出版社2007年版，第89页。
② 康有为著，姜义华等编：《康有为全集》（第8集），中国人民大学出版社2007年版，第71页。
③ ［美］萧公权著，汪荣祖译：《近代中国与新世界——康有为变法与大同思想研究》，江苏人民出版社2007年版，第393页。
④ 康有为著，姜义华等编：《康有为全集》（第8集），中国人民大学出版社2007年版，第71页。
⑤ 康有为著，姜义华等编：《康有为全集》（第8集），中国人民大学出版社2007年版，第73页。

第三，科学知识是现代教育的根基。康有为强调西方科学技术的重要性，重视科学技术知识在国家教育中的作用。康有为谈到，"卜忌利学校学生三千人，其教物质有理科，率四年卒业。机器、工程、化学三科，其三科则农、商矿也。"康有为谈及欧洲之强的原因在于他们数百年来重视学校教育，普及科学知识的结果。因此，康有为认为，欧洲国家把西方科学知识的普及以及物质之学放在突出重要的位置才使其傲立于全球之冠。

康有为认为欧洲国势经久不衰的根本原因在于对国民广集民智之举的重视，注重科学研究、穷究万事万物的本原。他认为，造化所以为尊者，皆源于其创造能力。"今穷物理之本，制电、制雨、制冰、制水、制火，皆可以人代天工，是操造化之权也。操造化之权者，宜其无与敌也。"① 康有为倡导广开民智的重要措施是重视学校教育。对于多数人认为西方发达国家以船械之精、军兵之良以及士兵训练有素而无敌于天下的观点，康有为都进行了补充说明：西方国家强盛的动力之源在于西式学校教育的有条不紊。"日人之变法也，先变学校，尽译泰西教育之书，学校之章程。倍根氏之《教育学》，为泰西新变第一书，鲁氏、如氏、麟氏条理尤详矣。若《教育学新论》《原论》《普通学》诸书备哉粲烂，无微不入矣。"②

康有为认为西方国家富强之本在于人才，而人才的培养在于学校，"今万国之势，竞智而不竞力，竞生徒而不竞兵伍"。欧美之所以取得如此巨大的成就在于其教育的投入力度，而中国则正好相反。"其属郡县，各有书藏，英国乃至百余万册。所以开民之智者亦广矣"③。反观当时之中国，作为礼仪之邦、文物之邦，真正能够识字的国民不足总人口的两成，学费开支更是寥寥。德国更是如此，"凡有一工业，即设此业之专门学校，使学问之理论与实业之练习合同而化，工人皆有新学之

---

① 康有为著，姜义华等整理：《康有为全集》（第3集），上海古籍出版社1992年版，第626页。
② 康有为著，姜义华等整理：《康有为全集》（第3集），上海古籍出版社1992年版，第935页。
③ 康有为著，姜义华等编校：《康有为全集》（第2集），上海古籍出版社1990年版，第95页。

知识而创新改良,学人皆有实测之试验而不蹈空泛论"①。而日本之所以异军突起也主要源自学校教育,其学制、书器、译书、游学以及学会等五个方面缺一不可。综观西人之学校,也对孔子之学宠爱有加,"一切科学皆为专门,惟诗、礼、乐为普通之学,无人不习"②。把社会之"不治"归之于"教学"之"不修",充分肯定学校的作用,"今天下治之不举,由教学之不修也"③。另外,"国之文明,全视教化。无教之国,即为野蛮;无教之人,近于禽兽。故先圣尤重教焉"④。可见,康有为认识到"广开民智"、提倡科学教育的重要性。"故尧、舜之智不能遍物,但当择要而知之,是即为有知之人。惟学而后知不足"⑤。

五 本节小结

康有为逃亡海外的经历使之对世界意识有了更为清醒的认识,也目睹西方国家的强大,能更充分认识到科学发展的重要性。他认为中国既然不能独立于地球之外,就需要同其他国家保持联系,取长补短,不断地向西方学习先进的科学文化知识,要"师夷长技"来发展自己。"游于华盛顿乎,观其创新专利院,自彼1795年始以至于今,凡十九万五千具,则新世界之制作无不完备。百年之间所以转旧世界为新世界者,皆在此十九万五千具矣。"⑥ 康有为提倡诸如科学专利的奖励等措施,重在强调西方先进科学技术的重要性,而这些又和中国落后的现实形成强烈的对比:"自康德出后,普国之学者始有名于时,近世奖导有加,于是学术之精深骤冠万国。吾华数千年,兴学之风乃竟不明不备而远逊之,真可愧也"⑦。

---

① 康有为著,上海文物保管委员会编:《康有为遗稿·列国游记》,上海人民出版社1995年版,第151页。

② 康有为著,楼宇烈整理:《论语注》,中华书局1984年版,第113页。

③ 康有为著,姜义华等编校:《教学通义》,《康有为全集》(第1集),上海古籍出版社1987年版,第80页。

④ 康有为著,姜义华等编校:《康有为全集》(第2集),上海古籍出版社1992年版,第167页。

⑤ 康有为著,姜义华等编校:《康有为全集》(第1集),上海古籍出版社1992年版,第24页。

⑥ 康有为著,马洪林等编注:《康有为集》政论卷(下),珠海出版社2006年版,第549页。

⑦ 康有为著,上海文物保管委员会编:《康有为遗稿·列国游记》,上海人民出版社1995年版,第150页。

当今之世，国与国之间的竞争的核心在于"物质"，而"物质"之力的强弱又源自科学技术的发展程度。"今自物质学之既新，蒸汽、电化之机日出，无一而不易为机工之世界矣。"① 若儒生崇尚清谈，不学无术，拒绝做一般性的技术工作，以工匠之事为耻，重"德性"而轻"道问学"，则中国永无强盛之日。对于中国古代的诸葛亮、墨翟、鲁班、张衡等发明，"凡此不胜数，而皆不传于后，则不尚工之所致也"②。因此，康有为更强调"科学"与技术传承的重要性。康有为通过中外、古今之别，不断地阐释一个不变的道理："科学实为救国之第一事，宁百事不办，此必不可缺者也"③。康有为"科学实为救国之第一事"的判断对中国的现代化建设依然具有重要意义。

康有为对儒家经典的创造性的诠释具有重要价值。儒学思想是中华民族几千年沉淀的精华，但是随着时代的发展，儒学也需要必要的调整和完善，需要进行创新性发展和创造性转化，更需要西方的先进的科学思想来补益使其达到"止于至善"的完满境界。孔子开辟的儒家思想博大精深，但是它并没有使中国走向工业化的道路，更多的是让相对落后的农业社会得以延续。康有为积极吸纳西方先进的科学知识，援西方科学对儒学的改造，是坚守农耕为主，还是向现代工业化道路转型、进行生产方式的变革，这关系到中华民族的生死存亡。他杜绝崇尚"空谈"，作为思想家，如果不注重"经世致用"将成为国家和社会的负累。在教育方面，中国的教育需要向学生教授科学技术知识，不能沉迷于故纸堆里而不能自拔，"空谈误国，科技兴邦"是康有为科学思想的核心思想。在科技方面，中国必须要发展科学技术，在强大科技力量的引领下走现代工业化的道路。在文化方面，我们要积极传承优秀的儒家文化，把"尊德性"的一面发扬光大。工业化不是要否定道德，不仅不是要放弃本国的优秀传统，而是让儒家"和而不同""仁者爱人"以及"天人合一"等核心思想来匡扶科学正确的发展方向。儒家思想的

---

① 康有为著，姜义华等编：《康有为全集》（第8集），中国人民大学出版社2007年版，第85页。
② 康有为著，上海文物保管委员会编：《康有为遗稿·列国游记》，上海人民出版社1995年版，第264—265页。
③ 康有为著，马洪林等编注：《康有为集》政论卷（下），珠海出版社2006年版，第573页。

精华不能作为引进西方先进科学的交换品，儒学要与时俱进，祛除那些与时代相悖的糟粕的东西，用西方科学思想补益传统思想之不足，对儒家经典进行创造性的诠释，以促进儒学的现代转型，这也是康有为科学思想给予我们最宝贵的财富，也是康有为科学思想的现实价值所在。

第三节　康有为儒家经典诠释研究与儒学的未来和发展

科学与儒学的关系是相容、相斥抑或其他？是一个值得深入探讨的问题。本节旨在针对清末民初科学与儒学的关系问题做深入研究，以期得出更有价值的结论。科学以它昂首阔步的姿态汹涌向前、无法逆转；而儒学在近百年以来的命运堪忧，有些"花果飘零"的态势。中国目前以经济建设为中心，以科技创新为先导，坚持改革开放，一个和平崛起的大国形象屹立在世界的东方。这样一个被儒学浸润了两千年之久，通过几十年的发展成为维护世界和平、捍卫公平正义的负责任的东方大国，内在地要求主流思想意识向着更具建设性与包容性的儒学为主体的方向推进。在这样的大背景下，以儒学为代表的传统文化，被看作是重塑精神世界与道德秩序的基础性资源。通过对东传科学与康有为今文经学的会通与嬗变问题的研究，我们可以得出这样的一个结论：科学与儒学可以并行不悖共同发展。在儒学的框架之内，科学有其特有的发展空间；对于东传科学来说，儒学为科学提供了使其介入的衔接点。科学与儒学作为两种异质文化既有内在关联、短暂冲突的一面，在特定历史时期儒学又有热情拥抱、亲密接触的一面。那些认为儒学阻碍科学发展的说法是缺乏说服力的，科学与儒学有着更为亲和的基因。

一　康有为儒家经典文本诠释与儒学现代化的肇端

一个世纪以来，近代经学的命运与中国现代化的进程一直紧密联结。自19世纪中叶以来，中国开始从传统的农业社会向近代工业社会艰难地推进。近代的百年，也是东传科学深刻影响中国的百年。中国近代化进程在动荡时局中向前推进，文化面临急剧变迁，社会遭遇全面转型，中国的现代化之路在"三千年未有之变局"的艰难困境中踽踽前行。

"五四"之后,学界在一片挞伐儒学的基调中开始"打倒孔家店","批孔"和"反孔"成为衡量思想进步与否的准绳。但就今天的视角来看,对于千年积淀下来的儒家传统文化,固然不能说它就一定促进了现代科学技术的发展,但至少可以认为中国的儒家文化、传统经学并不是阻碍现代科学的罪魁祸首。过去的百年,我们的国家积贫积弱,中国科技水平严重落后于西方,加之极端落后的军事工业,使我们惨遭蹂躏。我们不能把这一切的落后都归咎于传统经学。中国传统经学乃中华民族的本根,它是我们精神的向导,作为一种特殊的传统思想资源深具探讨的必要。

对东传科学与康有为今文经学的会通与嬗变关系的研究,以康有为的今文经学为视角,既是对今文经学现代意义的阐发,也是立足于今文经学作为一种思想资源的价值探究。以古经辨伪、三世进化、星云变易之说、托古改制等核心义理的论证与阐发为中心,康有为今文经学形成了一个庞大的基础理论体系。康有为今文经学思想与其政治实践活动发生在清王朝濒临崩溃的前夜,挣扎在黑暗与黎明之间破晓的曙光里,辗转于希望与失望、痛苦与欢乐交织的时代变局之中。当清政府做着天朝上国美梦的时候,西方国家正如火如荼地进行着工业革命。终于,西方的坚船利炮轰开清廷紧闭的大门,中国从此陷入近百年屈辱的悲惨境地,这同时也唤醒了中国人救亡图存的危机意识。一些有远见的知识分子从"皓首穷经"的传统治经方式中醒来,在东传科学过程中开始接触西方的自然科学和社会科学知识,"启蒙"与"救亡"成为那个时代最嘹亮的声音。不管康有为"通经致用"的效果如何,但是他在坚守传统的前提下,向西方汲取自然科学与社会科学知识的努力是值得肯定的。并且从解放思想和震撼心灵的视角来看,康有为今文经学具有不可忽视的积极意义。①

在一般人眼里,康有为只是一个前期激进、后期保皇复辟的落魄的政治家,我想这是很容易理解的。"五四"以来,连儒学和儒家都被长期视为所谓"封建主义"和"君主专制"的帮凶,那么过度地渲染康

---

① 张岱年:《中国启蒙思想总库(序)》,辽宁人民出版社1994年版,第16页。张岱年提到:"中国启蒙运动的重要和伟大并不在于它是否取得了如何了不起的成就和胜利,而是在于它曾给人们心灵上所带来的强烈而持久的震撼;并不在于它自身的理论如何完美,而是在于它曾给予并继续给予人们的启示和思索。"

有为的低度评价论就是顺理成章的事情。人们无限放大的是他道德上的污点以及生活中的奢华、劣迹，但我们也需要看到其深邃思想的独特性与前瞻性。对于认为康有为是"中国自由主义、保守主义和社会主义的共同源头"的说法虽然有抬高之嫌，但是却有着其合理性的一面。干春松教授指出：

> 中国自由主义、保守主义和社会主义的共同源头，因为他在戊戌变法时期对于民权和议会制度的推崇，构成了中国后世自由主义的基本命题；而他的儒教立国的思想则可以看作是新儒家思想的奠基。他在《大同书》中对理想社会的设想，构成了中国社会主义观念的引入和接受的重要一环。①

康有为一生都在试图援西方自然科学、社会科学以及西方的政治学说来重建儒学系统，那么对康有为今文经学的深度挖掘或许可以还历史一个本来的面目。十六年的流亡生涯，使得儒学功底深湛的康有为对西方科学与东方儒学之间的关系有着一定程度的清醒认识。在以儒家为立国之本的中华文明面对西方文明冲击的时候，他提出以"援西入儒"甚至"以西化儒"的方式建构儒学，其目的是想用这种折中的方式来保证儒学的存在。正因为康有为有了十六年间对西方所谓科学、民主、自由、平等的体验，有了康有为对儒学宗教般庄严的坚守，也才有了康有为从"儒西并尊"向"以儒化西"思想历程的转变。

一方面，康有为遭遇世人的诸多冷遇，甚至被说成是"貌孔心夷"的伪君子，即便是有的信奉儒家之人也认为康有为是抹黑儒学的异端。另一方面，以干春松、曾亦、刘小枫等为代表的一批学人试图建构政治儒学、制度儒学，重返"康有为主义"。这种"返本开新"之举，与当代中国的信仰缺失有关，同时它对儒学资源的利用、基于政治层面的努力是否会成为未来中国的政治选择，我们未可获知，但是这种努力无疑是对康有为儒学思想的重视与发扬。

康有为一生都在积极利用西方自然科学和社会科学来构建其"通经

---

① 干春松：《保教立国——康有为的现代方略》，生活·读书·新知三联书店2015年版。这是干春松教授此书的中心论点和行文的基本宗旨。

致用"的今文经学体系,游走在经学传统与西方现代文明、"中学中理"与"西学新说"之间,试图回答诸如思想解放与救亡图存、民生与富强、经学与科学之间的关系问题,目的是推动中国传统文化的复兴,引领中国社会走向工业化的道路。而对于这些问题的探讨直到今天依然具有现实意义,它们不仅镌刻于历史,更属于现代和未来。其实我们不必去妄断古人先贤的是是非非,诚如汪荣祖所言,我们之所以以今日之学术眼光评论前人,既非否定前人的业绩,也非对前人要求太过,实为检讨已有的成果,知其缺点与不足之所在,希冀有所突破与进展。本书努力追求的就是将康有为今文经学置身于清末民初东传科学背景下审视,进行客观的评价。

二 康有为经典诠释及其科学"求真""求是"精神的重要性

性格决定命运,康有为本人武断与教条性的倾向难以成就其哲学上的丰收,他经常对不同见解以及不喜欢的事实置若罔闻。因此,他似乎像一个转变信仰的教士,而不是一个追求真理、实事求是的哲学家或科学家。[①] 此倾向在康有为的治经过程中比比皆是,因此他很难成为一个用客观数据说话的思想家。"科学精神固有的内涵决定了科学精神的丰富内容之间是有轻重之分的。"[②] 站在科学"求真""求是"的视角,康有为"六经注我"以"微言大义"随意阐发儒学经典的解经方式是对科学基本精神的背离。为达到一己之目的、一任主观的解经方式是造成今文经学式微的最致命的动因。康有为解经方式为未来儒学与科学关系研究提供了一个有益的教训:不管是研究儒学还是研究科学,都必须尊重客观事实,坚持实事求是的科学精神,躬行实践、与时俱进。

事实上,孔子在历史上被赋予了多重角色,有政治化的孔子,学术化的孔子,还有民间化的孔子。如果一定要把康有为今文经学中的孔子在三种角色中择其一的话,那么在康有为那里孔子的形象肯定是被政治化了的。康有为对于经学的独特贡献在于:他既是对古典哲学的继承与终结,又是开启中国近代哲学的滥觞。李泽厚对康有为哲学有很高的评价:对于康有为哲学,"一方面,它是中国古典哲学的继承和终结,另

---

① [美]萧公权著,汪荣祖译:《近代中国与新世界——康有为变法与大同思想研究》,凤凰出版传媒集团2007年版,第106页。

② 马来平:《试论科学精神的核心与内容》,《文史哲》2001年第4期。

一方面它显示了中国近代哲学将要真正开始"①。

清末民初是一个从经学向科学发展的特殊时代,科学以它嘹亮的号角唱响神州大地。这也是一个经学传统行将消失的时代,圣人口传的"微言大义"已经荡然无存,就连古代"家学传经"也已经不复存在。不管是康有为还是廖平,他们都在试图重铸古代经学的辉煌。对此,中国人民大学教授陈壁生有自己独特的见解:

> 随着晚清今古文经学的理论发展,今文至廖平、康有为而致力于纯化经义,回应千年变局;古文至刘师培、章太炎而渐入史学,以贞固国本。②

一个成熟的文明体,每每遭受巨变,必然要回到其文明的源头,从发源处再出发,以此文明独特的价值来回应时代的挑战,去实现文明的真正复兴。在西方科学充斥方方面面的今天,我们处在一个亟须重新认识中国传统、重建我们生活方式的时代。要想重新认识我们的文化传统,经学的研究就是一个无法回避的话题。今文经学在民国初年惨遭抛弃,学术的主流也随着文化的更新,从章太炎到胡适,由"以史为本"向"以史料为本"转变。在胡适等倡导的"整理国故"过程中建立了现代学术的分科,分科体制拆解了中国古典文明体系,使得儒家思想文化成为"世界学术"的下一个"地域性知识"。而经学研究,也因此在学术主流中行将消失。蒙文通说:

> 汉儒言政,精意于政治制度者多,究心于社会事业者少。宋儒则反是,于刑、政、兵、赋之事,谓"在治人不在治法"。其论史于钱、谷、兵、刑之故,亦谓"则有司存",而淳淳于社会教养之道。③

从宋代道学兴起之时,中国的学术中心已由"五经"转向了"四

---

① 李泽厚:《康有为思想研究》,《中国近代思想史论》,三联书店2008年版,第124页。
② 陈壁生:《国家转型与经学瓦解》,《文化纵横》2013年第6期。
③ 蒙文通:《宋明之社会设计》,《儒学五论》,广西师范大学出版社2007年版,第131页。

书",以"四书"为基础的新儒学,在重构儒学精神价值的同时,也忽视了建立在"五经"基础之上的理想政治信念。近代以来,特别是辛亥革命后,遇到两千年未有之变局,经学与政治名义上的关系已经完全脱离,经学几乎退出了历史的舞台。

要重新认识经学乃至重建经学系统是深层次认识中国,认识华夏族群历史的必由之路。在不断学习西方科学的同时,要想留存住我们的本根就必须回到经学之中。生在这个时代,对于从事经学领域研究的人来说,"为往圣继绝学,为万世开太平"仍然是一种无法逃遁的宿命。在一个激变的时代,只有回到文明自身的传统,以古人的眼光来认识古人,才能理解这个文明的价值,理解古人的生活,才能理解自己。①

三 以儒学本位的诠释方法及其"中西会通"思想的重要性

儒学的核心价值是"仁者爱人"与"和而不同",它是培养真"君子"的一门学问。通过对东传科学背景下康有为今文经学会通与嬗变问题的研究,我们可以得出这样一个结论:儒学宗教化的道路走不通。康有为有言,"耶稣之教,至大同则灭"②。所有这些都表明,康有为只把"西学西理"作为人类历史上的某个阶段的学问,诸如"升平世"甚或是"据乱世"。但是"西学西理"不能被视为"最高真理"或者"普世价值",在康有为那里,"普世价值"只能到东方的"中学中理"中去寻找,而"中学中理"最能成为"普世价值"的东西也必然在儒学之中。康有为的思想主脉不再沿袭从消极的立场反对"西学西理"的《大同书》,而是从更为积极的视角肯定"中学中理"成为"普世价值"。另外康有为坦陈"中学中理"的价值不是靠自身获得的,而是在与"西学西理"的比较中得到的。

"经典,是可以为'常经',可以为'典要'的,经典是'道'的化身,经典是'道'落实在人间世的居宅。"③从章太炎对儒家"经学"中"经""儒""素王"等关键词的理解可以窥见其对未来经学命运的看法。章太炎诠释这三个概念都是用历史的眼光,这样一来,就会

---

① 陈壁生:《经学的瓦解》,华东师范大学出版社2014年版,第169页。陈壁生认为,"中国文明的核心,既在经学,在经学瓦解百年之后的今天,重新回到经学,才能深层地认识历史,在历史中寻找未来的方向。"

② 康有为著:《大同书》,北京古籍出版社1956年版,第301页。

③ 唐明贵:《宋代〈论语〉诠释研究》,中国社会科学出版社2008年版,第3页。

让经学的价值荡然无存。因为，它导向了我们不愿看到的方向，那就是在未来的学术史上已没有经学的立锥之地。

章太炎的学术与民国"新学"最大的不同在于章太炎"中西之别"的学术背景，他对传统的态度从古文经学出发，继承了章学诚"六经皆史"的思想，走向"以史为本"，通过对史学的阐发干预政治，以此塑造一个新的民族国家，新文化运动以"打倒孔家店"为开端，在整理国故的过程中，从所谓"建设"的意义上来理解中国传统文化，从而导致中国学术的现代化转型和现代学科的兴起。《中国哲学史新编（下卷）》有云：

> 但在近代维新时期中，主要倾向是从中国传统文化的观点看西方文化，用中国传统文化的模式去套西方文化。在现代革命时期中，主要倾向是从西方文化的观点看中国传统文化，用西方文化的模式去套中国传统文化。前者是用旧的批判和赞赏新的，后者是用新的批评和赞赏旧的。①

而民国时期的胡适作为新学术界的代表人物，他是站在章太炎"以史为本"的立场上，把"史"统统看作为"史料"而已，并且将中国文明和西方文明截然二分，把现代中国和古代中国截然二分。胡适认为，现代中国不是一个根植于古代中国的发展过程，而是挣脱古代汇入西方的过程。沿着这个逻辑，为了追求学术的现代化，必须以西方学术的标准来整理中国典籍，"四部之学"不再有"经史子集"之分，都是西方学术标准下的"史料"而已。随着新文化运动的到来，中国学术转向胡适的轨道上来，这种做法导致了中国儒学的式微。

就康有为而言，不管是"援西入儒"还是"以儒化西"，都是试图利用"中学中理"去套"西学西理"。虽然"以西化儒"阶段曾一度试图用"西学西理"去套"中学中理"，但是康有为最终的归宿仍然是"以儒化西"。所有这些都表明，康有为对待儒学和西方科学的态度是十分明确的，中国学者理应采取"以儒化西"的立场。为了建立民族自信与自尊，康有为的道路应该值得深思，这可能是复兴儒学传统的必

---

① 冯友兰：《中国哲学史新编（下卷）》，人民出版社2007年版，第401页。

由之路。英国著名历史学家汤因比认为世界统一是避免人类集体自杀之路，而中国会起到重大的作用。对此一问题的讨论，汤因比说：

> 全人类发展到形成单一社会之时，可能就是实现世界统一之日。这种统一不是靠武力，而是靠和平。而和平统一一定是以地理和文化主轴为中心，不断结晶扩大起来的。这个主轴在东亚，中国的可能性最大。……将来统一世界的人，就要像中国这样具有世界主义思想，同时也要有达到最终目的所需要的干练才能。他主张，世界统一是避免人类集体自杀之路。在这一点上，现在各民族中具有最充分准备的是两千年来培育了独特思维方法的中华民族。①

但是梁启超称康有为是"宗教家"，并以"孔教之马丁路德"誉之。这不仅在事实上偏离了中国儒家的真实面目，又抹杀了中华文明的特殊性。但是，中华文明最关键的元素是"无彼岸""无天堂"，只有这样，才能够倾注其全力把"此岸"建成"彼岸"，把"人间"变成"天堂"，所以我们认为这本身就是儒家的优势所在。中华文明未来的复兴也只有沿着这条"无彼岸""无天堂"的道路走下去，而不能一味效仿西洋之模式。所以，康氏试图建立孔教的做法是行不通的，这是他的失误的地方。②

当今世界，很多冲突和战乱皆源于宗教。因此，宗教无论何时都不能成为普世价值，因为宗教必然只是一部分人的宗教，它无论有多么神奇的力量都无法将世界上所有民族凝聚在一起，还有可能成为纷争战乱的导火索。儒家"仁者爱人""和而不同"的思想，以及"天下为公"的大同理想都是普世价值的基础。西方所谓普世价值如果也能恪守儒家的这些价值理念，那么叙利亚的悲剧不会出现，就不会为了追求一己之利去利用科学自相残杀。

康有为的儒教思想显然走不通，但是他提出的普世价值问题是否有实现的可能？笔者以为，中国儒家"和而不同"的思想将成为普世价

---

① 汤因比、池田大作著，苟春生等译：《展望二十一世纪——汤因比与池田大作对话录》，国际文化出版社1985年版，第294—295页。
② 张耀南：《中国儒学史》，北京大学出版社2011年版，第303页。

值的基础。可以说，儒家不必建立一种宗教形式，综观世界，没有哪一种宗教能够避免战争，普世价值不可能是宗教伦理。当今世界既不是纯宗教的，也不是纯世俗的，而是宗教与世俗的统一，而儒学正好兼具这两者的特性为一身。正如季羡林先生所说："在孔子还活着的时候以及他死后相当长的一段时间，只能称之为'儒学'，没有任何宗教色彩……。到了唐代，儒、释、道三家就并称为三教。到了建圣庙，举行祭祀，则儒家已完全成为一个宗教。"①

罗素指出："一个人可以是佛教徒，同时又是孔教徒，两者可以并行不悖。"② 因此能够充当宗教价值观与世俗价值观结合的文化只有儒家文化，它既是宗教又不是宗教。儒学的两重性决定了儒学对外来文化采取较为宽容的态度。因此，儒家诸如"己所不欲，勿施于人""以和为贵""己欲立而立人，己欲达而达人"等价值观完全可以成为引领世界潮流的"普世价值"。

四 儒学的核心价值对工具理性的现代科学有纠偏之功

儒学的"仁者爱人"与"和而不同"的德性价值指向与科学作为一种工具理性问题的矛盾源自古已有之的"尊德性"与"道问学"之间不可调和的对立。目前的世界格局以西方为主导，它强大的话语权之下是其深厚的经济实力的支撑，而这种经济实力主要基于其超越其他发展中国家的科学技术水平。在这种形势下，我们要接受西方所谓民主、科学为旨归的价值观，还是依靠我们几千年沉淀下来的传统儒学，我们必须做出一个选择。而随着儒学的式微，它要想摆脱游魂状态，获得永久性生命力，成为21世纪的主导价值观，就必须高扬它价值理性中"和而不同"的态度，就必须在坚持自己原则的基础上创造出一种既融会平等、民主的诉求，又拥抱工具理性的科学技术的新儒学，这才是儒学未来的发展大道。因为科学的汹涌向前，如果没有一种德行的价值理性来规范，那么科学发展最终的结局是走向人类的反面。因此，未来的世界儒家价值的张扬能够佑护科学保持正确的发展方向。列文森强调中国从来不乏科学，但是始终没有形成一种不断积累的科学传统。列文森说：

---

① 季羡林：《儒学？儒教？》，《文史哲》1998年第3期。
② 罗素：《中国问题》，学林出版社1997年版，第150页。

近代以前，中国曾有过重要的科学成就，近来的研究已开始向我们显示出它的影响是多么的深远。但是在整体上，儒家文人始终对此不感兴趣。……如果近代被迫在他的文化遗产中寻找其科学的存在，那么，这不是因为他们的祖先生来就不能发展科学传统，而是他们根本就不愿意这样做。①

"仁"学思想可以说是儒家价值理性最实质、最核心的代表。但是在"在20世纪初东亚知识分子的反思中，和平被看作软弱，宽容被看作无能，和谐被看作征服自然的障碍，传统的道德理想和价值被看作束缚近代化步伐的绊脚石。"② 可是，从近百年人类历史特别是东亚地区或者从以东亚地区占主导地位的中国大陆地区来说，我们看到的现象是不忍直视的遗憾和悲剧——科学技术第一，工具理性置于首位以及对传统儒家价值的背离。

工业革命使西方国家收获了富强，但是民主制度是否普世？这个还很难说。以美国为首的西方国家，为了一己之利，用武力染指全人类，综观世界，哪个生灵涂炭的国家没有留下美国人的痕迹？我们试问，人类的"普世价值"是否就是西方的自由、平等、民主的价值理念？以美国为首世袭的罗氏家族、摩根家族、洛克菲勒金权家族是否在企图控制全人类？我们有理由相信人类的未来所将面临的不是什么千禧年的光明，而将是千年黑暗。工业革命取得的文明成果或许也会被工业文明持续发展所毁灭。③

我想这样的悲剧性的后果只有儒家的"仁学"思想才能完成扭转。正如1988年法国《堪培拉日报》刊登的75位诺贝尔获得者的联名倡议："如果人类要在21世纪生存下去，必须要回到2500年前，从中国

---

① 列文森著，郑大华、任菁译：《儒教中国及其现代命运》，广西师范大学出版社2006年版，第11—12页。
② 陈来：《孔夫子与近代世界》，北京大学出版社2011年版，第116页。
③ "地球的2/3多余人口将被转基因、毒疫苗、艾滋病、其他人工病毒和化学毒食物链无声灭绝，残余奴隶将被芯片锁定。这一切本来是15世纪地理发现和全球化运动以来资本主义向全球帝国主义演化早已设定的宿命。"（摘自2015-09-09中国将军政要网发表的文章《追思毛泽东》。）

孔子那里寻找智慧！"① 这个不平凡的宣言，点燃了整个世界研究、学习中国传统文化的圣火，这种圣火的力量必将融解世界上仇视中国的任何力量，必将打破冰封的中国学术界、文化界等传统文化研究的藩篱。

儒家的智慧在于："己所不欲，勿施于人""以和为贵""和而不同""己欲立而立人，己欲达而达人""天人合一""民胞物与"以及"仁义礼智信"等价值理念。所有这些都是西方国家需要借鉴的，因为缺少了这些，即使在自己的国度里发展得再好，若是以牺牲他人，牺牲别国为代价，即便再富强，国民得到的福利再多，那都不是福祉，都是残缺的，不健全的。任何不义的战争都注定迎来失败的命运。从鸦片战争到清末民初漫长的黑夜里，中华民族惨遭帝国主义的蹂躏，可是我们仍然屹立在世界的东方。当年兵败滑铁卢的拿破仑得知英国准备用武力征服中国的时候，拿破仑感到深深的不安，他认为这不是一个文明人所应采取的理智之举，他的话至今仍然发人深省："中国是一个多病的、沉睡的巨人，但是当她醒来时，全世界都会颤抖！"②

晚年的康有为，以其敏锐的洞察力和一以贯之的尊孔精神，执着于中国社会进步，在中国人精神解放的道路上不辍耕耘，康有为像一个先知，是掀起社会进步的弄潮儿。在戊戌变法时期，改革派人士对他的支持更多是着眼于他所倡导的政治改革方案，而不是方案背后的思想基础。人们对于其思想的认知并不全面，其实，他的思想是远远超越具体改革方案的。即便在被社会否定的日子里，他被冠以"保皇派""复辟派""保守派"帽子的时候，他仍然不向时局屈服，仍然顽强地坚持战斗，在思想领域里独行。他所坚持的不是简单抛弃传统文化，而是通过对传统文化的重新解释来实现近代中国的转向；通过对传统文化的重释寻找一条稳健的社会改革的道路，这也正被我们如今的政府所采用。所有这些，比起激进主义者似乎更符合我们的国情，也似乎更有出路。就当时的时局来言，他的思想认识明显超出了他所处的那个时代，这注定了他晚年只能是一位孤独的先知，带着遗憾，带着时人对他的误解黯然离场。

---

① 1988年7月1日法国《堪培拉日报》刊登了75位诺贝尔获得者发出了联名倡议。山东省博物馆孔子展厅一进门也是这句发人深省的格言。
② 曾纪鑫：《千古大变局》，九州出版社2015年版，第17页。

康有为早年的批判思想客观上引发了经学的湮没，这显然有违他的初衷。"中国经学的瓦解，从康有为肇其端，到章太炎摧其体，再到胡适之挖其根，前后经历了半个世纪之久。"① 他原也无意要消灭传统，只是他坚定地认为当时的现状是必须从传统中解放出来，在这个前提下再回到传统经学中进行创新和升华。因为他清楚，没有了传统，他所谓的创新也就失去了载体。民国之后，新文化运动所激发的"全盘西化"的狂潮，那股反传统的飓风，使整个传统遭遇覆灭的危机。我们首先要明白一点，康有为新思想铺路在先，这是一个不争的事实。作为一代大儒，他无法容忍传统的消失，于是五四运动之时他站出来极力捍卫传统，成为反对者也就不足为奇了。

在孔教运动中，康有为的孔教说一方面适应了反对帝国主义文化侵略的需要，另一方面反映了科学与宗教两分的文化新格局。康有为的孔教观不能仅仅被扣上落后、反动、保守的帽子。我们要重新审视康有为的宗教观。所以，如何正确客观地评价康有为，是摆在我们面前的一个崭新的课题。康有为以"筚路蓝缕，以启山林"的抱负开启他利用东传科学重构今文经学的努力，虽然他对于儒学体系的构想亦不尽完善，但是他打开了儒学未来的种种可能性。

《大哲学家》的撰写者雅斯贝尔斯把孔子誉为思想范式的哲学家，把他的根本思想归纳为"借对古代的复兴以实现对人类的救济"②。孔子身处在那个帝国解体的困境中，在战乱和动荡的时代里，他一直是坚守理想、试图拯救国家的先进的中国人。孔子只希望自己是一个普通之人，而不是一个"圣人"，但最终孔子被奉为神明。③ 而康有为自命为"圣人"，生前与身后都饱受非议，但是不可否认，他依然是一个试图融汇中西以求"通经致用"来拯救社会的最伟大的思想家之一。诚如干春松说的，"如果存在一个儒家的新发展的起点，那么这个起点就只能是康有为。如果你要为儒学的现代发展贡献力量，那么，追随康有

---

① 朱杰人：《把经学还原成一棵生命不息的大树》，《光明日报》2015年8月31日。
② ［德国］卡尔·雅斯贝尔斯著，李雪涛等译：《大哲学家》，社会科学文献出版社2005年版，第115页。
③ ［德国］卡尔·雅斯贝尔斯著，李雪涛等译：《大哲学家》，社会科学文献出版社2005年版，第153页。

为"。① 这虽然对康有为的评价有过高之嫌,但是,也充分显示了康有为的价值。康有为晚年因时代的冷遇而遭到时代滚滚车轮的碾压,并不能掩盖他思想上闪闪的光辉,他思想探险的行程从未被中止过。他不断地超越时代,不断地超越自己,在比较文化中重建中国文化成为他矢志不渝的目标。

五 康有为儒家经典诠释客观上促进了儒学的现代转型

在康有为竭力把东传科学与儒家孔孟学说结合的过程之中,包含着康有为试图将传统儒学向现代转化的探索和努力。就这一点来讲,康有为可以说是近代中国试图使传统文化与现代社会对接,特别是使儒家孔孟学说向近代社会转向的探路人。②

康有为把中国的"国魂"断言为"孔子之教",充分地反映其思想上的保守和局限。然而,他提出保存和发扬"国魂"的问题却不是毫无意义的,它实际上包含着保存和发扬一个国家的民族文化和精神的问题。康有为在游历各国时,看到各国对于本国历史名迹古器的保护,甚有感触,为此他写了一篇专文来论述保护历史名迹古器的重要性和必要性。然后他直陈其重要作用,对审美之学、思古之情关系重大,更利于光耀中国之文明,"数千年之精华,可以兴起后人之志,可以观感后人之美,可以著耀中国之文明,而发扬光美之"。③ 他严厉批评那种徒知眼前一时一己之用,而去破坏千年历史名迹古器的愚蠢无知行为。他说,那些历史名迹古器,虽然有些只是空室败墙,但它能"令游人徘徊焉、踯躅焉、感动焉、兴起焉,此所谓无用之用也"。④《诸天讲》是康有为最后一部专著,据其自序中说,他在二十八岁时即作有"诸天书",由于感到"谈天岂有尽乎?故久而未布"。1926 年,他在上海创办"天游学院",讲学中经常涉及诸天之论,门人们请其刊布此书,于是他才整理旧稿,重新修订,编辑成书,作序付印。可惜第二年(1927)春,康氏即去世,未及亲见此书的出版。以后由于战乱,一直

---

① 干春松:《康有为与儒学的新世》,华东师范大学出版社 2015 年版,第 176 页。
② 唐明贵:《康有为对传统儒家经典的新阐释》,《聊城大学学报》(哲学社会科学版) 2002 年第 1 期。
③ 楼宇烈:《康有为与儒学的现代转化》,《孔子诞辰 2540 周年纪念与学术讨论会论文集》,上海三联书店 1992 年版。
④ 楼宇烈:《康有为与儒学的现代转化》,《孔子诞辰 2540 周年纪念与学术讨论会论文集》,上海三联书店 1992 年版。

到 1930 年此书才得正式出版。在书中，康氏广引历代史书天文志、佛典中的谈天资料，以及当时译出的各种天文学西书，除论述一般天文学知识外，还借题发挥地阐述了他的一些哲学观点。在书后的附篇中，康氏对爱因斯坦相对论提出了异议。在一封家书中，他又提出要在此处加上两句话："爱恩斯坦摒弃以太，发明万有引力之光线为圆锥曲线，为奈端（牛顿）所不及。"由此可见，康氏对当时新的自然科学理论也十分关心。康有为在批评"全法欧美"的观点时，对抽象的"自由"口号提出了特别的批判。就像是康有为在《物质救国论》中一针见血指出的，"若谓欧美人得自由，则大谬之论也"。

在对自由观念的分析和批判的过程中，康有为同时也奢谈"'自由'在中国古已有之，且已行之二千多年，然而在目前还是先少谈点为好"等，这完全是理论上的混淆和认识上的错误。但是，他根据欧美各国的社会政治现实，对鼓吹抽象"自由"观念的批判，对不存在任何"无限之自由"的分析，其认识水平在当时来讲，是远过于那些自以为最了解欧美的"全法欧美"派的。即使在今天，康有为的某些批判和分析，也还是值得那些在自由观念上存在着这样那样模糊想法的人们去品鉴一番的。

《康南海自编年谱》中，康有为言道，"既念民生艰难，天与我聪明才力拯救之，乃哀物悼世，以经营天下为志"。[①] 在与西方的接触中，康有为认识到，清朝衰落的原因不仅仅在于器物，更重要的是制度，因此他力主革新，提倡今文经学。他大胆设想证伪古文经典，奉孔子为圣王、神明教主。在对待西方的态度上，他也积极地学习西学，接受进化论的思想，以新的视野来重新诠释孔子，使渐远于现实的孔学思想重新获得了可以解释世界的能力，在当时有振聋发聩的作用。但是究其根本，他只是一个站在今文经学立场上的儒生，虽然进化论思想使其知识体系颇有新意，但其思想深处仍然是儒家的血统，因此他一直以孔学的继承人而自居。

"西学东渐"过程中东传科学的传播在中国近代仍然对传统儒家知识分子和官僚士大夫阶层产生极大的影响，这一时期倡导实学的学风盛

---

① 梁启超：《康有为传》，（附录《康南海自编年谱》），团结出版社 2004 年版，第 96 页。

行。鸦片战争之后，西学也以空前的规模冲击着中国传统文化特别是中国传统文化的主流——儒学，在内忧外患危机日益加剧的时代冲击下，面对西方文化带来的挑战，儒家知识分子都在思考如何在新的历史条件下来阐述儒学思想和政治主张。当时影响最大的是洋务派，洋务派强调儒学除了自身守道之外，还应重视"辅世""救世"等观点，并提出了"中学为体，西学为用"的思想。

洋务派提出的这个口号反映了西学冲击下中国传统儒学企图通过吸收西方新学来弥补自身缺陷的努力，目的是力求挽救当前的社会危机。洋务派之后，以康有为为首的维新派登上历史舞台不仅成为中国历史的转折点，也成为中国儒学史的转折点。以康有为为首的维新派打出了"孔教复原"的旗帜，继承了今文经学的传统，发挥了《春秋公羊传》的思想学说来实现对儒学的改良和维新。康有为做出很多尝试改造儒学的努力，他将西方的自由、平等、博爱等学说以及西方的社会进化论与公羊"三世"说相结合以达到倡导变法、变道的目的。康有为的这种努力从理论上突破了古典儒学"仁本礼用"的定式，将西方近代自然科学知识及其哲学范畴和传统儒学的"元""气""仁"等范畴相结合。不仅孔子是古代先圣的化身，而且孔子的"仁"也成为近代的人道主义的重要资源。尽管康有为的思想体系有诸多的矛盾，但是那也是在儒学面对西学日盛的挑战时所做出的变通和理论回应。康有为改造后的今文经学为传统儒学在近代的转型提供了新的思路和崭新的视角。

20世纪初期，以孙中山为首的革命派对维新派首先发难，掀起批孔的高潮。孙中山批评《四书》和《五经》让人们"养成其盲从之性"，章太炎批评儒学是"中国的祸本"。新文化运动的兴起使得中西文化之争成为思想界争论的主题，在以西方的民主和科学为主流的时代背景下，思想文化领域出现了以胡适为代表的反传统的思想，他们认为儒家文化是与民主科学相对立的东西，是阻碍中国进步的根本原因，而孔子是儒家文化的总根源，因此出现了中国社会要进步要发展就必须"打倒孔家店"的口号，对孔学展开全面的批评。十年"文革"时期的批孔就是否定整个传统文化，孔子被视为中国传统文化的代言人遭到彻底批判，从此孔子变成了反动分子，中国传统文化也成了历史的垃圾。在20世纪，除了批孔主流之外，还出现了同情并理解孔子及其儒学的知识分子，他们认为孔子及其儒学是中国文化的基础，即使在现代化进程中仍然具有重要的参考价值。

康有为的"两考"一经出版，立即引起轰动，在学界和士大夫阶层广为流传。内容主要是力攻刘歆，谓"六经"皆其伪造。"两考"巧用了古人"经学"的酒杯，浇开了现实社会人们试图寻求"救国良策"的心中块垒，构成了康有为变法维新的两大理论支柱，在当时的知识界和士大夫阶层引起了共鸣。

《新学伪经考》翻出了今古文之争的旧案，借题发挥，把汉代以后两千多年的经典都斥为伪经，从根本上动摇了道统的根基，对旧的学术思想及其赖以生存的意识形态具有极大的破坏作用。《孔子改制考》则在《新学伪经考》清算两千年经学传统的基础上重塑道统，将两千年经学历史视为空白，这不管是原始儒学还是西汉董仲舒对于孔子的解释都是石破天惊之举。康有为执意要把经过历代改造的孔子返璞归真，目的是为了根据自己的需要改造孔子，把涂在孔子脸上的层层油彩去尽是为了对孔子进行重新打扮，建立新的道统，然后再去打着道统的旗号宣传自己的主张。

然而就其实质而言，历代思想家对于道统的重新解释无不打上了时代的烙印。一般而言，众多的对前代道统的继承发展和对儒家经典的重新解释，都表达了时代的要求，能够被学术界和思想界所接受，一般也容易被统治者所采纳，即成为社会和官方认可的道统学说。因此，康有为选择用今文经学的阐释来达到他的目的，去完成一种新的社会政治学说的理论体系。作为今文经学的根据，孔子的学说就成了日后道统的出发点。所以说，从某种意义上，汉代今文经学本质上就是历史哲学，他的使命是对中国历史上王朝更替和社会变革提供合法的理论根据。经过董仲舒改造过的孔子之学成了解释的依据，孔子也就理所当然地成为道统的"素王"。

清代汉学涵盖的学问不只包括传统的经学，还包括了西方传教士引入的"西技"，而且汉学在天文历算方面也多有建树，许多学者既通经书也长于历算。这种路向使得学者跳出单纯治经的圈子，扩大了学问的范围，为自然科学的传入和实证思想的形成创造了条件。清朝中叶以后，随着清政府统治的衰落和民族危机的来临，各种经世致用之学再度兴起。晚清今文经学、诸子学的发展，令经学很难维持以往的大一统的格局。在这样的学术背景之下，复兴经学的重任自然就落到了处在风口浪尖的康有为身上。

康有为把孔子重新推上至圣先师的神圣殿堂。特别是《孔子改制考》一书，神化孔子与重塑道统成为显著的两大特点。在卷一和卷二中，康有为略作论证就引出了正题，在卷三的《诸子创教改制考》中开始接触到此书的核心问题。康有为为了使这一敏感问题的论证更具说服力，不惜笔墨有意迂回，先抛开孔子，从先秦诸子入手，指出先秦诸子著书立说，自成体系，无不都是对先人的学说有所改动，由此才有了中华文明的再创造。

康有为在卷四的《诸子改制托古考》中，谈到其文化思想体系的"托古"的重大论题。他指出中华民族的传统就是"容古而虐今，贱近而贵远"，这也成为人们的一种普遍的情感。康有为利用这一点力图证明的是，"托古"在前人那里无非是工具性的东西，它本身不是目的。托古的目的是为了创立新的思想文化。所以，看完这篇我们再也没有理由去证明康有为守旧、复古。

康有为通过《孔子改制考》一书，把孔子改造成为先秦时代的最为伟大的改革者。他认为孔子出身布衣，但是有着鸿鹄之志，自称素王，把尧舜同文王视为改革的先驱者，并利用他们来强化自己的改革主张，同时又把传统的尧舜之治加以美化，作为社会发展的目标。经过这番改造，两千多年前的孔子和现在的康有为在实质上已经合一了，这也正是他的目的所在。一方面，他自认为上承孔子的道统而成为当今素王，坚信中国社会将会在他的改造中发生一次深刻的变革；另一方面，他也深知孔子及其儒家道统已经形成至尊地位，以孔子畅行变法会大大减少改革的障碍，争取更多支持者。因此康有为改造孔子的真实目的在于利用孔子以达到改造现实的意图。

康有为认为"六经"是孔子为"托古改制"而作，从而把孔子打扮成一个改革家的形象，主张革新和进步，反对守旧和落后。他肯定《春秋》是孔子改制创作之书，孔子之所以被尊为教主，是因为他写成了不朽的"六经"，他批评前人说孔子"删述六经""述而不作"的说法，因为他把孔子塑造成托古改制的创始人。他认为自己作为一个改革家是对孔子"托古改制"思想的继承和发扬，从而加强了维新变法理论在开明官吏和士大夫中的渗透力和号召力。

康有为在《孔子改制考》中运用公羊家"通三统"的学说论证夏、

商、周是因时改革，而不是沿袭旧制；是沿着"据乱世""升平世""太平世"递嬗发展，用鲜明的进化论的历史观作为推进维新变法的思想武器。康有为利用今文经学"变易"的哲学思想糅合"三统""三世"学说，用历史进化论的观点附会"公羊"学说，把中国社会作三个阶段的分期："据乱世"（君主专制时代）、"升平世"（君主立宪时代）和"太平世"（民主共和时代）。他说历史的发展就是沿着这样的发展阶段，是从低级向高级不断发展的。他强调从据乱世向升平世发展的必然性，要救国就要太平，就要改制，只有改革才能到达最终的太平世的盛世局面。从而论证了维新变法的必然性。应该指出，康有为在这里只是运用了今文经学的躯壳，而进化论才是其主宰一切的灵魂，因而在康氏那里让人看到的是充满惊世骇俗的新颖理论，在处于封建桎梏和学问饥渴中的知识界、思想界中引起了轩然大波，虽然遭到顽固派的仇视，但是在客观上促进了学术界解放的潮流。

试想封建经典风靡两千年，已经成为"无一人敢违""无一人敢疑"的神圣不可侵犯的教条，突然在康有为这里被宣布为废纸一堆的时候，这本身就是维新思潮的胜利。康有为通过对"新学"与"伪经"的考辨颠覆了古文经学在清代学术界的统治，重新树立起今文经学的学术权威。

结　论

近代中国面对中华民族亡国灭种的时代议题，从刘逢禄开其端，各派学者纷纷通过对儒家经典文本进行注疏、训解与阐释来阐发"经世致用"的思想特质以构建其独具特色的思想理论体系。及至康有为，他吸收前人研究成果，在戊戌变法前后，流亡印度大吉岭、旅居欧美期间，一直孜孜不倦地进行"援西入儒""儒西并尊""以儒化西"的儒家经典的诠释活动，其"尊儒""尊中"的特征一直是其一生治学活动的主线。康有为利用西方自然科学和社会科学知识对儒家经典文本进行现代性阐发，意欲"以今学反拨伪古，以大同代替旧制，张孔学大道，绘改制蓝图"①，出色发挥"春秋公羊"三世说，循今文经学脉络对儒家经典文本予以创造性阐发。因此，对康有为儒家经典诠释的一系列专著、杂文、诗文以及政论文等进行深入探究具有重要价值。

中国哲学史就是一部经典的诠释史，不同时代有不同的经典诠释的文本，共同促进了中国哲学的发展。清末民初是一个大变动的时代，西方文明冲击下的儒学亦步亦趋，处境十分艰难，而康有为以儒为本，积极汲取西方科学知识以达到建构其今文经学体系的目的。康有为借今文经学的微言大义，通过对孔子形象的重塑，将其打扮成托古改制的祖师，也是"康有为学习西方，想走西方宗教改革道路的结果"。② 以康有为儒家经典诠释为契点，深入探究经典诠释使中国儒学呈现的基本样式，随着研究的深入，必将带来中国儒家哲学研究主题的变奏和理论格局的重组，而这种变奏和重组又会促使学界对既有的中国哲学研究范式进行更加深入的讨论，因此，康有为儒家经典诠释研究具有重要意义。

---

① 柳宏：《康有为〈论语注〉诠释特点论析》，《广东社会科学》2008年第6期。
② 宝成关：《西潮与回应——近四百年思想嬗替研究》，吉林人民出版社2004年版，第90页。

儒家经典是中国哲学智慧与现实生活相结合、走向与其他学科交叉的需要。通过对康有为儒家经典诠释与西方的政治思想、经济思想以及科学思想的掘发,将儒家经典所蕴含的哲学智慧与现代管理相结合,并且在实践上做出了各种形式的有益探讨。

李泽厚对康有为一系列的政治活动基本上持批判态度,而对"他的思想创造力和政治设计则不断正面化,且评价越来越高,常有引之以为同道之感。"① 以康有为儒家经典诠释为切入点来把握康有为的学术风尚及价值追求的转移。每个时代都有其独特的学术风尚,从而导致对经典注疏、训解方式以及理论思考重心的转移。康有为立足于今文经学的视角认定刘歆、曾子等"遮蔽了孔子改制的历史真相,从而湮没了孔子三世之法"②,从而致使中国社会的停滞不前甚至成为近代落后挨打最根本的原因。在儒家经典诠释方式上,康有为处在清末民初这一特定时期有着不同的治学方式、学术标准与问题意识,而解经方式的转移表现得非常明显。通过对康有为儒家经典诠释研究,对诸如学术风尚等是如何形成、转移的,而这种形成与转移又在多大程度上取决于学术发展的内在理路与外缘因素等问题的探究都具有重要的学术史意义。"在近代化这样一种急剧的历史变动时代,重新评价日趋消亡的固有文明的价值,并将之确认、提升为支撑民族生存的不可缺少的文明要素,构成世界近代思想发展史上的一支重要的思想系谱,在这一思想系谱之中,康有为是一位具有代表性的存在。"③

清末民初,面对中华民族亡国灭种的时代议题,从刘逢禄开其端,各派学者纷纷通过对儒家经典诠释注疏、训解来阐发"经世致用"的思想观念以架构其理论体系。及至康有为,他吸收前人研究成果,"援西入儒",利用西方自然科学和社会科学知识对儒家经典进行现代性的阐发。中国对西方现代性的汲取将成为多样现代性的一个重要的例证,"即这些思想在与中国社会融汇的过程中所创造的新的传统"。④ 因此,如何循今文经学的脉络对康有为儒家经典诠释文本予以梳理,以探讨康有为儒家经典诠释在西方科学视域下的面貌、特征及社会功能等问题。

---

① 干春松:《从康有为到李泽厚》,《读书》2012年第2期。
② 曹润青:《康有为〈论语〉观析论》,《中国哲学史》2018年第4期。
③ 朱忆天:《康有为的改革思想与明治维新》,上海人民出版社2011年版,第239页。
④ 干春松:《从康有为到李泽厚》,《读书》2012年第2期。

通过此一议题的研究，可以窥探清末民初那个特殊的时代，儒学思想受到西方文明冲击所呈现的基本面貌、时代特征以及社会功能等问题。康有为儒家经典诠释研究不仅有助于揭示康有为儒家经典诠释在清末民初特定历史时期的基本形态，考察儒学传承、创新、流传之间的关系；有助于从经典诠释的视角具体把握经学嬗变、学派分合、学术风尚与研究旨趣的变化，经学范式与学术视域的转换以窥见儒学本身非常强大的生命力及其现当代价值；还可以从经典诠释的角度，考察、探索儒家学术在不同时代得以传承与创新的内在机制。

通过康有为儒家经典诠释问题研究，不仅有助于深化对儒家经典的认识，而且有助于在当今时代更全面地思考儒学如何发展，从而为当代中国民族精神的弘扬与中华优秀传统文化的传承与创新提供重要启迪。"欲使儒学在现代化社会发挥应有的作用、影响，首先必须对它认真作一番深入的梳理、辨析、提炼的工作，给予符合时代精神的合理的、有说服力的现代诠释。"① 一方面，通过对康有为儒家经典诠释研究可以进一步关注经典文献与学术思想的关系，并借鉴西方诠释学的方法开展中国经典诠释研究，弘扬中国传统经典诠释的思想智慧，从而深化和拓展中国哲学的研究，让传统经典成为人类智慧的源头活水；另一方面，通过对康有为《论语注》《孟子微》《中庸注》等著作以及对《易》《春秋》等进行西式的、创造性的、经世致用的解读，力求古为今用、洋为中用的目的，力求将国家治国理政以及国家的政策决策置于良性、持续、和谐的发展轨道。"经世致用"是康有为儒家经典诠释的重要特色，"百家众技，凡有立于世者，其中各有精妙，有可观览，凡人自可学之以致用，但若欲经世立教，致之远大。"② 康有为一直强调"学以致用""经世之学"的重要性，他认为唯有如此，才能"致之远大"。"几千年来作为中华文明核心价值的儒学，是同中华民族生死与共的，它的根系永远存活在中国人的肌体中。这个星球上只要一天还有中国人，儒学就会存在一天。"③ 因此，对康有为儒家经典诠释进行深度研究，揭示其演变与发展的基本脉络，探讨儒家经典与学术思潮发展之间

---

① 张锡勤：《儒学在中国近代的命运》，人民出版社2011年版，第253页。
② 康有为著，姜亦华等编校：《康有为全集》（第6集），中国人民大学出版社2007年版，第531页。
③ 郭沂：《中国之路与儒学重建》，中国社会科学出版社2013年版，第100页。

的内在联系，对不同学派在儒家经典的诠释与哲学体系建构方面的学术特色与思想创新作系统阐述和比较研究，以期发掘中国传统诠释学的类型和特征，寻找中国哲学的本土化特色，探究儒学新解与异质文化相容性问题，"如果我们期待有一个新的儒家复兴，或者儒学的第三期和第四期的发展，那么这个新儒学必然是建立在儒家的经典基础之上。现代的教育中断了经典的传承谱系，甚至怀疑经典在一个价值系统中的绝对地位，这样的新儒家是不可想象的。尽管康有为的公羊学立场和对于古文经的怀疑，是经学瓦解的一个环节，但是我们认定康有为是现代儒家的开创者，这是因为康有为是始终站在对儒家经典的重新解释的基础上展开儒家的现代性叙事"。① 因此，康有为儒家经典诠释研究具有重要意义，可以进一步探究儒家内圣学与外王学的拓展以及儒学现代化转型的动因与途径，从而为构建当代新儒学提供借鉴。

---

① 干春松：《康有为与儒学的"新世"——从儒学分期看儒学的未来发展路径》，华东师范大学出版社2015年版，第174页。

参考文献

一 基本古籍

康有为著:《康有为全集》(第1集),姜义华、吴根梁编校,上海古籍出版社1987年版。

康有为著:《康有为全集》(第2集),姜义华、吴根梁编校,上海古籍出版社1990年版。

康有为著:《康有为全集》(第3集),姜义华、吴根梁编校,上海古籍出版社1992年版。

康有为著:《康有为文选》,姜义华、张荣华选注,百花文艺出版社2006年版。

康有为著:《康有为与保皇会》,上海文物保管委员会编,上海人民出版社1982年版。

康有为著:《戊戌变法前后康有为遗稿》,上海文物保管委员会编,上海人民出版社1986年版。

康有为著:《康有为遗稿·列国游记》,上海文物保管委员会编,上海人民出版社1995年版。

康有为著:《各国比较铁甲快船表》,北京故宫博物院藏内府抄本光绪二十三年列国政要比较表。

康有为撰:《康有为集》(八卷十册),马洪林、卢正言编注,珠海出版社2006年版。

康有为撰:《康有为全集》(共12集),姜义华、张荣华编校,中国人民大学出版社2007年版。

康有为著:《康有为:大同书》,杨佩昌整理,中国画报出版社2010年版。

康有为著:《大同梦幻》,姜义华、张荣华选注,百花文艺出版社2002年版。

康有为撰：《日本变政考》，紫禁城出版社1998年版。

康有为著：《康有为诗文选译》，桑咸之、阎润鱼译注，巴蜀书社1997年版。

康有为撰：《康南海自编年谱》，楼宇烈整理，中华书局1992年版。

康有为编：《春秋董氏学》，楼宇烈整理，中华书局1990年版。

康有为著：《诸天讲》，楼宇烈整理，中华书局1990年版。

康有为著：《长兴学记》，楼宇烈整理，中华书局1988年版。

康有为著：《物质救国论》，长兴书局1919年版。

康有为著：《康子内外篇》，楼宇烈整理，中华书局1988年版。

康有为著：《孟子微》，楼宇烈整理，中华书局1987年版。

康有为著：《康有为政论集》，中华书局1981年版。

康有为著：《论语注》，楼宇烈整理，中华书局1984年版。

康有为著：《诸天讲》，楼宇烈整理，中华书局1990年版。

康有为著：《孟子微·礼运注·中庸注》，楼宇烈整理，中华书局1987年版。

康有为著：《春秋董氏学》，楼宇烈整理，中华书局1990年版。

康有为著：《大同书》，北京古籍出版社1956年版。

梁启超著：《康有为传》（附录《康南海自编年谱》），团结出版社2004年版。

梁启超著：《南海康先生传》，载《饮冰室合集·专集之七十三》，中华书局1986年版。

康有为著：《康有为集》（八卷十册），马洪林、卢正言编注，珠海出版社2006年版。

（清）皮锡瑞著：《经学通论》，中华书局1954年版。

（宋）朱熹：《四书章句集注》，中华书局2011年版。

《周易正义卷首·论卦辞爻辞谁作》，上海古籍出版社，1997年影印阮刻《十三经注疏》。

二 相关论著

鲍国顺：《清代学术思想论集》，高雄复文图书出版社2002年版。

[德] 卡尔·雅斯贝尔斯著：《大哲学家》，李雪涛等译，社会科学文献出版社2005年版。

陈壁生：《经学的瓦解》，华东师范大学出版社 2014 年版。
陈来：《孔夫子与近代世界》，北京大学出版社 2011 年版。
崔大华：《儒学的现代命运》，人民出版社 2012 年版。
陈卫平等编：《反思：传统与价值》，上海文艺出版社 1991 年版。
陈卫平：《第一页与胚胎：明清之际的中西文化比较》，上海人民出版社 1992 年版。
陈其泰：《清代公羊学》，上海人民出版社 2011 年版。
丛振：《敦煌游艺文化研究》，中国社会科学出版社 2019 年版。
杜泽逊：《四库存目标注》（8册），上海古籍出版社 2007 年版。
杜泽逊：《文献学概要》，中华书局 2001 年版。
丁亚杰：《康有为经学述评》，花木兰文化出版社 2008 年版。
董士伟：《康有为评传》，百花洲文艺出版社 1994 年版。
冯友兰：《中国哲学史新编》，新华出版社 2007 年版。
冯达文、郭齐勇：《新编中国哲学史》，人民出版社 2004 年版。
方志钦主编，蔡慧尧助编：《康梁与保皇会》，天津古籍出版社 1997 年版。
冯天喻：《晚清经世实学》，上海社会科学院出版社 2002 年版。
方志钦、王杰主编：《康有为与近代文化》，河南大学出版社 2006 年版。
房德邻：《儒学的危机与嬗变——康有为与近代儒学》，台湾文津出版社 1992 年版。
费孝通：《乡土中国》，北京出版社 2005 年版。
高力克：《历史与价值的张力——中国现代化思想史论年版》，贵州人民出版社 1992 年版。
高伟浓：《二十世纪初康有为保皇会在美国华侨社会中的活动》，学苑出版社 2009 年版。
郭齐勇：《中国儒学的精神》，复旦大学出版社 2009 年版。
葛兆光：《中国思想史》，复旦大学出版社 2001 年版。
龚书铎主编，李帆著：《清代理学史》（中卷），广东教育出版社 2007 年版。
黄玉顺：《超越知识与价值的紧张——"科学与玄学论战"的哲学问题》，四川人民出版社 2002 年版。

黄玉顺：《追寻中国精神丛书》，四川人民出版社2000年版。

黄玉顺：《现代新儒学的现代性哲学》，中央文献出版社2008年版。

洪镒昌：《康有为孔子改制考研究》，花木兰文化出版社2009年版。

黄晶：《康有为传》，京华出版社2002年版。

何金彝、马洪林著：《康有为》，张岱年主编，吉林文史出版社1997年版。

胡逢祥：《社会变革与文化传统：中国近代文化保守主义思潮研究》，上海人民出版社2000年版。

蒋伯潜：《十三经概论》，上海世纪出版集团2010年版。

蒋庆：《政治儒学——当代儒学的转向、特质与发展》，生活·读书·新知三联书店2003年版。

蒋庆：《公羊学引论》，辽宁教育出版社1995年版。

刘星等主编：《中国哲学原著选读》，东南大学出版社2020年版。

刘星：《东传科学与康有为今文经学的嬗变》，中国社会科学出版社2018年版。

刘冰莉：《唐宋义兴蒋氏家族文化研究》，中国社会科学出版社2020年版。

刘宗贤等主编：《当代东方儒学》，人民出版社2003年版。

刘琅主编：《精读康有为》，鹭江出版社2007年版。

李华锋：《金诺克时期英国工党主导思想的渐进式嬗变》，《当代世界社会主义问题》2020年第3期。

李华锋、俞思念：《科学社会主义学科的"三大体系"建议刍议》，《科学社会主义》2020年第4期。

李泽厚：《康有为谭嗣同思想研究》，上海人民出版社1958年版。

李泽厚：《中国现代思想史论》，生活·读书·新知三联书店2008年版。

梁启超：《饮冰室合集·先秦政治思想史》，中华书局1989年版。

梁启超：《清代学术概论》，上海古籍出版社1998年版。

陆宝千：《清代思想史》，华东师范大学出版社2009年版。

牟宗三：《生命的学问》，台北三民书局1970年版。

苗润田：《解构与传承》，齐鲁书社2002年版。
苗润田：《中国儒学史·明清卷》，广东教育出版社1998年版。
苗润田等合著：《稷下学史》，中国广播电视出版社1992年版。
苗润田主编：《儒学与实学》，中华书局2003年版。
马来平：《科技哲学视野下的科学社会学》，人民出版社2019年版。
马来平：《科技与社会引论》，人民出版社2001年版。
马来平：《中国科技思想的创新》，山东科技出版社1995年版。
马来平：《哲学与文化视野中的科学》，广西人民出版社1991年版。
马来平：《理解科学——多维视野中的自然科学》，山东大学出版社2003年版。
马来平主编：《科学技术论原理》，山东科技出版社1991年版。
马来平：《科学的社会性和自主性：以默顿科学社会学为中心》，北京大学出版社2011年版。
马来平：《探寻儒学与科学关系演变的历史轨迹》，上海古籍出版社2015年版。
马洪林：《康有为评传》，南京大学出版社2011年版。
马洪林、何康乐编：《康有为文化千言》，花城出版社2008年版。
马洪林：《康有为评传》，南京大学出版社1998年版。
马洪林：《康有为大传》，辽宁人民出版社1988年版。
蒙文通：《宋明之社会设计·儒学五论》，广西师范大学出版社2007年版。
茅海建：《从甲午到戊戌》，三联书店2009年版。
钱穆：《中国近三百年学术史》，商务印书馆1997年版。
尚智丛：《明末清初（1582—1687）的格物穷理之学——中国科学发展的前近代形态》，四川教育出版社2003年版。
尚智丛：《科学社会学——方法与理论基础》，高等教育出版社2008年版。
尚智丛：《传教士与西学东渐》，山西教育出版社2008年版。
尚智丛：《西方科学哲学简史》，山西教育出版社2001年版。
宋德华：《近代思想启蒙先锋——康有为》，广东人民出版社2005

年版。

宋德华：《岭南维新思想述论》，中华书局2002年版。

申松欣：《康有为梁启超思想研究》，河南美术出版社1996年版。

沈顺福：《儒家道德哲学研究》，山东大学出版社2005年版。

［英］汤因比、池田大作著：《展望二十一世纪——汤因比与池田大作对话录》，荀春生等译，国际文化出版社1985年版。

汤志钧：《改良与革命的中国情怀》，香港商务印书馆公司1990年版。

汤志钧：《康有为与戊戌变法》，中华书局1984年版。

唐明贵：《宋代〈论语〉诠释研究》，中国社会科学出版社2018年版。

唐明贵：《论语学史》，中国社会科学出版社2009年版。

王学典：《把中国"中国化"——人文社会科学的近期走向》，上海人民出版社2017年版。

王学典：《历史主义思潮的历史命运》，天津人民出版社1994年版。

王学典：《二十世纪后半期中国史学主潮》，山东大学出版社1996年版。

王学典：《述往知来——历史学的过去、现状与前瞻》，山东大学出版社2003年版。

王新春：《自然视野下的人生观照：道家的社会哲学》，泰山出版社1998年版。

王新春：《周易虞氏学》（精装上下册），台湾顶渊文化事业有限公司1999年版。

王新春：《解读不尽的宝藏：神妙的周易智慧》，北京中国书店出版社2001年版。

王新春：《易纂言导读》，齐鲁书社2006年版。

王新春：《易学与中国哲学》，人民出版社2012年版。

吴熙钊：《南海康先生口说》，中山大学出版社1985年版。

吴泽：《康有为与梁启超》，全国图书馆文献缩微中心2005年版。

吴泽：《康有为与梁启超》，全国图书馆文献缩微中心2004年版。

汪晖：《现代中国思想的兴起》（上下卷），三联书店2004年版。

汪荣祖：《康有为论》，中华书局2006年版。
汪荣祖：《康章合论》，中华书局2006年版。
汪林茂：《晚晴文化史》，人民出版社2005年版。
［美］萧公权：《康有为思想研究》，新星出版社2005年版。
［美］萧公权：《中国政治思想史》，辽宁教育出版社1998年版。
［美］萧公权著：《近代中国与新世界》，汪荣祖译，江苏人民出版社2007年版。
［美］萧公权著：《康有为思想研究》，汪荣祖译，新星出版社2005年版。
夏晓虹编：《追忆康有为》，生活·读书·新知三联书店2009年版。
颜炳罡：《整合与重铸：当代大儒牟宗三先生思想研究》，台湾学生书局1995年版。
颜炳罡：《当代新儒学引论》，北京图书馆出版社1998年版。
颜炳罡：《牟宗三学术思想评传》，北京图书馆出版社1998年版。
颜炳罡等合著：《儒家文化与当代社会》，山东大学出版社2002年版。
颜炳罡：《心归何处——儒家与基督教在近代中国》，山东人民出版社2005年版。
［美］约翰·奈斯比特：《亚洲大趋势》，上海远东出版社1996年版。
杨伯峻：《论语译注》，中华书局2006年版。
喻大华：《晚清保守主义研究》，人民出版社2001年版。
余英时：《现代儒学的回顾与展望》，三联书店2012年版。
章锡琛、周振甫校点：《大同书》，北京古籍出版社1956年版。
钟叔河、杨坚校点：《欧洲十一国游记二种》，岳麓书社1985年版。
赵磊：《技术恐惧的哲学研究》，科学出版社2020年版。
张兴：《经学视野下的〈大学〉学史研究》，中国社会科学出版社2019年版。
张岱年：《中国启蒙思想文库》，辽宁人民出版社1994年版。
张耀南：《中国儒学史》（近代卷），北京大学出版社2011年版。

［美］张灏：《危机中的知识分子——寻求秩序与意义》，新星出版社2006年版。

张文智：《孟、焦京易学新探》，齐鲁书社2013年版。

张绪峰、李智：《康有为易学思想研究》，知识产权出版社2013年版。

曾亦、郭晓东：《春秋公羊学史》（上），华东师范大学出版社2017年版。

朱维铮：《中国经学史十讲》，复旦大学出版社2008年版。

周予同：《群经通论》，上海人民出版社2012年版。

周予同：《经今古文学·周予同经学史论著选集》，上海人民出版社1983年版。

周桂钿：《中国儒学讲稿》，中华书局2008年版。

郑大华：《西方思想在近代中国》，社会科学文献出版社2005年版。

郑雅文：《从康有为和严复看晚清思想之嬗变》，万卷楼图书股份有限公司2007年版。

郑杰文、傅永军主编：《经学十二讲》，中华书局2007年版。

章炳麟：《章炳麟驳康有为书》，全国图书馆文献缩微中心2006年版。

朱义禄：《康有为》，云南教育出版社2008年版。

朱义禄：《康有为评传》，广西教育出版社1996年版。

朱义禄：《大家精要》，云南教育出版社2011年版。

钟贤培主编：《康有为思想研究》，广东高等教育出版社1988年版。

三 相关研究论文

（一）期刊论文

宝成关：《论"西学"在康有为思想体系中的地位与作用——维新派理论本源探析》，《长白学刊》1994年第5期。

别府淳夫：《朱次琦和康有为——晚清的朱子学研究》，《孔子研究》1987年第2期。

陈来：《孔子、儒学与治国理政》（上），《紫光阁》2012年第8期。

陈壁生：《国家转型与经学瓦解》，《文化纵横》2013 年第 6 期。

陈立平：《康有为社会结构正义论》，《传承》2009 年第 22 期。

陈维新、陈放：《论康有为"大同世界"的意义》，《哲学研究》2006 年第 8 期。

陈萍萍：《论康有为思想中的儒学情结》，《湖北行政学院学报》2004 年第 6 期。

程潮：《论康有为"即中即西"的文化模式》，《佛山科学技术学院学报》（社会科学版）2003 年第 3 期。

除金川：《试析康有为的"托古改制"——兼论作为思想武器的近代经学》，《广东社会科学》1992 年第 2 期。

柴田干夫：《康有为〈大同书〉研究述论》，《上海师范大学学报》（哲学社会科学版）1991 年第 1 期。

杜泽逊：《〈四库提要〉续正》，《中国典籍与文化》2006 年第 3 期。

董剑平：《康有为与儒家思想近代化》，《烟台师范学院学报》（哲学社会科学版）2001 年第 3 期。

董士伟：《康有为佚文〈戒缠足会启〉及其评价》，《历史档案》1992 年第 1 期。

董士伟：《康有为：近代中国启蒙第一人》，《教学与研究》1989 年第 1 期。

房德邻：《康有为与公车上书——读"公车上书"考证补献疑一》，《近代史研究》2007 年第 1 期。

房德邻：《康有为与公车上书——读"公车上书"考证补献疑二》，《近代史研究》2007 年第 2 期。

房德邻：《论维新运动领袖康有为》，《清史研究》2002 年第 1 期。

房德邻：《〈大同书〉起稿时间考——兼论康有为早期大同思想》，《历史研究》1995 年第 3 期。

房德邻：《康有为的疑古思想及其影响》，《北京师范大学学报》（社会科学版）1994 年第 2 期。

房德邻：《康有为与近代儒学》，《孔子研究》1989 年第 1 期。

房德邻：《康有为与孔教运动》，《北京师范大学学报》1988 年第 6 期。

范玉秋:《康有为孔教运动刍议》,《孔子研究》2003 年第 6 期。

顾颉刚:《清代"经今文学"与康有为的变法运动》,《中国文化》1990 年第 3 期。

干春松:《康有为、陈焕章与孔教会》,《兰州大学学报》(哲学社会科学版)2008 年第 2 期。

干春松:《近代中国人的认同危机及其重建——以康有为与孔教会为例》,《浙江学刊》2005 年第 1 期。

干春松:《康有为和孔教会:民国初年儒家复兴努力及其挫折》,《求是学刊》2002 年第 4 期。

干春松:《近代中国人的认同危机及其重建:以康有为与孔教会为例》,《纪念孔子诞生 2555 周年国际学术研讨会》会议论文,2004 年 10 月 9 日。

韩毅:《儒家社群主义文化与"东亚经济模式"》,《辽宁大学学报》(哲学社会科学版)2013 年第 1 期。

何晓明:《破解"历史的怪圈"——康有为、严复、辜鸿铭合论》,《湖北大学学报》(哲学社会科学版)2006 年第 1 期。

何金彝:《康有为的科技观与培根的〈新工具〉》,《江苏社会科学》1998 年第 6 期。

何金彝:《傅立叶〈新世界〉与康有为〈大同书〉之比较》,《东方论坛》,《青岛大学学报》1997 年第 1 期。

何金彝:《傅立叶〈新世界〉与康有为〈大同书〉之比较》,《上海师范大学学报》(哲学社会科学版)1996 年第 1 期。

何金彝:《康有为的重智思想》,《江海学刊》1995 年第 4 期。

何金彝:《康有为的功利主义伦理文化观》,《社会科学》1995 年第 7 期。

何金彝:《康有为的全变思想和创造进化论》,《社会科学战线》1995 年第 6 期。

何金彝:《戊戌后康有为对西方哲学的受容与折射》,《上海师范大学学报》(哲学社会科学版)1994 年第 2 期。

胡维革、张昭君:《纳儒入教——康有为对传统儒学的改造与重构》,《长白学刊》1995 年第 2 期。

胡维革、张昭君:《纳儒入教——康有为对传统儒学的改造与重构》,《中国哲学史》1995 年第 5 期。

黄小榕:《康有为人道主义哲学体系的完成与终结》,《广东社会科学》1989 年第 4 期。

黄小榕:《简论康有为的中、西文化观》,《岭南文史》1988 年第 1 期。

黄开国:《廖康羊城之会与康有为经学思想的转变》,《社会科学研究》1986 年第 4 期。

黄开国、唐赤蓉:《〈教学通义〉中所杂糅的康有为后来的经学思想》,《近代史研究》2010 年第 1 期。

黄开国、唐赤蓉:《从〈教学通义〉看康有为早年思想》,《四川大学学报》(哲学社会科学版)2009 年第 4 期。

金刚:《关于"回儒"和"西儒"比较研究的思考》,《中央社会主义学院学报》2014 年第 5 期。

江中孝:《19 世纪 90 年代初期岭南学术界的一次思想交锋——以朱一新和康有为对新学伪经考的论辩为中心》,《广东社会科学》2006 年第 5 期。

江轶、胡悦晗:《"我注六经"与"援西入儒"——康有为〈论语注〉思想辨析》,《长江论坛》2011 年第 2 期。

孔祥吉、村田雄二郎:《一个日本书记官见到的康有为与戊戌维新——读中岛雄〈随使述作存稿〉与〈往复文信目录〉》,《广东社会科学》2009 年第 1 期。

景海峰:《儒家思想现代诠释的哲学化路径及其意义》,《中国社会科学》2005 年第 6 期。

林忠军:《王家台秦简〈归藏〉出土的易学价值》,《周易研究》2001 年第 2 期。

李泽厚:《论康有为的哲学思想》,《哲学研究》1957 年第 1 期。

李泽厚:《论康有为的"托古改制"思想》,《文史哲》1956 年第 5 期。

李泽厚:《论康有为的〈大同书〉》,《文史哲》1955 年第 2 期。

李强华:《中国近代价值迷失与重建——以康有为孔教运动为视角的考察》,《广西社会科学》2009 年第 11 期。

李可亭:《从重论经今古文学问题看钱玄同与康有为经学思想之异

同》,《云南民族大学学报》(哲学社会科学版) 2009 年第 2 期。

李可亭:《钱玄同对康有为经学思想的承继与超越》,《北方论丛》2008 年第 2 期。

李承贵:《传统治理思想及其当代价值》,《华南师范大学学报》(社会科学版) 2015 年第 1 期。

刘春华:《康有为新学思想与学风述论》,《理论学刊》2008 年第 2 期。

刘春蕊:《康有为教育思想新论》,《山东师范大学学报》(人文社会科学版) 2003 年第 3 期。

刘春蕊:《康有为师法西学的历程及其实践》,《中州学刊》2003 年第 3 期。

梁宗华:《论康有为公羊学及对儒学发展的意义》,《宁夏党校学报》2001 年第 1 期。

梁修琴:《从康有为、孙中山的民权思想看进化论在中国的发展》,《史学月刊》1994 年第 4 期。

刘学照:《康有为的孔子观与今文经学的终结》,《江苏社会科学》2000 年第 2 期。

刘学军:《论康有为维新变法思想的形成》,《求是学刊》1995 年第 3 期。

刘子平:《中国共产党社会整合的百年探索与基本经验》,《探索》2021 年第 2 期。

刘星:《康有为今文经学的嬗变与维新思想的形成》,《湖南大学学报》(社会科学版) 2019 年第 3 期。

刘星:《从〈名理探〉看西方科学理性思想与儒学的早期会通》,《甘肃社会科学》2014 年第 5 期。

刘星:《康有为进化论思想探析》,《湖北社会科学》2015 年第 9 期。

刘星:《康有为今文经学的"通经致用"思想》,《自然辩证法研究》2016 年第 2 期。

刘星:《东传科学视域下康有为今文经学的重估与反思》,《湖南社会科学》2016 年第 5 期。

刘星:《东传科学视域下康有为今文经学的时代价值》,《关东学刊》2016 年第 6 期。

刘星：《古经新解与康有为"以西化儒"思想》，《人文天下》2017年第 10 期。

刘星：《康有为"以元统天"论思想探析》，《齐鲁学刊》2017 年第 5 期。

刘兴华：《论康有为的中西会通》，《近代史研究》1989 年第 6 期。

苗润田：《儒学：在基督教与佛教之间——以人类中心主义为中心》，《山东大学学报》2007 年第 2 期。

苗润田：《论儒家的宽容思想》，《东岳论丛》2006 年第 6 期。

苗润田：《儒学宗教论的两种进路》，《孔子研究》2002 年第 3 期。

苗润田：《牟宗三儒学宗教论研究》，《孔子研究》2000 年第 6 期。

苗润田：《儒学：宗教与非宗教之争》，《中国哲学史》1999 年第 1 期。

马来平：《儒学与科学具有广阔的协调发展前景——从西学东渐的角度看》，《山西大学学报》（哲学社会科学版）2009 年第 2 期。

马永康：《大同的"发明"康有为〈礼运注〉析论》，《中国哲学史》2019 年第 4 期。

马永康：《大同的"发明"——康有为〈礼运注〉析论》，《中国哲学史》2019 年第 4 期。

马永康《从"三统""三世"到"三世三重"——论康有为的思想》，《华东师范大学学报》（哲学社会科学版）2010 年第 3 期。

马永康：《康有为与"公理"》，《中山大学学报》（社会科学版）2009 年第 3 期。

马洪林：《康有为研究百年回顾与展望》，《东方论坛》2008 年第 5 期。

马永康：《〈论语〉注解中的"公羊学"取向——刘逢禄〈论语述何篇〉和康有为〈论语注〉比较》，《孔子研究》2008 年第 3 期。

马洪林：《康有为的文章与诗歌新论》，《中共青岛市委党校青岛行政学院学报》2007 年第 6 期。

马金华：《试论康有为的科学观》，《福建论坛》（人文社会科学版）2004 年第 2 期。

马洪林：《康有为文化观蠡测》，《上海师范大学学报》（哲学社会科学版）2004 年第 2 期。

马洪林：《关于康有为著〈大同书〉"倒填年月"的商榷》，《韶关学院学报》（社会科学版）2004 年第 10 期。

马洪林：《康有为文化观蠡测》，《学术研究》2003 年第 10 期。

马洪林：《康有为对西方教育制度的引进论》，《上海师范大学学报》（哲学社会科学版）1998 年第 1 期。

马洪林、何金彝：《论孙中山康有为建设中国的共识——以〈实业计划〉与〈物质救国论〉为中心》，《上海师范大学学报》（哲学社会科学版）1997 年第 2 期。

马洪林：《康有为与中国近代化学术研讨会综述》，《文史哲》1996 年第 6 期。

马洪林、何金彝：《康有为谭嗣同的新仁学》，《上海师范大学学报》（哲学社会科学版）1995 年第 1 期。

马洪林：《戊戌后康有为对西方世界的观察与思考》，《传统文化与现代化》1994 年第 1 期。

马洪林：《康有为经济近代化的构想及其价值》，《上海师范大学学报》（哲学社会科学版）1991 年第 1 期。

马来平：《严复论束缚中国科学发展的封建文化无"自由"特征》，《哲学研究》1995 年第 3 期。

马来平：《严复论传统认识方法和科学》，《自然辩证法通讯》1995 年第 2 期。

马来平：《中国现代科学主义核心命题刍议》，《文史哲》，1998 年第 2 期。

马来平：《与 SSK 对话：中国科技哲学的前沿课题》，《哲学动态》2002 年第 12 期。

马来平：《另眼看默顿科学社会学》，《自然辩证法研究》2005 年第 10 期。

马来平：《试论科学精神的核心与内容》，《文史哲》2001 年第 4 期。

麻海山：《达尔文进化论对人类发展观念的深刻影响》，《自然辩证法研究》2014 年第 1 期。

茅海建：《康有为与"真奏议"——读孔祥吉编著〈康有为变法奏

章辑考〉》,《近代史研究》2009 年第 3 期。

庞广:《近代维新派领袖康有为》,《中州今古》2003 年第 4 期。

齐春晓:《康有为科技思想的再探讨》,《黑龙江教育学院学报》2009 年第 10 期。

秦绪娜:《康有为、严复变革思想之比较》,《黑龙江史志》2009 年第 18 期。

曲洪波:《略论章太炎对近代今文经学者的学术评论——以对康有为、廖平、皮锡瑞的评论为例》,《孔子研究》2009 年第 5 期。

曲洪波:《康有为岭南讲学中的"董氏学"思想探研》,《五邑大学学报》(社会科学版) 2009 年第 4 期。

邱若宏:《论康有为的科技思想》,《中南工业大学学报》(社会科学版) 2002 年第 4 期。

钱穆:《康有为学术述评》,《清华大学学报》(自然科学版) 1936 年第 3 期。

任银睦:《康有为关于中国现代化的选择》,《青岛大学学报》1997 年第 1 期。

苏全有、王申:《〈广艺舟双楫〉与〈孔子改制考〉之比较——论康有为的激变思想》,《大连大学学报》2010 年第 2 期。

申屠炉明:《论魏源"春秋公羊学"及其对康有为"三世说"的影响》,《江苏社会科学》2010 年第 1 期。

孙健:《论康有为的资本主义工业化思想》,《兰州学刊》2008 年第 6 期。

施炎平:《易学现代转化的一个重要环节——析康有为对〈周易〉理念的诠释和阐发》,《周易研究》2008 年第 6 期。

宋德华:《康有为"大同三世"说新探》,《华南师范大学学报》(社会科学版) 2003 年第 4 期。

宋德华:《从康有为上书看中国知识分子政治意识的觉醒》,《求索》1997 年第 2 期。

宋德华:《论维新时期康有为的西方富强观》,《暨南学报》(哲学社会科学版) 1996 年第 4 期。

申松欣:《康有为看演康有为》,《瞭望周刊》1993 年第 46 期。

申松欣:《康有为与西学》,《史学月刊》1990 年第 2 期。

汤志钧：《蒋贵麟和康有为遗著》，《南京师范大学学报》（哲学社会科学版）2002 年第 3 期。

汤志钧：《丘菽园与康有为》，《近代史研究》2000 年第 3 期。

汤志钧：《再论康有为与今文经学》，《历史研究》2000 年第 6 期。

汤志钧：《从康有为到孙中山》，《近代史研究》1987 年第 1 期。

汤志钧：《重论康有为与今古文问题》，《近代史研究》1984 年第 5 期。

汤志钧：《关于康有为的"大同书"》，《文史哲》1957 年第 1 期。

唐明贵：《试论罗汝芳对〈论语〉的易学解读》，《周易研究》2019 年第 4 期。

唐明贵：《康有为〈论语注〉探微》，《中国哲学史》2009 年第 2 期。

唐明贵：《康有为的新孔子观和新儒学观》，《阴山学刊》2005 年第 2 期。

唐明贵：《康有为对〈论语〉和〈孟子〉的创造性解释》，《阴山学刊》2004 年第 1 期。

唐明贵：《康有为的古经新解与经学的近代转型》，《孔子研究》2003 年第 6 期。

唐明贵：《略论康有为的〈论语〉学》，《山东社会科学》2002 年第 6 期。

唐明贵：《康有为〈论语注〉探微》，《中国哲学史》2009 年第 2 期。

唐赤蓉、黄开国：《评康有为考辨新学伪经的"采西汉之说"》，《重庆师范大学学报》（哲学社会科学版）2009 年第 4 期。

陶清：《康有为经学思想的意义阐释》，《中国文化研究》1995 年第 3 期。

王新春：《传统儒家的终极关怀》，《中国文化月刊》1993 年第 12 期。

王新春：《周易时的哲学发微》，《孔子研究》2001 年第 6 期。

王新春：《易学与中国哲学》，《光明日报》2004 年 1 月 20 日。

王新春：《牟宗三先生新儒家视野下的孔子》，《烟台大学学报》（哲学社会科学版）2005 年第 4 期。

王明德：《试论康有为的学术传承》，《深圳大学学报》（人文社会科学版）2010年第1期。

王先明：《"参采中西创新知"——康有为与戊戌"新学"的文化特征》，《吉首大学学报》（哲学社会科学版）2006年第6期。

王先明：《康有为与戊戌"新学"的形成》，《山西大学学报》（哲学社会科学版）2002年第2期。

王龙：《康有为和福泽谕吉不同的启蒙之路》，《传承》2009年第9期。

王钧林：《康有为对儒学的改造》，《中国哲学史》1996年第4期。

王钧林、武卫华：《中华民族治国理政的历史经验与传统智慧——王钧林先生访谈录》，《孔子研究》2015年第3期。

王钧林：《儒学发展的五大趋势与三大愿景》，《济南大学学报》（社会科学版）2018年第4期。

王根林：《从〈日本书目志〉看康有为的经济思想》，《上海师范大学学报》（哲学社会科学版）1993年第2期。

王翔：《论康有为的历史地位》，《苏州大学学报》1988年第4期。

王保国：《孟子民本思想渊源考辨》，郑州大学学报（哲学社会科学版）2006年第4期。

王南湜：《当代中国的哲学精神构建的前提反思》，《中国社会科学》2015年第10期。

汪荣祖：《也论戊戌政变前后的康有为》，《历史研究》1999年第2期。

文贤庆：《儒家的伦理叙事》，《伦理学研究》2018年第5期。

魏义霞：《平等是一种权利还是一种状态？——论康有为、谭嗣同平等思想的差异》，《燕山大学学报》（哲学社会科学版）2010年第1期。

魏义霞：《以孔释佛还是以佛释孔——康有为、谭嗣同孔教观比较》，《北京大学学报》（哲学社会科学版）2009年第3期。

魏义霞：《康有为、谭嗣同平等思想的相同性及其本质》，《福建论坛》（人文社会科学版）2009年第7期。

魏义霞、陈章范：《本体之辨：从康有为到谭嗣同》，《北方论丛》1995年第6期。

吴炫:《构建当代中国个体观的原创性路径》,《史学月刊》2012年第10期。

吴雪玲:《康有为师法西学的教育观》,《河北师范大学学报》(教育科学版)2004年第4期。

吴雁南:《"从洋""托古""参采中外"——19世纪末康有为的思维逻辑》,《贵州师范大学学报》(哲学社会科学版)1989年第2期。

吴雁南:《"心学"、今文经学与康有为的变法维新》,《近代史研究》1989年第2期。

吴根梁:《论康有为戊戌维新前对中西文化形态的比较》,《复旦学报》(社会科学版)1986年第3期。

吴乃华:《中西思想融汇与康有为改革观的形成》,《山东师范大学学报》(社会科学版)1992年第6期。

吴乃华:《试论康有为托古仿洋的维新思想》,《人文杂志》1991年第2期。

吴乃华:《中西文化与康有为的变易思想》,《人文杂志》1996年第5期。

吴乃华:《试析康有为的变易思想》,《学术研究》1996年第8期。

吴乃华:《甲午战争与康有为近代化观的演变》,《山东社会科学》1994年第1期。

吴乃华:《论康有为与孔孟的人格观》,《上海师范大学学报》(哲学社会科学版)1994年第1期。

吴乃华:《论康有为戊戌时期的人格观》,《西北大学学报》(哲学社会科学版)1993年第3期。

吴义雄:《重论康有为与"孔子改制论"》,《中山大学学报》(哲学社会科学版)1995年第1期。

肖俊:《萧公权眼中的康有为》,《佛山科学技术学院学报》(社会科学版)2002年第4期。

徐光仁、黄明同:《论廖平与康有为的治经》,《广东社会科学》1988年第3期。

徐光仁:《论康有为的"公羊三世"说》,《华南师范大学学报》(社会科版)1989年第1期。

徐庆文:《当代儒学发展的机遇及其限制》,《山东社会科学》2006

年第 2 期。

萧萐父、郑朝波：《"独眲神州有所思"——喜读康有为早期遗稿述评》，《中山大学学报》（哲学社会科学版）1989 年第 3 期。

杨国荣：《我的自觉与群体认同——明清之际儒家群己观的衍化》，《南京社会科学》1993 年第 4 期。

杨鑫辉、彭彦琴：《孔子孟子的治国思想研究》，《南京师范大学学报》（社会科学版）2004 年第 5 期。

杨全顺：《康有为学术中的西学》，《宁夏社会科学》2006 年第 2 期。

颜炳罡：《孔教运动的由来及其评价》，《齐鲁学刊》2004 年第 6 期。

颜炳罡：《五四与新儒家》，《山东大学学报》1989 年第 2 期。

颜炳罡：《五四、新儒家、现代文化建构》，《文史哲》1989 年第 5 期。

颜炳罡：《中国文化与人类前途》，《浙江学刊》1990 年第 12 期。

颜炳罡：《试论现代新儒家的基本特质及其精神》，《文史哲》1992 年第 7 期。

颜炳罡：《论传统文化的继承与创新》，《哲学研究》1992 年第 9 期。

颜炳罡：《现代新儒家研究的省察与展望》，《文史哲》1994 年第 7 期。

岳清云：《实证的科学方法和科学精神——浅谈康有为科技思想》，《今日科苑》2008 年第 14 期。

喻大华、李孝君：《康有为孔教思想中的民族主义立场与世界主义情怀》，《辽宁师范大学学报》（社会科学版）2007 年第 5 期。

喻大华：《晚清文化保守思想家与近代儒学的新陈代谢》，《烟台大学学报》（哲学社会科学版）2007 年第 3 期。

喻大华：《论康有为的孔教思想及其倡立孔教的活动》，《南开学报》2002 年第 4 期。

于建胜：《康有为、章太炎、王国维师法西学之异同》，《山东师范大学学报》（人文社会科学版）2002 年第 2 期。

俞祖华：《论康有为的"开民智"思想》，《社会科学辑刊》1996

年第 4 期。

赵立波：《孔子集大成与康有为会通中西》，《中共青岛市委党校青岛行政学院学报》2008 年第 3 期。

张秀丽：《近代自然科学与传统学术的现代转型——以章太炎、康有为、梁启超为例》，《山东社会科学》2009 年第 3 期。

张涛光：《论康有为的物质救国思想》，《华南师范大学学报》（社会科学版）2005 年第 6 期。

张昭军：《援西入儒——康有为对传统儒学的改造与重构》，《社会科学辑刊》2005 年第 1 期。

张昭军：《康有为与儒学的近代转换——以仁、礼、智为例》，《理论学刊》2004 年第 1 期。

张锡勤：《论康有为对儒学的改造》，《哲学研究》2004 年第 5 期。

张文智：《感而遂通、化成天下——〈周易〉中的感通思想探微》，《孔子研究》2020 年第 2 期。

张文智：《〈周易〉哲学视野下的"内圣外王"之道——兼论"内圣开出新外王"说之相关问题》，《中国哲学史》2019 年第 5 期。

张文智：《〈周易〉神道思想与儒学宗教性的内在关联》，《南京大学学报》（哲学·人文科学·社会科学）2019 年第 1 期。

张少恩：《从经学到国学：近代以来孟子学诠释的学科演进与范式转型》，《深圳大学学报》（人文社会科学版）2019 年第 4 期。

张少恩：《郭沫若孟子学研究初探》，《中华文化论坛》2018 年第 12 期。

张少恩、刘星：《论康有为对经学与西学的调融——以〈孟子微〉为中心的思考》，《广西社会科学》2017 年第 9 期。

张少恩：《"存在与时间"的一种儒家批判》，《河北学刊》2014 年第 1 期。

张少恩：《仁爱兼爱与博爱——儒、墨与基督教伦理比较研究》，《贵州社会科学》2014 年第 5 期。

张少恩：《从至善到圆善——牟宗三对康德最高善理论的融摄与超越》，《江苏师范大学学报》（哲学社会科学版）2014 年第 7 期。

张彩玲：《康有为关于实现国家工业化的思想》，《辽宁师范大学学报》（社会科学版）2007 年第 3 期。

张雄、朱璐、徐德忠：《历史的积极性质："中国方案"出场的文化基因探析》，《中国社会科学》2019年第1期。

朱义禄：《论康有为的妇女解放思想》，《佛山科学技术学院学报》（社会科学版）2002年第4期。

朱义禄：《康有为晚年在上海》，《民国春秋》2000年第1期。

朱义禄：《西方自然科学与维新思潮——论康有为、严复、谭嗣同的变革思想》，《学习与探索》1999年第2期。

朱维铮：《康有为和朱一新》，《中国文化》1991年第2期。

赵树贵：《评康有为两考的消极作用》，《江西社会科学》1991年第1期。

左鹏军：《康有为的诗题、诗序和诗注》，《广东社会科学》2009年第5期。

周程、纪秀芳：《究竟谁在中国最先使用了"科学"一词？》，《自然辩证法通讯》2009年第4期。

（二）学位论文

柴文华：《现代新儒家文化观研究》，博士学位论文，黑龙江大学，2003年。

崔宇：《近代孔教思潮研究——康有为孔教思想》，博士学位论文，河北大学，2011年。

邓林华：《守常与应变——康有为与儒学现代转型》，博士学位论文，湖南大学，2015年。

方士忠：《儒家传统与现代性——杜维明新儒学思想研究》，博士学位论文，华东师范大学，2004年。

李细成：《中国哲学视域下的耶儒互动研究》，博士学位论文，山东大学，2012年。

李强华：《康有为人道主义思想研究》，博士学位论文，华东师范大学，2006年。

彭春凌：《儒教转型与文化新命——以康有为、章太炎为中心（1898—1927）》，博士学位论文，北京大学，2011年。

宋芝业：《明末清初中西数学会通与中国传统数学的嬗变》，博士学位论文，山东大学，2010年。

刘星：《东传科学与康有为今文经学的嬗变》，博士学位论文，山东大学，2016 年。

刘溪：《西方科技与康熙帝"道治合一"圣王形象的塑造》，博士学位论文，山东大学，2017 年。

李虹：《死与重生：汉代墓葬信仰研究》，博士学位论文，山东大学，2011 年。

毛文凤：《近代儒家终极关怀研究——从康有为到熊十力》，博士学位论文，华东师范大学，2004 年。

苗建荣：《西方科学与晚清维新儒学的建构——以康有为、梁启超、谭嗣同为例》，博士学位论文，山东大学，2019 年。

解颉理：《〈中庸〉诠释史研究》，博士学位论文，山东大学，2010 年。

杨爱东：《东传科学与明末清初实学思潮》，博士学位论文，山东大学，2014 年。

王刚：《明清之际东传科学与儒学天道观的嬗变》，博士学位论文，山东大学，2014 年。

王富：《后殖民翻译研究反思》，博士后出站报告，中山大学，2009 年。

王静：《晚明儒学与科学的互动——以徐光启实学思想的构建为中心》，博士学位论文，山东大学，2018 年。

魏义霞：《全球化时代中的儒学创新——杜维明的现代新儒学思想》，博士学位论文，黑龙江大学，2003 年。

张庆伟：《东传科学与乾嘉考据学关系研究》，博士学位论文，山东大学，2013 年。

张欣：《康有为今文经思想与晚清变局》，博士学位论文，南开大学，2014 年。

(三) 外文文献

David Wade Chambers, *Locality in the History of Science: colonial science, Tchnosience, Indigenous Knowledge*, Osiris, 2nd Series, Vol. 15.

Diane Collinson, Kathryn Plant, Robert Wilkinson, *Fifty Eastern Thinkers*, London, New York: Routledge, 2000.

George Basalla, *The Spread of Western science*, Science, New Series, 1967, Vol. 156, No. 3775.

John B Henderson, *ch' ing Scholars' Views of Western Astronomy*, Harvard Journal of Asiatic Studies, Vol. 46, No. 1 (Jun. 1986), Journal.

Kang You – wei, *Da Tong Shu*, *The One – Word philosophy of Kang You – wei*, London, Allen and UNWIN, 1958.

Kung – chuan Hsiao, *A Modern China and New World: Kang You – wei, reformer and Utopian*, 1858—1927, Seattle: University of Washington Press, 1975.

Nathan Sivin, *Why the Scientific Revolution Did Not Take Place in China – Or Didn't It?* The Edward H. Hume Lecture, Yale University, Chinese Science, 1982, 5.

The Chinaese students' monthly 1914, Vol. 9.

Thomas. H. Huxley, *Evolution, ethics and other essays*, London Macmllan and CO. limited; New York: The Macmllan company, 1901.

Warwick Anderson, *Introduction: Posconial Technoscience*, Social Studies of Science, Vol. 32, No. 5/6.

Yu – ning Li, *The Introduction of Socialism into China*, New York, Columbia University Press, 1971.

后　记

　　本书是2017年教育部青年项目的最终研究成果。自2012年博士论文选题至今，一直集中于康有为问题研究，一直被他宏大、深邃的思想体系而深深折服。清代学者刘开在《问说》中说："理无专在，而学无止境也！"此刻，我深深体会到这句话的真谛。接触康有为研究多年，到如今依然觉得对诸多问题的探究尚欠火候，诸多重要问题还需深入挖掘。在《康有为儒家经典诠释研究》即将付梓之际，我思绪万千。历经数年研究，能够再次呈现给读者一部康有为研究的学术成果，我备感欣慰。也只有在以后的学术道路上更加努力拼搏，争取在此一研究领域取得更大进步，这也是我一直以来的期待。

　　2016年博士毕业进入高校任教，教书之余，依然集中于康有为的研究工作，但也深知在研究的深度上不够，对康有为儒家经典诠释文本的理解也未必透彻。人文社会科学研究，尤其是思想史以及经典诠释研究能否取得较大成就，很多时候取决于对材料的占有程度，否则就失去了研究的根基，学界同行以及一般读者对我的研究工作能否接受、认可甚至是接受、认可到何种程度，都是一个未知数，我期待着学界同人不吝赐教。

　　需要说明的是，2017年获批的教育部课题的题目是"康有为《四书》新解与儒学的现代转向"，但是在研究过程中发现仅仅局限于对康有为《四书》新解的研究尚显单薄，康有为对《大学》的诠释也只留存有《大学注序》的部分，目前尚未见到《大学注》的全文本，而康有为对于《礼》《书》《易》等经典文本的诠释也极具价值，因此，本书调整为"康有为儒家经典诠释研究"。康有为对《春秋》的解读是康有为建构其思想体系并进行维新变法以及政治活动最重要的理论支撑，而2019年获批了国家社科基金项目"康有为《春秋》新解与儒学的创新和发展研究"也是此一研究领域的延续与拓展，本书未对《春秋》

新解的研究成果收录其中、特此说明，也期盼自己能在此研究领域取得实质性的进展。在此，非常感激我的家人为了让我专心于学术研究所付出的辛劳！

儒家传统文化具有重要价值，对儒学进行深入探究、诠释并进行现代化解读以彰显其内生性的价值居功至伟，而康有为对儒家经典的系统化解读又正好是研究儒学、挖掘儒家经典最重要的抓手。对我而言，基于对儒学、对孔子的崇拜，借用司马迁在《史记·孔子世家》中的那句话来表明心迹："《诗》有之：'高山仰止，景行景止。'虽不能至，然心向往之。"因此，对于儒学思想的坚守是笃定而深沉的，而对于康有为问题的探究也正是基于我对儒学的热爱。

感谢我的博士导师马来平教授、博士后导师王学典教授的悉心指导，为本书完成提供的建设性意见，马老师站在科学哲学的视域，建议我对康有为的科学思想进行深度挖掘；王老师则站在史学的宏大视野，建议我对康有为儒家经典诠释进行本土化资源进行深度探究，二位导师为本书的撰写指明了方向。承蒙两位导师的点拨，我茅塞顿开、有醍醐灌顶之感。感谢中国科学院大学的尚智丛教授提供的建设性意见；感谢山东大学儒学高等研究院徐庆文老师、李鹏程老师、纪红老师、刘丽丽老师、温磊老师、王敏老师的帮助；感谢西北大学的张凯、湖南师范大学的任同心、南昌大学的于云成、中央民族大学的郭长兴、湖南科技大学的龙昌菊以及内蒙古师范大学附属中学的刘泉对书稿的部分校对工作；感谢内蒙古师范大学李春晖教授和曲阜师范大学刘彬教授对本书出版付出的努力；感谢内蒙古师范大学和曲阜师范大学给予的出版资助；感谢中国社会科学出版社以及戴玉龙老师以及责任编辑等为出版本书付出的心血，在此一并表示感谢。囿于自身的能力和学识，书中疏漏之处在所难免，尚请方家指正。